从阅读走向作文

CONG YUEDU ZOUXIANG ZUOWEN

金星闪 张曙◎著

安徽师范大学出版社
·芜湖·

图书在版编目(CIP)数据

从阅读走向作文 / 金星闪,张曙著. — 芜湖: 安徽师范大学出版社, 2018.6
ISBN 978-7-5676-3600-2

Ⅰ.①从… Ⅱ.①金… ②张… Ⅲ.①阅读课 — 中小学 — 教学参考资料 ②作文课 — 中小学 — 教学参考材料Ⅳ.①G634.303

中国版本图书馆CIP数据核字(2018)第108830号

从阅读走向作文

CONG YUEDU ZOU XIANG ZUOWEN　　　　金星闪　张　曙◎著

责任编辑: 潘　安
装帧设计: 丁奕奕
出版发行: 安徽师范大学出版社
芜湖市九华南路189号安徽师范大学花津校区
网　　址: http://www.ahnupress.com/
发 行 部: 0553-3883578　5910327　5910310(传真)
印　　刷: 虎彩印艺股份有限公司
版　　次: 2018年6月第1版
印　　次: 2018年6月第1次印刷
规　　格: 700 mm×1000 mm　1/16
印　　张: 14.25
字　　数: 270千字
书　　号: ISBN 978-7-5676-3600-2
定　　价: 46.00元

奔跑在养育语文的大道上

阅读、作文、思考几乎涵盖了中学语文教学的内容。阅读是语文教学的生命，是作文的起点。作文素材的积累是从阅读开始的。阅读图书，阅读生活，积淀文化，勤于思考，文字自然会清香飘溢，意蕴深厚。

长期以来，由于功利化教育的影响，语文阅读教学扎根不深，弊端较多。正如特级教师赵克明先生所说，是五个“不足”五个“太快”：一是诵读不足，分析介入太快；二是咀嚼不足，结论得出太快；三是讨论不足，分歧消解太快；四是欣赏不足，理性说明太快；五是整合不足，阅读结束太快。作文教学存在类似的问题，我们将之归结为两个“误导”与“四个缺失”。两个误导：一是功利思想误导，二是各种模式误导。四个缺失：一是生活底蕴缺失，二是文化底蕴缺失，三是训练系统缺失，四是人文情怀缺失。

什么是语文教育？潘新和老师说：“语文就是语文，就是听、说、读、写，就是言语能力的教育。——语文教育自然不是思想教育，但是，语文教育却深蕴着人文情怀。”“语文教育，引领学生走上言语人生，是一种人本主义、人文主义的回归，使人更像人。”潘老师的话揭示着语文教育的实质。

克里克说：教育看作是每一种影响——引起或改变人的生长，知识建构或知识形式的影响。著名教育家叶圣陶先生说过：“什么是教育？简单一句话，就是要养成习惯。”

2011年版义务教育语文课标指出，语文课程应该通过优秀文化的熏陶感染，促进学生和谐发展，促使他们提高思想道德修养和审美情趣，逐步养成良好个性和健全的人格。从中我们看出，培养和提高学生的语文素养和健全的人格是语文教学的核心内容。

课标提出的语文核心素养，主要包括语言能力、思维能力、审美情趣和文化传承。具体说来，包括三个方面：一是核心知识，即识字写字知识、阅读知识、写作知识、口语交际知识。二是核心能力，即阅读、交流、思维能力。阅读能力即读文本、读人、读现象的能力，交流能力即口头表达和书面表达的能力，思维能力即创造力和想象力。三是核心态度，即认同度和热爱度。认同度即对国家、民族、社会、家庭主流价值观的认同；热爱度即品质上对国家、民族的大爱与自己自尊自爱，语文学科上热爱祖国的语言文字、热爱语文学科的学习，热爱中华民族的传统文化并传承和发扬。要促进自身的和谐发展，养成良好的习惯和人格修养。

“人生语文”思想的创立者、著名特级教师陈继英先生强调，语文教学要从促进学生人生发展的角度实施教学策略，它以培养语感和思维能力为核心，以读写互动、主体体验和积累为手段，通过读书探究、言意互转，实现语文素养的全面提升，目标是让语文课堂教学充满生命活力和创造活力，培养学生听、说、读、写、思五种能力，发掘人的潜能，培育学生的想象力和创造力，启迪和丰富学生的人生智慧，为学生人生发展奠定语文基础和精神根基。很显然，陈先生把提升学生的文学文化素养，提升学生的人文精神境界，作为语文课程的重要目标。

语文是靠一点一滴积累的。正如赵克明先生所说：“语文天生是‘农业’的，得遵循作物的生长规律，性急不得。”

语文教学百花齐放，在众多的语文教学主张中，几乎都倾向于探究语文是什么，而没有侧重实践层面的研究和行动：语文要怎么样，要怎么去做。“养育语文”的教学主张对语文教学“该怎么做”做了明确回答。这是我们一直以来探索的如何“建设语文”的想法在教学实践中的具体体现。语文不仅要靠“养”，还要靠“育”。“养”的是好习惯，“育”的是好能力、好素养、好人格。

那么，什么是语文素养的“养”和“育”呢？“养”就是爱护学生的言语表达的心理和欲望，满足学生的语文教育的需求，顺应学生的语文教育的成长规律，逐步养成良好的语文学习习惯，让语文成为个体生命的内在需要，养成终身的兴趣和习惯。“育”就是通过合适的方法和途径教育培养或培育学生的语文素养，培育健全的言语人格，从而奠定学生走向言语人生和诗意人生的言语表达基础，涵养终身的语文情趣和情怀。“养”主要是养成，“育”实际上是培育，是通过养成培育来提高中小学学生的语文素养。养成，实际上侧重于兴趣、侧重于习惯，更多的是侧重于学生的一种自我的培养、自我的教育；“育”是侧重于培育，更多地侧重于老师的引导、教化、讲解、训练。语文的养育就是顺应言语的天性，养育个体生命的人心、人性、人格。“养”和“育”相互依存，融为一体。

在语文前面加上限定词语“养育”，基于两个目的：一是使语文的内涵变得更集中、更突出、更显豁，二是为了针砭语文教育的时弊而有所强调。既然如此，那么这限制就必须满足两个条件：其一，它必须直指语文教育的核心或本质，否则必会引起误解，甚而给人误导；其二，这所针对的时弊必须是最大时弊或最本质性时弊。如果只是为了标新立异，那实在没有多大意义。语文是一门完全可以自学的学科。因此，如何培养学生自学的习惯和能力，进行情操的自我陶冶，人格的养育，是语文教学教师的努力方向。而最终的落脚点，是“兴趣”二字，养成持久的“兴趣”，也就是养成终身的语文学习的兴趣和情怀，这才是语文学习的大道。

一切研究，尤其是基础教育的研究，都是基于问题，基于需要。研究就是解决一个个教学中的问题，就是为了教与学的需要，教师和学生的需要。“养育语文”是我们二十年来语文教学的实践、反思、发现和总结。

《从阅读走向作文》就是我们进行“养育语文”实践探索的一部分内容。我们合作撰写的这本书（内容各半），把学生的“学”放在首位，重在研究语文阅读和作文两个方面的指导，通过具体的教学实践，引领学生养成习惯、培养兴趣、培育能力、修炼内心、陶冶性情、塑造健全人格。这里紧紧扣住“养育”这一属性，通过实践的有效示范，从不同维度、不同层面向一线教师演绎了从阅读走向作文的真义，努力让学生人格的养育与阅读、写作能力的提升同步进行。希望能给中小学生师生有所启迪。

关于本书，我们要补充说明两点。

一是推荐的名篇名作。有的是义务教育语文课标中《关于课外读物的建议》列举的书目，如《朝花夕拾》《西游记》《水浒传》《骆驼祥子》《红岩》等；有的则不是，但符合《关于课外读物的建议》的精神。《关于课外读物的建议》有以下建议：“教师可根据需要，从中外各类优秀文学作品中选择合适的读物，向学生补充推荐。科普科幻作品，如儒勒·凡尔纳的系列科幻小说，各类历史、文化读物及传记，以及介绍自然科学与社会科学常识的普及性读物等，可由语文教师和各有关学科教师商议推荐。”还有的属于自编材料，未公开出版，或网上资料，作者无法考证。我们精心筛选，做了“诵读书目”“跟读书目”“拓展书目”的分类，标出“精读”“泛读”的方法，以及安排年级、学期、周次的导读书目计划，但在实际活动中发现“时有出入”，需要不断作出调整。我们希望读者能够根据自己的实际情况，活学活用，灵活安排，以便取得最佳效果。

二是出于教学研究的需要，我们收集与引用了一些试题和文章。有的内容做了部分删减，有的文字做了少量改动，有的出处缺失而现在无法查到。我们对试题的原创者与文章的作者，在此一并致以深深的谢意！

限于水平，本书不足之处在所难免，我们欢迎批评指正，以便修订完善。

金星闪　张　曙

二〇一八年六月七日

目　　录

奔跑在养育语文的大道上 …………………………………………… I

第一章　读写共生 …………………………………………………… 1

第一节　初中生读写情况调查分析 ………………………………… 1

第二节　读写共生策略 ……………………………………………… 8

第二章　阅读书目 …………………………………………………… 12

第一节　七年级书目及推荐理由 …………………………………… 12

第二节　八年级书目及推荐理由 …………………………………… 22

第三节　九年级书目及推荐理由 …………………………………… 30

第四节　七年级导读书目计划 ……………………………………… 38

第五节　八年级导读书目计划 ……………………………………… 39

第六节　九年级导读书目计划 ……………………………………… 40

第三章　阅读欣赏 …………………………………………………… 42

第一节　“器物”话题美文赏读 ……………………………………… 42

第二节　“自然”话题美文赏读 ……………………………………… 45

第三节　“家庭”话题美文赏读 ……………………………………… 48

第四节　“交流”话题美文赏读 ……………………………………… 52

第五节　“感谢”话题美文赏读 ……………………………………… 56

第六节　“友谊”话题美文赏读 ……………………………………… 59

第七节　“情感”话题美文赏读 ……………………………………… 63

第八节 “理想”话题美文赏读 ……67
第九节 “科技”话题美文赏读 ……70
第十节 “责任”话题美文赏读 ……74

第四章 作文实践 ……79
第一节 作文审题特训 ……79
第二节 描摹瞬间细节 写个性文章 ……97
第三节 巧笔描绘 凸现亮点展才情 ……99
第四节 四类题型导引 ……104
第五节 常备考题导写与拓展分析 ……116
第六节 中考备考题导写 ……166
第七节 初中生作文十大话题 ……183
第八节 “我的个人空间”导写 ……211
第九节 “有一天,我会______”导写 ……213
第十节 “错过的______”导写 ……215

主要参考文献 ……218

第一章　读写共生

第一节　初中生读写情况调查分析

一、调查目的

比较全面地了解学生的阅读和作文现状：了解学生阅读和作文的特点，包括学生阅读和作文的兴趣、阅读和作文发展的心理、学生阅读和作文的时间以及学生课余时间的比例、家庭环境与学生阅读的关系等。

根据阅读和作文现状的调查，分析其原因。

提出相应的对策，为学生更好地进行课外阅读提供有益的启迪。

二、调查方法和对象

研究方法：问卷调查法、座谈谈话法。

此次调查主要采用的是问卷法，问卷时间是2011年12月28日。我们对庐江四中七、八、九年级部分班级学生进行抽样调查，共发放问卷1 000份，收回980份（七年级330份，八年级319份，九年级331份），收回率为98%。

我们建立了调查报告研究小组，由安徽省庐江第四中学语文组金星闪、曹承荣、夏礼平、吴海生老师分别针对初中生读写的情况，重点从读写习惯、兴趣、方法以及原因等方面设题，由金星闪老师将问题汇总，进行增删，制定调查表，就读写情况的30个问题进行问卷调查。然后由全体成员分别对各年级进行抽样调查，教师进行调查汇总、分析，最后由金星闪、曹承荣老师对所有问卷情况汇总分析。调查的目的是为读写共生实施方案提供事实依据。

三、调查结果

学生喜欢写作占36%，不喜欢作文的占20%，有44%的学生表示感觉一般。

有26%的学生觉得写作文是展现自己的内心世界，24%的学生觉得写作文是为了展现自己的才华，50%的学生认为写作文是为了应对考试。

有64%的学生认为面对作文题目会感到困难，36%的学生认为写作文并非难事。

有16%的学生自觉参加劳动，24%的学生有时帮家长干活，60%的学生在家很少干活。

有20%的学生阅读的书内容丰富，认为多读一些闲书杂书对自己写作能力的提高作用大，80%的学生只有“满分作文”等单一的作文类书。

30%的学生坚持勤于练笔，46%的学生时断时续，34%的学生老师布置后才写。

作文评价方面有75%的学生渴望“赏识”，特别是得到老师的鼓励，并希望采用多样的评价方式。

四、调查分析

（一）中学生对课外阅读的投入

1.时间投入

大部分学生每天的课外阅读时间不足半小时。进入初中后，学生的阅读面应该更广，但事实上是初中生的阅读时间在逐渐减少。阅读的时间安排，除了有同学见缝插针看名著外，大多数学生在假期中阅读，或在双休日老师要求做摘记时才阅读一些。

究其原因，多数学生认为是学习任务重，作业增多，需要更多的时间预习和复习。至于课外阅读会产生怎样的影响，全体学生都认为课外阅读可以开拓知识面，增长见识，尤其对提高语文成绩效果明显。这说明学生普遍认识到课外阅读的重要性，只要稍加引导，相信会形成一种好的局面。我们期待这种局面早日出现。

2.兴趣点

我们学校不定期开展阅读课，主要是在学校阅览室。尽管阅览室买了很多文学读物，但学生去翻阅的很少，大多数同学喜欢看《读者》《格言》之类作品，学校借阅得最多的书是传记、历史及科技类的著作。如果在教室自带书籍阅读，学生则偏爱散文和小小说，原因是散文便于摘抄，小小说情节精彩，不会用太长时间。通过与学生的交谈，我发现学生为了积累写作素材和提高修养进行阅读的并不多，他们阅读最直接的冲动是为了打发时间，舒缓压力，甚至是为了引起别人的注意。中学生更喜欢青春读物，且种类繁多。

就总体而言，初中生课外阅读数量与阅读的实际需要之间有很大的差异。课外阅读兴趣浓的同学，语文学习的主动性更强，他们不但知识面广，作文更有文采，而且语文成绩在年级名列前茅。

3.精力投入

不少学生不仅舍不得买课外读物，就连学校图书馆现成的书，如果老师不要求，也很少到图书馆去借。我们教研组要求老师定期给学生推荐一两本读物，可真正去找来看的并不多，不折不扣的看完就更少了。学生对于课外阅读的心理是矛盾的：知道课外阅读的重要性，但舍不得花大力气；想花尽量少的时间去阅读，却想获得最多的收成。

（二）家庭和学校对学生课外阅读的态度

1.家庭的态度

不可否认，家长在子女的教育投入上是倾注了全力的，我们也相信每一个家长都希望自己的子女能够全面发展，平时也在自觉或不自觉地要求子女多看点书，开阔一下眼界。但家长对子女的阅读的关注还是不够多。家中虽然有少量藏书，但大多是摆设，很少有人去翻阅。每周跟孩子谈谈心，说说考试成绩，大多数家庭都能做到，要问问有没有跟孩子聊一些作品的读后感、心得什么的，很多家长会一脸茫然。家长对学生选择读物基本不加干涉，也不提供建议，只要孩子看跟学习能挂上钩的书就行。

家长对孩子的期望值很高，要求他们达到的目标也很现实，虽然或多或少明白综合素质的重要性，但他们更愿意让学生多做点题。

2.学校的态度

国家制定了读书日，多数学校没有执行。在我校，全校48个班级，只有少数几个班设置了读书角。初一时，班主任还能支持学生课外阅读，到了初二、初三，班主任开始反对学生阅读。非语文科目的科任老师在初一、初二时对学生课外阅读是默许的，但到了初三，便开始争取自己的领地，不准学生看这些“没价值”的书。榜样的力量是无穷的，树立课外阅读榜样，能够增强课外阅读的重要性和严肃性，对全班进行鼓励，提高大家的阅读积极性。但是，这种榜样，常常被我们的语文老师所忽略。

学校需要训练学生必要的应试能力，但学校从上到下，从班主任到语文老师，没有足够重视学生的课外阅读，甚至把看课外书的同学视为不务正业，这是非常危险的。其实，适当开展课外阅读，不但不会影响其他学科的发展，反而能让学生缓解压力，促进身心的健康发展，加快其人文素养的形成。

（三）课外阅读对写作的影响

学生阅读的时间不多，写作读后感的就更少了。有学生说，读后感从小学写到初中，越写越没意思，越写越不知道怎么写。每次写了，老师很少表扬读后感写得好的同学，更不会批改读后感。学生都知道对读过的东西进行摘抄可以积累素材，但坚持不久；能坚持下来的，也是东抄西放，没有明确分类。学生的阅读基本处于自由放任状态，读了，有了点想法或感触，就是懒得动笔。

“问渠那得清如许，为有源头活水来。”学生眼界打开了，书读得博了，心领神会，自然会文思泉涌。课外阅读，对写作的影响很大。作为语文教师，我们应指导学生如何阅读，读什么，怎样读，怎样联想，如何积累材料，如何把所读的东西迁移化用到写作当中。

五、反思及对策

阅读，能让人精神起来；写作，能让人胸襟广阔。然而，随着知识更新的加快，加上功利化阅读以及社会快餐文化的影响，中学生的阅读及写作的环境在恶化。中学生尚处在人生观、价值观的形成期，如果我们不对其进行积极引导，他们很有可能不知如何选择读物，更不可能写出像样的文章。

叶圣陶先生曾这样朴素而又深刻地描述成功阅读与写作教学的特征：“自能读书，不待老师讲；自能作文，不待老师改。老师之训练必作到这两点，乃为教学之成功。”如何收到这样良好的效果呢？我们可以做如下工作：

1.提升中学生的阅读品位

如今各种参差不齐的信息充斥网络与现实，中学生的辨别力不强，如果我们一味放任学生阅读而不适时进行引导，学生就会把一些玩弄文字游戏的文章视为有个性之作，对那些媚俗不负责任的垃圾不加辨别地追捧。

既然阅读是民族的灵魂，我们就得担当起阅读的责任，阅读经典之作。多读经典作品，就犹如和大师谈话，经常与大师接触交流，经常聆听大师的教诲，就可以在耳濡目染中受到大师的影响，可以把自己的学识和文学品位提高。

2.改善中学生的读写环境

中学生的阅读环境主要指家庭、学校、社会三个方面：家庭方面，家长鼓励阅读，最好是自己身体力行，有良好的阅读习惯，对学生的阅读能起到促进的作用；学校方面，在“硬件”上，进行图书馆的配置和管理，要适应中学生的阅读要求，在“软件”上，校园的文化氛围、教师对学生阅读的态度，应对学生的阅读产生积极的作用；社会方面，我们全社会都应真心实意地关心学生的成长，进而关心学生的阅读环境。

大力倡导学生积极参与学习和写作活动，通过阅读提高写作积极性和写作水平，通过写作活动培养浓厚的阅读兴趣和良好的阅读习惯。读写结合，能有效地提高学生的语文水平，促进学生综合素质的发展。

附：初中生读写情况问卷调查

安徽省庐江第四中学语文组

问卷时间：2011年12月28日

亲爱的同学们，感谢你们阅读这份调查问卷，我们调查的目的是了解你们在语文读写方面的有关情况，便于老师正确指导你们，提升你们的语文素养。答题时根据自己真实情况填写。答案没有对错，希望同学们认真填写。每题选项，如给定选项不足，可以将自己的想法填写在最后一项空白处。请注意：不得署名。谢谢！

1.你选择课外阅读的时间（　）

A.有时间就读　　B.没时间就不读　　C.相对有固定的时间　　D.

2.影响你不读课外书最主要的原因（　）

A.作业多没时间看　　B.没书看　　C.自己不喜欢看

D.家长不让看　　E老师不让看　　F.

3.你一般获得课外知识的最主要的方式（　）

A.书籍　　B.报刊　　C.网络　　D.电视　　E.

4.你希望学校安排课外阅读的时间吗（　）

A.很希望　　B.比较希望　　C.随便　　D.不需要

5.读书时你能做到的（　）（可多选）

A.只浏览故事情节 B.摘抄好词好句 C.在文中圈点批画 D.

6.你一个学期中用在课外阅读上的时间有（ ）

A.每天阅读半小时 B.每周阅读 C.每月阅读 D.基本不读 E.

7.一年中你拥有的属于个人的课外书有多少（ ）

A.没有 B.5本以内 C.10~20本（包括20本） D.

8.不包括老师提供的文章，你一学期阅读优秀文章的数量有多少篇（ ）

A.10篇以上 B.5~10篇 C.1~4篇 D.几乎没有 E.

9.你阅读的最主要的目的是什么（ ）（不能超过三个）

A.你看书是为了兴趣 B.为了提高自己的语文水平

C.从书中你能得到为人处世的道理 D.你看书是为了激励自己

E.你看书是为了获得有用的知识 F.你看书是为了消遣

G.你看书没有目的 H.你看书是出于被逼无奈

10.阅读了一本好书（或一篇好文章）后，你会干什么？（ ）

A.说给别人听 B.做读书笔记 C.运用于习作中 D.看过就算了

11.你平时摘抄的情况是（ ）

A.有平时摘抄的习惯 B.老师要求你才摘抄

C.有时会摘抄一点 D.基本不摘抄 E.

12.你一学期写课外阅读的读书笔记一般有（ ）

A.15篇及以上 B.10篇及以上 C.5篇及以上 D.几乎没有 E.

13.你喜欢读哪方面的书（ ）

A.优秀作文选 B.百科知识书籍

C.故事、童话、小说等 D.卡通、漫画书 E.

14.你最近在读什么书（ ）

A.语文书 B.没读书 C.

15.你怎么看待课外阅读（ ）

A.多读闲书杂书对写作能力提高作用大

B.只读“满分作文”一类作文书

C.课外阅读耽误时间 D.课外阅读只是消遣 E.

16.你有写读书札记的习惯吗（ ）

A.每读一些经典著作总要写一些 B.从没有写读书札记的习惯

C.偶尔写一点 D.

17.你有写日记的习惯吗（ ）

A.没有 B.老师布置才写 C.有时兴趣来了就写 D.经常写

18.你喜欢写什么样的作文（ ）

A.写人 B.写事 C.写物 D.写景 E.想象 F.议论 G.说明 H.应用文

19.你写作文的目的是（ ）

A.为了完成老师布置的作业 B.为了练好作文

C.自己喜欢写 D.家长要求 E.

20.通常作文课给你的感觉是（ ）

A.轻松愉快，使人充满信心 B.单调，不讨厌也没乐趣

C.讨厌，难于忍受 D.

21.写作文前，你会认真审题、打草稿吗（ ）

A.会 B.有时会 C.不会

22.一般情况下，你写完作文会有一种怎样的心情（ ）

A.愉快，满足 B.完成任务后的轻松 C.没什么感觉 D.真累啊 E.

23.你觉得作文难写的原因是（ ）

A.没有东西可写 B.缺少好词句 C.肚子有话表达不出

D.作文题缺乏新意，脱离学生生活 E.

24.平时，你留意身边发生的事情吗（ ）

A.观察很仔细，记得很清楚 B.知道，但印象不深 C.不太留意

25.老师布置一项社会调查让你在长假中完成，并要求提交一份报告，你（ ）

A.没有把这件事放在心上 B.到网上去下载一份，应付了事

C.和几个要好的同学一块完成并趁机游玩

D.形成学习小组，分工合作，对这份报告贡献自己的力 E.

26.你喜欢写作文吗（ ）

A.喜欢 B.感觉一般 C.不太喜欢 D.一点儿也不喜欢 E.作文并非易事

27.你写作文的目的是（ ）

A.为了完成老师布置的作业 B.为了练好作文

C.自己喜欢写 D.家长要求 E.

28.你喜欢作文的原因是（ ）（不喜欢写作文的同学可以不作答）

A.觉得作文很容易，能获得成功的体验 B.对作文非常感兴趣

C.老师、家长的鼓励 D.喜欢语文老师 E.写好作文可以考出好成绩

F.作文可以倾吐心中的话 G.

29.你不喜欢作文的原因是（　）（喜欢写作文的同学可以不作答）

A.觉得作文很难　　B.对老师出的作文题目不感兴趣

C.老师给的作文分数低　　D.不太喜欢上课的老师

E.有话却不知道怎么表达　　F.面对作文题目心里感到发慌　　G.

30.你自觉参加劳动或做家务活么（　）

A.经常自觉参加劳动　　B.有时帮家长干活　　C.在家很少干活　　D.

你所在的学校__________班级______

第二节　读写共生策略

如何打破语文教学中教师“教而不引”“教而不导”“重教法而不重学法”的局面？经过多年的研究和实验，我们就培养阅读兴趣和习惯，挖掘生活素材，整合写作资源，多角度提升写作素养，进行有计划的序列化作文训练等，摸索出一条“读写共生”的路子。我们依据阅读品味，理性与感性结合，在读写过程中重视“评价”和“内省”手法的运用，指导学生整合活动资源，将思维训练重点化，素材积累与运用系统化，作文训练序列化，高效地培养学生自读自研自悟的研学习惯和研学能力。

一、问题归纳

吕叔湘先生曾将阅读教学存在的问题总结为“少、慢、差、费”，即阅读数量少、速度慢、效率差、费时间。

我们通过研究探索，寻找切实有效的读写指导策略，激发学生读写兴趣，养成良好的读写习惯，掌握高效的读写方法，从而培养学生读写能力，提高学生读写水平。

二、读写“五化”

读写目标具体化、训练实用化、形式多样化、活动激趣化、师生一体化，逐步形成读写结合的教学范式。

目标具体化。在进行读写结合训练时，根据每一单元阅读和写作的训练重点，确定读写结合的“点”目标，渗透某个要点和某种写作技能。当学生掌握了这一阶段的策略之后，再进行下一个“点”的训练。每个学期、每个年级都有具体的目标训练。

训练实用化。读写指导策略不是仅仅靠讲解来提高学生的能力，而是经过有计划、有步骤的严格训练，创造机会，让学生经常随文小练笔，如写开头、结尾、口语训练、片断写作等，将“读中学写”“写中促读”落到实处。我们找到读写联结点之后，在课堂训练的基础上，鼓励学生深入生活，开阔视野，在迁移运用中进一步将阅读和写作结合起来。阅读中不仅注重考点的训练，我们更为关注学生的想象和移情能力的培养；写作时不仅关注语言底蕴厚重化，我们更注重学生作文的生活化，让学生每天坚持写《班级手抄日报》，按班级座位顺序，60多位学生轮流出报，每人两个月出一次，自己编辑策划，主要内容为当天班级内的新闻、趣事，适当写一些对班级或社会现象的认识或生活小常识，旨在训练他们的作文贴近生活实际，抒写心灵感悟，写出自己的心理和生活。

形式多样化。读写结合的形式是多样的。在阅读中，教会学生能使用批注、圈点、勾画的方法来阅读美文，摘录精彩语句或段落，并对这些语句或段落进行三言两语个性点评或自我感悟，同时进行仿写。教会学生写读后札记，教会学生就文本中的问题研讨辩论，教会学生鉴赏和想象移情，使学生的阅读从简单的粗浅的对文本内容写法的理解上升到对名家美文写作技巧写作思路的揣摩学习，从学生对文本的感性学习到对文本的理性欣赏，从学生的被动艰苦的阅读到自觉愉悦的阅读，从单方面的阅读到读写的结合。比如学习《孔乙己》后，让学生想象后来孔乙己怎么样了，进行想象叙述。作文训练中，我们倡导日记，必写周记，两周一篇当堂作文训练，然后再组织自改自评、互改互评、集体评改、师评等多种途径的作文评改，最后，学生反思，写写后札记，有效地提高了学生的作文能力和水平。

活动激趣化。我们抓住学生心理特点，结合通用课程教材，精选课外阅读教材，开展并实施了“每天一故事”“课前五分钟”“演讲比赛”“古诗文诵读默写”“美文诵读”“主题探究性阅读”“研讨与辩论”等竞赛展示活动，将班级活动和文学社团活动联系起来，极大地激发了学生读书兴趣，丰富了学生语言积累，提高了学生运用语言的能力，培养了学生好读书、会读书的习惯，为学生的发展提供了锻炼与展示的平台。我们规定学生每学年阅读不得少于260篇美文；完成读书笔记每学年2万多字；随笔每周一篇，每年不少于48篇。推进学生阅读课标规定的经典名著近百部，撰写各类不同形式的读后感悟近千篇。还坚持让学生每周一、三、五早读前5分钟默写一首课外古诗、三句名言。每周二、四早读前5分钟作“新闻主播”活动，让他们讲述交流身边发生的有意义或是有趣的事情。每周默写两个精彩语段，积累素材，建立学生自己的素材库。坚持写课堂定时作文，课堂作文与课后作文相结合。

师生一体化。在研究过程中，随着研究的深入，我们的教师发现了自己的不足，出现了前所未有的合作、研讨和学习局面，甚至是从学生那里学到了很多。许多成员主动去图书室、网络上学习相关理论，整理笔记日志以备随时学习。教师对研究中发现的问题紧抓不放，通过研讨交流争辩，促进教师的专业化发展。教师常常和学生一起进行思考和研讨，甚至下笔作文。

三、策略与模式

（一）六大策略

阅读移情策略。阅读时在感性的认知之外，加上理性的想象和联想，积累情感，引导学生在理解文本的基础上，结合自己对生活的认识和体验，进行广泛的联想和想象，从而激活思维，孕育出创新因子。

内省评悟策略。阅读中，我们引导学生一文一评，一文一悟，一文一得。这里的“评”是指通过品读欣赏来获得对文本的个性理解，既可审美也可审丑。每阅读一篇文章都要对喜欢的词汇或语段或句子或写法等进行点评，在评中感悟，在悟中获取。教师提供具体的习作互动评改方法，形成一个规范性很强的学习流程：以表格的形式将自改互改的思维意见物化，以便随时检视、反馈评价；以圈点批注的方式激活思维交流看法，点燃思想的火花；填表点评微型写作，写文后札记再度思索，以完成二度创作的学习、借鉴、提高。

主题活动策略。通过开展主题活动引导学生作文。每两周开展一次主题活动作文。以情感体验为基础，以主题活动为导向，引导学生发现写作的资源并自我进行有效的整合，从听、说、读、写、评、感多角度培养写作素养。

思路点拨策略。即教师对学生写作的引导重在如何打开学生写作思路而不只是盯住写作技巧的机械训练。如引导学生开启审题、立意的思路方法有常规法、寻词法、咂摸副词法、审问法、路径法、因果法、思辨法、“树”型快速作文结构法等。

素材积累策略。首先是整理好自己的素材库。既要积累语言素材，又要积累思想和情感素材。其次，按专题整理素材。学生根据自己的理解需要对素材进行专题分类。对每个专题下的每则素材内涵进行解析或对素材进行点评，点评中，要敢于抒发真情实感，并写出每则素材在记叙文、议论文、散文中如何运用，在某一具体话题中如何变化等。

有序训练策略。教师和学生一起把初中一到六册的写作要求，进行分类与整合，做到循序渐进、全面深刻。结合初中语文课程标准和教材单元主题，依据学生在写作中常出现的问题和学生自己感到困惑的一些写作难点，把握学生写作心理和作文成长的规律，分类整合，从宏观的写人叙事、写景状物，到微观的观察想象、开头结尾、选材构思、立意文采等方面，由浅入深排序，每周、每学期、每学年训练的侧重点各不相同，对学生进行有计划的全方位的高效作文训练。每学期八周作文训练，每周一次恰当的训练主题，每周一次全新的阅读体验，每周一次快乐的写作尝试。

（二）五环节模式

在读写结合的教学实践中，我们概括了一整套可供推广的实践模式。

五环节读写整体优化策略：研读（整体感知，了解大意）—钻探（找准重点，品悟赏析）—释疑（读写迁移，提高能力）—拓展（课外拓展，扩大视野）—总结（自我总结，学后札记）。

这五个环节是环环相扣，不断推进的。第一环节要引导学生透过文字去整体理解文章所表达的内容，对事物获得感受，让文字所表现的事物在头脑中形成鲜明的形象，让书本的语言化为学生头脑里的内部语言，再引导学生把自己对语文的了解，对事物的认识、感受，把头脑中鲜明的形象有条理地说出来，让内部语言化成外部语言。第二环节要引导学生体会作者是怎样运用语言文字表达内容的，总结文章的写作亮点，感受语言魅力。同时，定点钻探，对文本大胆进行逆向或多向思考，多问“为什么”，以批判的态度去阅读。第三环节要在文本阅读基础上，通过释疑，将读写结合起来，以写作为手段，在作文随笔的实践中运用阅读时学到的知识技巧训练作文，同时使读的效果得到巩固。第四环节要紧扣读写联结点，拓展到课外的阅读和表述中，在理解语言文字的基础上学习运用，在运用语言文字的训练中加深理解，使学生这两种能力都得到发展。第五环节就是对所学内容进行自我归纳，或联系自我一课一得，或对文本、作者、老师的理解、同学的理解提出疑惑，或深思后发现问题。

根据课程标准和考试纲要的内容和要求，我们可以拟定阅读知识和能力、写作知识和能力的序列化训练目标，按部就班地有序训练，有效地提高学生的阅读和写作素养。

第二章　阅读书目

第一节　七年级书目及推荐理由

跟读书目

1.《朝花夕拾》（精读）

鲁迅（1881—1936），中国现代伟大的无产阶级文学家、思想家和革命家，中国现代文学的奠基人。代表作有《狂人日记》《阿Q正传》《朝花夕拾》《呐喊》《彷徨》等。

这是一本回忆童年生活的散文集，充满了个体生命的童年时代与人类文化发展的童年时代所特有的天真之气。以清新、平易、深情、舒缓的笔调记述了自己的生活片断，体现了家乡的风土人情，抒发了对亲朋师友的挚诚怀念，寄予了对现实的思考。

2.《我的遥远的清平湾》（泛读）

史铁生（1951—2010），生于北京。曾自嘲："职业是生病，业余在写作。"主要作品有《我与地坛》《务虚笔记》等。

史铁生，这个将自己的生命和写作真正融为一体的作家，以自己深刻而独到的笔触，写出了一部部温暖人心、打动人心、慰藉人性的作品。他的作品，如同他深沉的思索，有着同时代作品难以触及的一种魅力。《我的遥远的清平湾》就不失为这样的一部。遥远的清平湾，读了令人感到，清平湾并不遥远，它就在作者的心里，在读者的眼前。那一道道的黄土高坡，那一群群慢慢行进的牛，那一孔孔窑洞中住着的婆姨娃娃，那整天唱个不停的破老汉，都让人觉得那么亲近，甚至嗅到了那里的黄土味。小说以抒情散文的笔法，为读者展示了陕北人民的朴实、忠厚、积极、乐观的性格，激发人们认真地思考人生，思考社会。

3.《假如给我三天光明》（泛读）

海伦·凯勒（1880—1968），19世纪美国盲聋女作家、教育家、慈善家、社会活动家。她被美国《时代周刊》评为美国十大英雄偶像，荣获“总统自由勋章”。著作有《假如给我三天光明》《我的生活》《我的老师》等。

这本书主要讲了海伦失去听觉和视觉后自强不息、积极生活的故事。海伦是不幸的，因为在她19个月大的时候，一场突如其来的疾病使她永远失去了视力和听力。但她又是幸运的，因为她得到了善良的沙莉文老师的悉心教导和帮助，以惊人的毅力坚持学习，考入哈佛大学，并以优异的成绩毕业。海伦曾经说过：“如果说妈妈给我第一次生命，那么，沙莉文老师就给了我第二次生命！”海伦是一个热爱生活、热爱书籍的人，她的精神值得我们每一个人学习！此外，本书中收录的《我的人生故事》是海伦·凯勒的自传性作品，被誉为“世界文学史上无与伦比的杰作”。

4.《张晓风散文选》（精读）

张晓风，1941年生，江苏铜山人，生于浙江金华。其作品被列入《台湾十大散文家选集》。余光中曾称其文字“柔婉中带刚劲”，将之列为“第三代散文家中的名家”。又有人称其文“笔如太阳之热，霜雪之贞，篇篇有寒梅之香，字字若璎珞敲冰”。

读张晓风的散文，仿佛放舟于岁月长河，溯回从之，溯游从之，追随着一路看来，千回百转，被那百年烟波水汽湿了一身。张晓风的文章里始终读得出她的良苦用心，唠叨琐碎、自恋自艾，她是看不上的，更别说撒娇作态，即使偶尔忍不住写写柴米油盐丈夫孩子，也是语不惊人死不休。她写风衣：那风，翻阅过唐宗宋祖，“而你着一袭风衣，走在千古的风里”。她写酿酒的理由：“如果孔子是待沽的玉，则我便是那待斟的酒，以一生的时间去酝酿自己的浓度，所等待的只是那一刹那的倾注。”这样的文字比比皆是。张晓风的文章字里行间有一种江湖侠客的气度。

5.《白洋淀纪事》（泛读）

孙犁（1913—2002），河北安平人，原名孙树勋。战斗和笔耕，一身而二任，冀中家乡那块土地上培育了他的坚韧。他把青春年华和才情，全部献给他曾经战斗过的晋察冀根据地的父老乡亲们。人民的革命事业胜利了，孙犁的“生活之树”结出了沉甸甸的果实，这就是《白洋淀纪事》。

《白洋淀纪事》收集了孙犁从1939年到1950年写的绝大部分短篇小说、散文、特写，是讲述千千万万小人物英勇事迹的一本书。这里，有人民热切招待负伤的八路军战士时的嘘寒问暖，也有游击队员冲锋时嘹亮的军号；有人民被地主土豪欺压时的哀号，也有胜利时快乐的欢呼；有批斗乡绅土豪时愤怒的叫喊，也有面对落后分子的认真开导。一开始，没有人想到描述他们，也没有人想到要去记载他们，他们过着世外桃源般的生活，怡然自得，与世无争。但是，到了山河残破、烽烟四起的时候，每个人都拿起了武器，每个人都成了战士。请记住他们，这些给了我们新生活的前辈！

6.《沈石溪动物小说选》（泛读）

沈石溪，被誉为“动物小说大王”，是目前国内深受小读者欢迎的原创儿童文学作家之一。

沈石溪的动物小说将故事性、趣味性和知识性融为一体，充满哲理，风格独特，深受青少年读者的喜爱。这本书描写了动物世界的真挚情感。《天命》中，母鹰为了种族舍弃生子；《象塚》中，母象为了种族在儿子与自己心爱的“人”之间做出艰难选择；《仇恨》中，水秧儿宁可让自己爸爸伤心也不愿背叛狼獾；《猎狐》中，戈文亮被可爱的小狐打动，连自己的名声也不顾；《剽牛》中，老牛为了孩子过好生活，不惜献出生命；《兵猴》中，大白牙为了猴群的安危而献出生命……每个故事通过对动物的描写，歌颂了动物间的母爱、父爱、夫妻情、养育恩、朋友情谊，间接反映了人类社会的悲欢离合、喜怒哀乐、丑陋和美丽、高尚和卑贱……使人懂得了什么是真善美，什么是应该珍惜的，什么是应该坚持的。

7.《西游记》（泛读）

吴承恩（约1500—1582），字汝忠，号射阳山人。明代小说家。自幼敏慧，博览群书，尤喜爱神话故事。在科举中屡遭挫折，嘉靖中补贡生。嘉靖四十五年（1566）任浙江长兴县丞。

《西游记》是中国文学史上一部杰出的充满奇思异想的神魔小说。本书作者吴承恩为读者讲述了唐僧及其三个徒弟一路上历尽艰险、降妖伏魔，经历了九九八十一难，取得了真经的故事。作者吴承恩成功地塑造了孙悟空这个英雄形象，鼓舞着千千万万人们，朝着目标勇往直前。战胜困难的过程，就孕育了成功。唐僧师徒四人每人都有长处和短处，正是他们互相帮忙，取长补短，才得以成功。

8.《人类的群星闪耀时》（泛读）

斯蒂芬·茨威格（1881—1942），奥地利著名小说家，传记作家。主要作品有《象棋的故事》《昨日的世界》等。

这本书记录了十二个决定人类历史的瞬间，从不同的时代和不同的地点回顾那些星光灿烂的时刻、崇高而难忘的时刻。这是不一样的历史，也是对天才的礼赞。正如他所言，历史上的英雄际会、天才辈出时刻，往往是可遇而不可求的。伟人之所以伟大，并不仅仅因为在他们短暂的一生中取得了如何轰轰烈烈的成就，更在于他们所具有的那种超凡的毅力与强大而崇高的精神力量。回顾每一个人类群星闪耀的时刻，感受英雄不朽而魁伟的灵魂与心灵，让英雄的故事顺着那奔腾汹涌的历史江流一代又一代地传递下去，直到历史创造出属于又一个时代的真正英雄。

9.《骆驼祥子》（精读）

人民艺术家——老舍，原名舒庆春，字舍予，1899年生于北京。“五四”时期开始新文学创作。作品有《老张的哲学》《二马》《猫城记》《离婚》《牛天赐传》《月牙儿》《骆驼祥子》《四世同堂》等。

这本书给读者展示了黑暗社会里一个善良、淳朴、老实的人力车夫祥子的故事。祥子的理想很简单——有一辆属于自己的人力车。于是，他每天省吃俭用、起早贪黑，经过三年的辛苦劳作终于买了一辆车，可是很快被大兵抢走了；后来好不容易凑够了买车的钱，又被孙侦探给敲诈走了；再后来，他的妻子虎妞用自己的积蓄买了车给他，但虎妞难产死了，为了安葬她，祥子又卖了车，一波三折，到头来一无所有。小说中的祥子就是那个时代“市民化”小人物的缩影。那些小人物中，有的因战乱导致家人离散而不得不彼此相依为命，有的不堪家庭重负自甘堕落，有的为养活兄弟而出卖肉体。社会底层的劳苦大众的悲剧是整个时代的悲剧，身处其中的每一分子到头来都逃脱不了像祥子一样的悲惨命运，除非他们认清自己的现状，联合起来推翻那吃人的社会制度。

10.《少年维特之烦恼》（泛读）

歌德（1749—1832），德国诗人，欧洲启蒙运动后期作家。他生于法兰克福镇的一个富裕市民家庭，曾先后在莱比锡大学和斯特拉斯堡大学学法律，也曾短时期当过律师，但主要志趣在文学创作方面。代表作有《少年维特之烦恼》《浮士德》等。

这本书在过去曾引发了“维特热”。许多人为维特热血的青春、至死不渝的爱而感动。维特，一个清秀而瘦弱、敏感而矛盾的少年。面对这个世界，他纯净犹如清水一泓，他第一次见到绿蒂时，便难以压抑内心的兴奋与爱慕。他爱她，爱到无法自拔。他爱她，爱到义无反顾。他太过感性，以致无视阿尔伯特理智冷静的劝告，在矛盾中痛苦挣扎。最后，悲剧发生了。他没有得到他心爱的人，于是疯狂将自己的青春、理想以及最宝贵的生命毁于一旦。他扳动了手枪，结束了自己的生命，也结束了自己的烦恼。青春是通往幸福路上的成长阶段，这段日子里，我们要学会的不是用过激的手段结束令人烦恼的生活，而是背负重重行囊，风雨兼程，摸索向前，寻找属于自己的幸福曙光。

11.《中国当代名家散文选》（精读20篇）

所选作品均系经典之作。有的字字珠玑，给人以语言之美；有的博大深沉，给人以思想之美；有的感人肺腑，给人以情感之美；有的立意隽永，给人以意境之美。这些经历了时间考验的作品，不但丰富了世界文学宝库，而且影响了成千上万的人，叩击着一代又一代人的心灵。"读一部好书，就是和许多高尚的人谈话"，读名家名作就是和大师在晤谈，可以在轻松愉快的氛围中，开阔文学视野，提高审美意识，触动写作灵感，陶冶思想情操，提升人生品位，徜徉经典，收获无限。

12.《吾国与吾民》（泛读）

林语堂（1895—1976），福建龙溪人。原名和乐，后改语堂。提倡"以自我为中心，以闲适为格调"的小品文。代表作有《吾国与吾民》《京华烟云》。

这是一本很有"诱惑力"的书，很容易从中找出中国南北方差异的描述，也可以找到中国历史演进的普遍"规律"；大众群体的一些无意识的言行也会被谈及，并拿来与西方比较，人性的差异，理念的不同，理想的追求等，令我们大开眼界。他尝试在海外探讨故土，探讨故土的国民，试图通过自己的"苦思苦读""自我省察""发表自己的意见"，话题轻松但不失庄严，戏谑严厉但不缺诚恳，头绪繁杂但主次分明，因此受到很多读者的欢迎。

13.《国学常识》（精读）

曹伯韩（1897—1959），湖南长沙人。著有六部语言学专著及20余部历史、地理、国际关系、青年修养等社会科学方面的通俗读物。其中，《国学常识》《民主浅说》《通俗社会科学二十讲》等文化普及读本产生过较大影响。

这本书分《小学常识》《音韵常识》《经学常识》《理学常识》《史学常识》《子学常识》《文学常识》《诗学常识》《词学常识》《说部常识》十个部分，详细叙述国学的原委、研究的方法，要言不烦。读者可以凭借此书了解中国传统文化的博大精深，形成对于国学较为完整的概念。

14.《时间奥秘》（泛读）

《时间奥秘》回答了“什么是时间”“为什么各地使用不同的时间”“准确的时间是从哪里来的”等一系列问题，并附有世界各时区的标准时间与北京时间对照表、世界87个城市标准时间对照表和中国主要城市经纬度表。适合中小学生以及对时间科学感兴趣的读者阅读。

15.《中华五千年史话》（精读）

郭伯南，1933年生，笔名史石、知春斋主，著有《中国历史》《新编中国史话》《中华五千年史话》等。刘福元，著有《古代诗词常识》等。

本书采用话题体的形式叙说从“人文初祖”到“鸦片战争”以前的中华上下五千年的历史，分为58个大话题，约240个小话题，均为读者特别关注的历史话题。在写法上，既提纲挈领，简明扼要，又具体而微，生动有趣，给人一种新鲜感。图文辉映，在轻松有趣的阅读中可洞悉中国深广博大的历史。

拓展书目

16.《一千零一夜》（泛读）

阿拉伯民间故事集，又名《天方夜谭》。相传，一个国王，他每天娶一个女子，第二天就杀掉。有个姑娘要阻止他的这种做法，于是愿嫁给国王。她给国王讲故事，每次要杀掉她的时候刚好讲到精彩的部分，国王只好不杀她。她一直讲了一千零一夜，终于使国王回心转意。这些故事是阿拉伯民族智慧、才华凝聚成的。高尔基誉之为世界民间文学史上“最壮丽的一座纪念碑”。

17.《海底两万里》（精读）

儒勒·凡尔纳（1828—1905），19世纪法国作家，被誉为“科幻小说之父”。1863年因长篇小说《气球上的五星期》而一举成名。代表作有《八十天环游地球》。

《海底两万里》是儒勒·凡尔纳的巅峰之作，是凡尔纳三部曲的第二部。书中的幻想大胆新奇，海底世界在凡尔纳的笔下似乎成了人间仙境，使读者不由得也想同尼摩船长一起，驾着“鹦鹉螺号”，在变幻莫测的神奇海洋中探索这颗美丽星球的奥妙。凡尔纳将丰富详尽的科学知识和细节逼真的美妙幻想熔于一炉，构思精巧而又独具匠心，表现了人类认识和驾驭海洋的信心，展示了人类意志的坚忍和勇敢。

18.《孔子传》（泛读）

鲍鹏山，《百家讲坛》主讲人之一。作品有《中国人的心灵：三千年理智与情感》《鲍鹏山新说〈水浒〉》《孔子是怎样炼成的》《〈论语〉导读》等。

《孔子传》正是针对有些人对孔子存在的误解，提出了“与其误会，不如重读”的主张，以孔子的“吾十有五而志于学，三十而立，四十而不惑，五十而知天命，六十而耳顺，七十而从心所欲，不逾矩”为纲，博采《史记》《左传》《春秋》等史料，特别借助《论语》，以及孔子思想中的一些重要概念的解释，对孔子奇迹般的身世、生平、思想、人格作了一个全面而立体的介绍。这本书在阐发孔子思想对于现代意义的同时，力求告诉读者，思想的更大价值，在于判断是非。

19.《从一到无穷大：科学中的事实与臆测》（泛读）

乔治·伽莫夫（1904—1968），世界著名物理学家和天文学家，科普界一代宗师。多部作品风靡全球，《从一到无穷大：科学中的事实与臆测》是他最著名的代表作。由于他在普及科学知识方面所作出的杰出贡献，1956年荣获联合国教科文组织颁发的“卡林加奖”。

《从一到无穷大：科学中的事实与臆测》是一本属于“通才教育”的科普书，内容涉及自然科学的方方面面。作者以一个个故事打头和串联，把数学、物理乃至生物学的许多内容有机融合在一起，将一些最重大或者最有用的理科知识信手拈来，让人在妙趣横生、恍然大悟以及莞尔一笑中意犹未尽地概览自然科学的基本成就和前沿进展。

20.《超越梦想：激励你一生的名人励志故事》（泛读）

用心灵去感悟月的朦胧、星的灿烂、花的嫣然、泪的晶莹、叶的飘逸，还有生命的沧桑和美丽。书海茫茫，孤舟独荡，任意东西，实为快哉。开启扉页，缕缕的墨香如醇醇杨柳风，让心花悄然绽放，散发出无数感悟的诗行；随着一页页翻过，书的妙味连同它的芳香会浸入肌肤，情绪在意境中飘摇、远航……每篇文章都由文章导读、优美英文、精彩译文、热词空间、心灵小语五个部分组成，环环相扣。

21.《射雕英雄传》（泛读）

金庸，原名查良镛，1924年生于浙江海宁。1959年创办香港《明报》，任主编兼社长历35年。主要作品有《书剑恩仇录》《射雕英雄传》《神雕侠侣》《雪山飞狐》《倚天屠龙记》《天龙八部》《笑傲江湖》《鹿鼎记》等。

为国为民最重要的外在表现就是仁爱，乃至杀身成仁。一个侠士把自己的武功和仁爱高度结合到一起时，才真正完成“大侠”的升华。郭靖忠于国家，爱护百姓，宁可自身犯险也要保全百姓的生命安全。为抵抗蒙古的侵略，协助宋军驻守襄阳数十年，直到最后城破，以身殉国。《射雕英雄传》在一定程度上反映了暴政下的平民的痛苦生活，鞭挞了贪官酷吏卖国贼的横征暴敛，讴歌了“富贵不能淫，贫贱不能移，威武不能屈”的民族气节。小说的开头与结尾充满了一种“乱世之苦难”及“英雄之真义”的历史真实感及其深刻的思想性。爱民之心、丧国之耻、乱世之痛、英雄之思贯穿着整部小说。

22.《林肯传》(泛读)

戴尔·卡耐基（1888—1955），被誉为“20世纪最伟大的人生导师”。他一生中撰写的《语言的突破》《林肯传》《人性的弱点》《美好的人生》《伟大的人物》《人性的优点》《快乐的人生》等七部著作，至今在全球畅销不衰。

林肯是美国第16任总统，著名的演说家、律师。这位“伟大的解放者”领导了针对南方奴隶制度的南北战争，颁布了《解放黑人奴隶宣言》，维护了联邦的统一，为美国在19世纪末跃居世界头号工业强国开辟了道路。本书是成功学大师戴尔·卡耐基的扛鼎之作，也是他一生中撰写的唯一传记。作者以其感人至深的笔触，生动再现了一个内心忧郁、富于理想、愈挫愈勇、满怀仁慈之心的林肯形象。林肯的从政之路充满坎坷和失败，但追求平等的政治理想一直支撑着他，最终入主白宫。这位平民总统富于传奇色彩的一生，相信会让每一位读者感慨不已。

23.《湘行散记》(泛读)

沈从文（1902—1988），湖南凤凰人。作品主要有《边城》《长河》《湘行散记》等。

《湘行散记》和《湘西》可以同小说《边城》和《长河》作互文理解，它们都是作者两次重返湘西所得。迥异于小说“牧歌氛围”“乐观超越”，散文饱含沉甸甸的责任意识，面对一种特殊的历史场域，追溯神性生命的始终，透过表层的血与泪，体验一份人生的庄严，统摄到作者巨大悲悯情感下的书写与反省，将尖锐的民族问题与社会矛盾，融汇在人事的叙述中。

24.《三位大师》(泛读)

斯蒂芬·茨威格（1881—1942），奥地利小说家、诗人、剧作家和传记作家。

这本书由19世纪3位杰出的文学大师巴尔扎克、狄更斯和陀思妥耶夫斯基的传论组成。巴尔扎克生于拿破仑崛起的时代，尽管他并未投身这支东征西讨的大军，然而拿破仑横绝一世、君临天下的气概已深深注入他的灵魂。狄更斯生活的时代，英国早已失去伊丽莎白女王统治下莎翁所感受到的强盛与活力，甚至曾经令拜伦、雪莱热血沸腾的理想主义也已失去往日的光辉，时代已不需要冒险，时代已龟缩到平静、安逸的角落，狄更斯便充当了维多利亚时代市民阶层的代言人：大家读点滑稽故事，做点游戏解闷就行，小人物的谦逊朴实的生活在狄更斯笔下获得了如下午茶般的温吞诗意，并再一次成为欢快、惬意的宇宙。陀思妥耶夫斯基则是俄罗斯乃至整个西方文学界心灵描写的大师，作家独一无二的创造性，便是他那精妙的笔触能深入人类神经的每一处细枝末节，仇恨、爱情、欲念、虚荣、骄傲、谦卑、敬畏等情感中包含了无数的混杂物及中间状态，这些情感看似矛盾、对立，实则相通并随时可能相互转化，通过陀思妥耶夫斯基的眼睛，我们再也看不到人类神圣、单纯的灵魂世界了。

25.《红岩》（精读）

罗广斌（1924—1967），四川成都人；杨益言（1925—2017），四川武胜县人。

《红岩》这一小说，是中国共产党人精神品质最高度的概括。红岩精神，是革命先烈坚持真理、改造社会的人生伟大实践，是革命先辈为国家、为人民无私奉献的真实写照，是我们改革开放发展建设过程中不可缺少的精神支柱。《红岩》小说中的很多素材都是取自真人真事。

26.《NBA光荣之路》（泛读）

梁猛，网名何足道哉，文笔华丽优雅、博古论今，深受网友追捧，被评为“篮球界的余秋雨”。

这本书从竞技的角度让中国球迷全面、系统而又饶有兴味地了解NBA这一全世界最高水平的篮球联赛的发展历程，同时将完全西方式的NBA巨人和它的历史，用中文进行一次全面本土化演绎。

27.《纳尔齐斯与歌尔德蒙》（泛读）

赫尔曼·黑塞（1877—1962），被称为德国浪漫派最后一位骑士，其代表作《荒原狼》被托马斯·曼誉为德国的《尤利西斯》。1946年，“由于他的富于灵感的作品具有遒劲的气势和洞察力，也为崇高的人道主义理想和高尚风格提供了一个范例”，获诺贝尔文学奖。

他是一个幻想家，是一个浪漫主义者，他的文字给人一个别样的不真实的世界，歌尔德蒙是现实中很多人渴望而又做不到的一种。教育就是纳尔齐斯对歌尔德蒙的爱。纳尔齐斯洞悉了歌尔德蒙本性，并引导了他，让他去选择内心所真正向往的生活。在黑塞的世界里存在着这样的一个纳尔齐斯，若现实中的老师能有这种神力，该有多好啊！

28.《麦田里的守望者》（泛读）

塞林格（1919—2010），生于美国纽约。十五岁的时候，被父母送到宾夕法尼亚州一个军事学校里住读，据说《麦田里的守望者》中关于寄宿学校的描写，很大部分是以那所学校为背景的。

这部小说的艺术魅力在于作者把重心放在对人物心理的深度剖析上，他以细腻而探析的笔法，细致入微刻画了主人公霍尔顿的矛盾心态，描绘出霍尔顿复杂的精神病态。霍尔顿这个对虚伪的周围环境深恶痛绝的少年形象竟然被千万读者看成是迷人的新英雄，文中崇尚自由的亲切语言受到热烈欢迎。

29.《棋王》（精读）

阿城，原名钟阿城，1949年生于北京。

一个时代，一种世道，总是猝不及防地就来到眼下，躲也躲不过去。一种人看似抗争，实则在忍受；一种人看似忍受，实则在抗争。“棋王”一生痴迷于棋，被人称为“棋呆子”，殊不知，这种在外人眼里的“痴”与“呆”，正是他在狂魔时代里的自我救赎。唯有内心静如止水，外物才能方寸不乱。对！正像张岱在《湖心亭看雪》里说：“莫说相公痴，更有痴似相公者。”

30.《科学也疯狂》（精读）

作者美国埃德·里吉斯。

你想到太空去旅行、定居吗？你听说过把身患不治之症的病人活着就冷冻起来，过若干年后用先进的医学治愈，使其起死回生吗？你想象过由计算机复制人的思维、情感，存入软盘后抛弃原有的肉身，成为可复制的智能机器人吗？也许你觉得以上种种是“奇谈怪论”“耸人听闻”，但这正是美国科学界的命题，吸引大批科学精英呕心沥血、殚精竭虑。说不定，今天这些貌似“疯狂”的科学有朝一日会造福人类呢！

31.《黑猩猩在召唤》（精读）

作者珍·古道尔博士为了观察黑猩猩，26岁时就来到非洲原始森林，度过了40年的野外生涯，积累了关于黑猩猩的习性、行为等大量珍贵的数据。

这本书使我们从新的角度来看待人类：看到人类与其他动物之间的紧密联系，了解人类与其他动物在行为机制方面的共同遗产，与此同时，充分掌握那些使人成其为人的决定性因素。这本书能促使我们回顾人类在达到今日水平之前所走过的那漫长而艰难的道路，帮助我们以应有的谦虚，然而又从我们现时所理解的高度出发，去估价我们人类在动物世界中所占据的地位。

诵读书目

32.《世说新语》（精读20篇）

刘义庆（403—约444），南朝宋文学家。

《世说新语》这部书记载了自汉魏至东晋的逸闻轶事，是研究魏晋风流的极好史料，其中关于魏晋名士的种种活动，种种性格，种种人生追求，以及种种嗜好，都有生动的描写，纵观全书，可以得到魏晋时期几代士人的群像，通过这些人物形象，进而了解那个时代上层社会的风尚，看到道家思想对魏晋士人的思维方式和生活状况。鲁迅称它为“一部名士底教科书”。

33.《国文必读古诗100首》（精读30首）

在中华几千年的灿烂文明中，古代诗歌在文学领域可谓独树一帜。古诗意境深远，至情至性，让我们由衷喜爱。古诗作品言简意赅，用词讲究，有时一个字一个词就能生动形象地把意思表达得淋漓尽致，作者的万千情怀跃然纸上，很多名句因此流传千古。

第二节　八年级书目及推荐理由

跟读书目

1.《通讯名作100篇》（泛读20篇）

冯健、李峰，资深记者。

它记录了近百年来中国时代脉搏的跳动。它生动、深刻地反映了中国这一时期的历史进程，堪称“重大事件集成”。你想回溯中国发展的过展吗？那就捧起它，读起来吧！

2.《普利策新闻奖获奖作品》（泛读20篇）

约翰·霍恩博格，美国哥伦比亚大学新闻学教授。

“普利策奖”是美国新闻界的“最高荣誉”。这部作品节选的都是“普利策奖”获奖作品，是对美国各层面的关注。作品不仅仅在于凝视，更在于拯救，在于对人类生存必需的审视。

3.《鲁迅作品选》（精读10篇）

《鲁迅作品选》选取了鲁迅作品中精华的部分，相信他对社会及人生的独到见解定会给读者以启迪。鲁迅是中国现代文坛当之无愧的巨匠，他犀利的笔锋直指社会弊端，令世人警醒：也可以在他笔诛挞伐之外感受他别样的脉脉温情。

4.《朱自清散文名作》（精读20篇）

朱自清（1898—1948），原籍浙江绍兴，出生于江苏东海。现代杰出的散文家、诗人、学者、民主战士。代表作有《春》《绿》《背影》《荷塘月色》《匆匆》。

朱自清的散文创作，从清秀隽永到质朴腴厚再到激进深邃，有着鲜明的时代印记，显示出他独特的艺术风格和审美志趣。他的散文充满诗意，值得品味，值得在繁忙中获得精神的小憩。

5.《茅盾作品精选》（精读15篇）

茅盾（1896—1981），原名沈德鸿，字雁冰，浙江嘉兴人。代表作有《子夜》《春蚕》《夜读偶记》。

茅盾的多篇散文，热情讴歌延安精神，充满着对一种美好新生活的向往。读他的散文可以感受那个时代的革命热情，感受积极向上的能量。

6.《昆虫记》（精读）

法布尔（1823—1915），法国博物学家、昆虫学家、科普作家，以《昆虫记》一书留名后世。雨果称他为“昆虫世界的荷马”。

该作品是一部概括昆虫的种类、特征、习性的昆虫学巨著，同时是一部富含知识和哲理的文学宝藏。文字清新，自然有趣，语调轻松，幽默诙谐，基于事实的故事情节曲折奇异。作者将昆虫的多彩生活与自己的人生感悟融为一体，用人性去看待昆虫，字里行间透露出作者对生命的尊敬与热爱。

7.《红星照耀中国》（精读）

埃德加·斯诺（1905—1972），美国记者。1928年来华，曾任欧美几家报社驻华记者、通讯员。1936年访问陕甘宁边区，写了大量通讯报道，成为第一个采访红区的西方记者。

《红星照耀中国》是一部客观讲述中国革命历史进程的献礼著作，也是一部回答历史疑问、刷新世界认知的解密作品。在历史变革的巨大洪流中，每个人都是参与者和见证者，而历史也在遵循它的规律稳步前行。埃德加·斯诺亲身经历的故事告诉我们，未知的世界，没有亲身体验和探访，不足以谈远方。

8.《钢铁是怎样炼成的》(精读)

奥斯特洛夫斯基(1904—1936),苏联坚强的布尔什维克战士,著名的无产阶级作家。

在《钢铁是怎样炼成的》一书中,主人公保尔·柯察金就是作者的化身,表达出自己不向命运低头的革命精神,更是告诉现在的青少年,命运是掌握在自己手中的,只要自己不屈服,那就可以创造奇迹。

9.《马克·吐温小说精选》(精读)

马克·吐温(1835—1910),美国作家,其代表作有《汤姆·索亚历险记》《哈克·贝利历险记》等。其作品以幽默、机智见长,被称为“现代美国文学之父”。

读此书可以领略作者以幽默、诙谐的笔法嘲笑美国“民主选举”的荒谬和“民主天堂”的本质,还可以领略作者流畅的文笔、逼真的描述、详细的刻画,让读者如同置身于当时的历史文化之中。

10.《我们仨》(精读)

杨绛(1911—2016),本名杨季康,江苏无锡人。代表作有《走到人生边上》《我们仨》。

作者讲述了“我们仨”共同走过的悲怆而温暖的旅程和一个人思念仨的凄美情思。全书要向读者表达的是:家庭是人生最好的庇护所。

11.《中国现代话剧经典精选》(泛读)

感受中国经典话剧的魅力,在戏剧冲突中感受典型人物形象。话剧的魅力在于它语言的巨大表现力,字里行间总是立起一个又一个鲜活的人物。

12.《儒林外史》(泛读)

吴敬梓(1701—1754),清朝小说家。安徽滁州人。因家有“文木山房”,所以晚年自称“文木老人”,著有《文木山房诗文集》十二卷(今存四卷)、《文木山房诗说》七卷(今存四十三则)、讽刺小说《儒林外史》。

《儒林外史》讽刺的手法让封建社会的任性被放大。古代封建王朝的顽固不化,吃人、害人的惨相,在嬉笑怒骂中得到淋漓尽致的呈现。

13.《契诃夫小说选》(精读)

契诃夫(1860—1904),俄国世界级短篇小说巨匠,俄国19世纪末期最后一位批判现实主义艺术大师,与莫泊桑、欧·亨利并称为“世界三大短篇小说家”。代表作有《变色龙》《凡卡》。

在短篇小说巨匠契诃夫的笔下,你会看到俄国人民中具有典型性格的小人物的日常生活，幽默的语言更是值得一品。

14.《水浒传》（精读）

施耐庵（1296—1370），元末明初作家。

这里英雄辈出，108将互许忠义，替天行道，演绎一个个轰轰烈烈的故事。翻开此书，你会一一认识这些英雄。在穿越时空的神交中，他们身上的赤诚和忠义会让你心暖如春。

拓展书目

15.《50位影响世界的名人简介》（泛读）

这些历史名人的人生经历，具有超越时空的永恒魅力与价值。让读者在读此作品时能更好地认识历史名人，了解历史大事，窥视历史前进的脚步，揣摩历史发展的内在规律，领略人类进步的阶梯，获得广阔的文化视野，体悟人生的大智慧！

16.《中国最美的20个地方》（精读）

“读万卷书，行万里路”，用图片和文字带你“走遍”中国最美的20个地方，让你足不出户也能领略祖国的大好河山，让你闲暇时分可以欣赏大美中国！

17.《说园》（泛读）

陈从周（1918—2000），浙江杭州人，古建筑园林艺术专家。代表作《说园》。

本书对造园诸方面皆有独到精辟的见解。全书谈景言情，论虚说实，既可使读者了解中国传统造园艺术，又可拓展知识面。你会因为这本书爱上江南精致而别具特色的园林。

18.《中国红》系列丛书（泛读10册）

《中国红》系列丛书，图文并茂，选10个代表性强、认知度高的中国优秀传统文化专题加以泛读，内容涵盖文学、书画、汉字、茶文化、酒文化、服饰、传统节日、饮食、养生等方面。

19.《诺顿星图手册》（泛读）

伊恩·里德帕斯，国际知名的天文学和空间科学方面的作家及传播者。译者:李元。

《诺顿星图手册》的专业性已经过几代人的见证，是任何一个户外星空追随者不可或缺的伙伴。它会帮你挑选一架双筒望远镜，无论你的兴趣多么宽广，它都是你——天文爱好者——值得信赖的良师益友。

20.《希腊神话选》（泛读15篇）

希腊神话源于古老的爱琴文明。在远古时代，希腊人民对于自然产生困惑，通过他们大胆的想象，塑造出一群拥有法力而长生不老却和人一样拥有七情六欲的神界英雄，从而演绎出一系列脍炙人口的精彩故事。

21.《外国戏剧精选》（泛读）

以时间为经，以作品为纬，以点带面，精选外国戏剧史中的经典作品，从戏剧文学赏析的角度，以“剧情脉络”“剧作家小传”“剧作赏析”为栏目，分别对每部剧作的结构编排、语言风格、悬念冲突、情境设置、剧作特色等予以介绍和评析。让你在了解中爱上戏剧。

22.《福尔摩斯探案集》（泛读）

阿瑟·柯南·道尔（1859—1930），生于苏格兰爱丁堡，因塑造了成功的侦探人物——夏洛克·福尔摩斯而成为侦探小说历史上最重要的作家之一，堪称侦探悬疑小说的鼻祖。

《福尔摩斯探案集》被称为推理小说中的“圣经”，以侦探福尔摩斯与华生的经历为主线，引出了一件件耸人听闻的奇案。如果你是侦探迷，赶紧来看看吧。

23.《几米漫画》丛书（泛读）

几米，本名廖福彬，台湾画家，毕业于中国文化大学美术系，曾在广告公司工作十二年，后来为报纸、杂志等画插画。代表作有《森林里的秘密》《微笑的鱼》《向左走，向右走》。

几米让“图像”成为另一种清新的文学语言，在他的作品里营造出流畅诗意的画面，散发出深情迷人的风采。几米用自己的细心、自己高超的艺术造诣，抒写着城市特定群体的困惑，塑造着特定群体的情感美学，人们在感受并收获着他们的喜怒哀乐。

24.《中外历史大事记》（泛读）

在浩如烟海的历史知识中，用较短的时间掌握尽可能多的历史知识。它补充了现行教材以外的一些历史事件。这样做便于读者整理历史线索，强化学习重点，扩大对历史事件、历史概念、历史人物的了解，开阔读者的知识面。

25.《边城》（精读）

一个近似于桃花源的湘西小城，给都市文明中迷茫的人性指一条明路。

人间尚有纯洁自然的爱，人生需要皈依自然的本性。在这里，你能感受纯粹的美。

26.《窦娥冤》（泛读第三折）

关汉卿（1219—1301），与白朴、马致远、郑光祖并称为“元曲四大家”。代表作有《窦娥冤》《单刀会》《西蜀梦》。

《窦娥冤》全名《感天动地窦娥冤》，写窦娥被无赖诬陷，又被官府错判斩刑的冤屈故事。全剧四折一楔子。第三折写行刑前，窦娥许下三桩誓愿——血溅白绫、六月飘雪、大旱三年以证明其冤屈，皆应验。一个悲剧的女性，用她的誓言把当时社会的黑暗巨幕撕开一角，透射光亮。

27.《聊斋志异》（泛读）

蒲松龄（1640—1715），世称聊斋先生，自称异史氏，清代小说家。

写鬼写妖高人一等，刺贪刺虐入骨三分，鬼狐有性格，笑骂成文章。在鬼狐花鸟的故事里看尽人世间。

28.《世界名人演讲精选》（泛读）

精选商界骄子、文艺巨匠、学者专家、政界领袖的多篇演讲。在诵读名句中，感悟做人做事的道理，体会文艺之美，领略成功之道。让我们一起来分享讲演者的成功与喜悦，吸取战胜困难的经验与智慧，获得自信与勇气。

29.《老舍文选》（精读15篇）

老舍的散文无论写人、写景、写情、写事，感情真挚，爱憎分明，简而明，短而精，通俗易懂，深入浅出，且幽默诙谐，耐人寻味。请你一起来寻找作品中的精髓吧。

30.《天龙八部》（泛读）

所谓“天龙八部”，是佛经用语，包括八种神道怪物，作者以此为书名，旨在象征大千世界之中形形色色的人物。小说以宋哲宗时代为背景，通过宋、辽、大理、西夏、吐蕃王国之间的武林恩怨和民族矛盾，从哲学的高度对人生和社会进行审视和描写，展示了一幅波澜壮阔的生活画卷。读此书让你了解什么是金庸理解的“侠之大者”。

31.《红楼梦》（精读10回）

曹雪芹（约1715—约1763），《红楼梦》作者。

读经典名著启迪人生。读经典名著照亮前程，读经典名著提升内涵。作为四大名著之首的《红楼梦》值得一读。

32.《中小学生必读法律常识》（泛读）

学生应该了解和掌握一些法律知识，只有这样才能健康成为社会需要的栋梁。这本书里普及了生活中常见的法律知识，赶紧来看吧！

33.《苏菲的世界》（泛读）

乔斯坦·贾德，世界级作家，1952年生于挪威首都奥斯陆。代表作有《纸牌的秘密》《苏菲的世界》。

这本书不仅能唤醒人们内心深处对生命的敬仰与赞叹、对人生意义的关心与好奇，还为每一个人的成长——使生命从混沌走向智慧、由困惑而进入觉悟之境，挂起一盏盏明亮的桅灯。

34.《50部中外名著快读》（泛读）

站在巨人的肩膀上看世界、品人生，中外经典名著让你缩短时空，体验种种不同的人生，思考你自己的人生之路。

35.《中国百科全书》（泛读）

一书在手，群书尽览。带上你的好奇，带上你的耐心，尽情在知识的海洋里遨游吧。

36.《三棋知识大略》（泛读）

中国象棋、围棋、国际象棋，不仅能让你的人生多一种兴趣体验，还能获得缜密的思维，在方寸之地，领略人生大智慧。

诵读书目

37.《史记》（节选，含翻译）

司马迁（前145—前90），西汉史学家、文学家、思想家。后世尊称为史迁、太史公。

《史记》是我国第一部以人物为中心的伟大的历史著作，同时是我国第一部以人物为中心的伟大的文学著作。从历史的角度讲，《史记》开创了我国古代两千多年纪传体的历朝“正史”的先河；从文学的角度讲，《史记》第一次运用丰富多彩的艺术手法，给人们展现了丰富多彩而又各具个性的历史人物。

38.《苏东坡诗词》（20首附赏析）

苏东坡（1037—1101），号东坡居士，唐宋八大家之一，著名文学家、书法家、画家。

在苏东坡的词里，能见到“大江东去”的恢弘，能感受“十年生死两茫茫”的凄婉，能体悟“一蓑烟雨任平生”的豁达。

39.《颜氏家训》

颜之推（531—约591），琅琊临沂人。

少年若天性，习惯成自然。对孩子进行规范训练，是留给孩子宝贵的精神财富，《颜氏家训》中关于求学和为人方面的论述能给青少年极好的借鉴。

40.《韩愈散文选》

韩愈（768—824），字退之，世称“韩昌黎”“昌黎先生”。唐宋八大家之一。

韩愈的散文富于艺术个性，颇具阳刚之美，雄奇刚健，自由奔放，如长江大河，一泻千里，气势磅礴。读他的散文，可以感受他非凡的人格和极妙的语言魅力。

41.《孟子》（精读10篇，带翻译）

孟子（约前372—约前289），名轲，与孔子并称“孔孟”。

《孟子》是记录孟轲言行的一部著作，也是儒家重要的经典之一。这部书，理论纯粹宏博，文章雄健优美。

42.《唐诗精选100首》

熟读唐诗，感受中国诗歌的韵律，感受大唐的风骨。熟读唐诗，找回作为诗的国度的继承人应有的素养。熟读唐诗，积蓄人生的养料。

43.《汉乐府》

乐府初设于秦，到了汉武帝时，在定郊祭礼乐时重建乐府，它的职责是采集民间歌谣或文人的诗来配乐，以备朝廷祭祀或宴会时演奏之用。它搜集整理的诗歌，后世就叫“乐府诗”，或简称“乐府”。它是继《诗经》《楚辞》而起的一种新诗体。

汉乐府民歌具有浓厚的生活气息，文质兼美，反映了社会下层民众日常生活的艰难与痛苦。读它，你会惊叹于它的质朴；读它，你会惊艳于它的深邃；读它，你会沉浸于它的美丽。

44.《诗经》（精读10首，带赏析）

被誉为古代社会的人生百科全书的《诗经》，反映了劳动与爱情、战争与徭役、压迫与反抗、风俗与婚姻、祭祖与宴会，甚至天象、地貌、动物、植物等方方面面。朗朗上口的诵读让你零距离接触古代先民的生活。

45.《论语》（精读）

作者是孔子弟子及其再传弟子。

孔子，中国著名的思想家、教育家，被联合国教科文组织评为“世界十大文化名人”之首。古人半部《论语》治天下，如今的我们更要继承古人的智慧，知人生之道。在吟诵中感悟圣人之智，启迪人生之路。

第三节　九年级书目及推荐理由

跟读书目

1.《草房子》（精读）

曹文轩，1954年生于江苏盐城，中国儿童文学作家。1977年毕业于北京大学中文系并留校任教。

作品中讲述男孩桑桑的六年小学生活。作品格调高雅，充满美感。叙述风格谐趣而又庄重，整体结构独特而又新颖，情节设计曲折而又智慧。荡漾于全部作品的悲悯情怀，在人与人之间的关系日趋疏远、情感日越淡漠的当今世界中，也显得弥足珍贵、格外感人。通篇叙述既明白晓畅，又有一定的深度，是那种既是孩子喜爱也可供成人阅读的儿童文学作品。

2.《徐志摩诗精选》（精读10首）

徐志摩（1897—1931），新月派代表诗人。

《徐志摩诗精选》精选徐志摩《再别康桥》《沙扬娜拉》等十首并赏析。徐志摩似乎生来就是为了写诗的，他的诗贯彻了新月派诗人对诗歌节律美的追求，字句清新，韵律谐和，意境优美，富于变化，并追求艺术形式的整饬、华美，令人读来回味无穷，心生向往。

3.《狂人日记》（精读）

《狂人日记》是鲁迅创作的第一个短篇白话日记体小说，也是中国第一部现代白话文小说。小说通过被迫害者“狂人”的形象以及“狂人”的自述式的描写，揭示了封建礼教的“吃人”本质，表现了作者对以封建礼教为主体内涵的中国封建文化的反抗，也表现了作者深刻的忏悔意识。作者以彻底的“革命民主主义”的立场对中国的文化进行了深刻的反思，同时对中国的甚至是人类的前途表达了深广的忧愤。

4.《曾国藩家书》（精读）

曾国藩（1811—1872），清代政治家、文学家，湘军的创立者。

《曾国藩家书》是曾国藩的书信集，所涉及的内容极为广泛，是曾国藩治政、治家、治学之道的生动反映。家书行文从容镇定，形式自由，挥笔自如，在平淡家常中含着真知良言，具有极强的说服力和感召力。

5.《培根随笔》（精读）

弗朗西斯·培根，英国文艺复兴时期散文家、哲学家，英国唯物主义哲学家，实验科学的创始人。

这是弗朗西斯·培根创作的随笔集，主要收录了一些议论性质的短文，涉及政治、经济、宗教、爱情、婚姻、友谊、艺术、教育、伦理等，几乎触及了人类生活的方方面面。作为一名学识渊博且通晓人情世故的哲学家和思想家，培根对他谈及的问题均有发人深省的独到之见。作品是英国随笔文学的开山之作，以其简洁的语言、优美的文笔、透彻的说理、迭出的警句，在世界文学史上占据了重要的地位。

6.《傅雷家书》（精读）

傅雷（1908—1966），中国的翻译家、作家、教育家、美术评论家。20世纪60年代初，傅雷因在翻译巴尔扎克作品方面的卓越贡献，被法国巴尔扎克研究会吸收为会员。

《傅雷家书》是一本书信集，摘编了傅雷先生1954年至1966年5月的186封书信，最长的一封信长达七千字。字里行间，充满了父亲对儿子的挚爱、期望，以及对国家的高尚情感。该书是父亲写给儿子的家书，是写在纸上的家常话，因此如山间潺潺清泉，碧空中舒卷的白云，感情纯真、质朴，令人动容。这本书问世以来，对人们的道德、思想、情操、文化修养的启迪作用既深且远。

7.《荆轲刺秦王》（精读）

出自《战国策·燕策三》，记述了战国时期荆轲刺秦王这一悲壮的历史故事，反映了当时的社会政治情况，表现了荆轲重义轻生、反抗暴秦、勇于牺牲的精神。文章通过一系列情节和人物对话、行动、表情、神态等表现人物性格，塑造了英雄荆轲的形象。

8.《陈情表》（精读）

《陈情表》是三国两晋时期文学家李密写给晋武帝的奏章。文章从自己幼年的不幸遭遇写起，说明自己与祖母相依为命的特殊感情，叙述祖母抚育自己的大恩，以及自己应该报养祖母的大义，除了感谢朝廷的知遇之恩以外，又倾诉自己不能从命的苦衷，辞意恳切，真情流露，语言简洁，委婉畅达。此文被认定为中国文学史上抒情文的代表作之一，有“读诸葛亮《出师表》不流泪者不忠，读李密《陈情表》不流泪者不孝”的说法。

9.《大堰河》（精读）

艾青（1910—1996），浙江金华人，现代文学家、诗人。

《大堰河》是艾青创作的诗集，收录了《大堰河——我的保姆》等9篇作品，1936年完稿。作者通过对自己乳母的回忆与追思，抒发了对贫苦农妇大堰河的怀念之情、感激之情和赞美之情，从而激发人们对旧中国广大劳动妇女悲惨命运的同情，对“不公道的世界”的强烈仇恨。

10.《双桅船》（精读）

舒婷，1952年生于福建石码镇，当代女诗人，朦胧诗派的代表人物。

《双桅船》主要运用朦胧诗的写法，采用象征、意象来表达主观情绪，从而伸张人性，表现了诗人双重的心态与复杂的情感：一方面，是理想追求的“灯”；另一方面，是爱情向往的“岸”。在执著追求理想的进程中，时而与岸相遇，时而与岸别离，相和谐又相矛盾。

11.《望舒草》（精读）

戴望舒（1905—1950），中国现代派象征主义诗人、翻译家等。他在鸳鸯蝴蝶派的刊物上发表小说《债》《卖艺童子》《母爱》。曾经和杜衡、张天翼和施蛰存等人成立了一个名谓“兰社”的文学小团体，创办了《兰友》旬刊。

《望舒草》，收诗41首，大多抒发忧郁、伤感的情绪和寂寞的心境。表现手法上受法国象征主义诗歌和中国古典诗词影响，善于通过意象、情绪和节奏的自然流动来暗示个人哀愁。

12.《格列佛游记》（泛读）

乔纳森·斯威夫特（1667—1745），英国作家、政论家，讽刺文学大师，以《格列佛游记》和《一只桶的故事》等作品闻名于世。

《格列佛游记》是一部长篇游记体讽刺小说，首次出版于1726年。小说讲述的是英国船医格列佛因海难等原因流落到小人国、大人国、马国等地的经历，揭示和批判了英国统治阶级的腐败和罪恶，同时辛辣地讽刺了当时科学界的荒唐行为。

13.《哈姆雷特》（泛读）

威廉·莎士比亚（1564—1616），华人社会常尊称为莎翁，清末民初鲁迅在《摩罗诗力说》（1908年）称莎翁为“狭斯丕尔”，是英国文学史上最杰出的戏剧家，也是欧洲文艺复兴时期最重要、最伟大的作家。

《哈姆雷特》讲述叔叔克劳狄斯谋害了哈姆雷特的父亲，篡取了王位，并娶了国王的遗孀乔特鲁德，哈姆雷特王子因此为父王向叔叔复仇。《哈姆雷特》是莎士比亚所有戏剧中篇幅最长的一部，也是莎士比亚最负盛名的剧本，具有深刻的悲剧意义、复杂的人物性格以及丰富完美的悲剧艺术手法，代表着整个西方文艺复兴时期文学的最高成就。同《麦克白》《李尔王》和《奥赛罗》一起组成莎士比亚“四大悲剧”。

14.《音乐之声》（泛读）

勒曼，美籍德国女高音歌唱家，剧作家。

《音乐之声》是美国剧作家勒曼的作品。罗伯特・怀斯导演的《音乐之声》是电影史上一部经典音乐故事片。影片生动地塑造了热爱歌唱、活泼欢乐的女主人公玛丽亚的形象，表现了奥地利人民热爱祖国的民族感情。剧中运用很多经典音乐，使这部电影具有很高的艺术价值。同时电影中的音乐也具有很高的艺术成就。

15.《罗密欧与朱丽叶》（泛读）

《罗密欧与朱丽叶》是莎士比亚早期创作的一部悲剧，剧中描写蒙太古之子罗密欧和凯普莱特之女朱丽叶一见钟情，他们为了对自由爱情的追求，敢于不顾家族的世仇，敢于违抗父命，甚至以死殉情。这是莎士比亚悲剧中浪漫主义抒情色彩最浓的一部悲剧，也是一曲反对封建主义，倡导自由平等、个性解放、婚姻自主的颂歌。

16.《孟子》（精读10篇，带赏析）

书中记载孟子及其弟子的政治、教育、哲学、伦理等思想观点和政治活动。语言明白晓畅，平实浅近，同时精炼准确，包括用以帮助说理的比喻、寓言等，多为后人引用，并逐渐化为成语。其中的论辩文，孟子巧妙运用逻辑推理的方法，得心应手地运用类比推理，往往是欲擒故纵，反复诘难，迂回曲折，把对方引入自己预设的结论中。

17.《庄子・内篇》（精读）

庄子，战国中期著名的思想家、哲学家和文学家。继老子之后，战国时期道家学派的代表人物。

《庄子・内篇》含有文本的订正、阅读、试译、解析和讨论等内容。书前的导论从寓言的视角对庄子做了全景式的鸟瞰，推荐了阅读中国古代经典的三个方法以及阅读《庄子・内篇》的三把钥匙。通过分析，作者揭示出《庄子・内篇》是一个体系完整、逻辑严密的哲学论著，七篇文章分别阐述了庄子的人生观、世界观和认识论、人生观和价值观、社会观和处世观、道德观、生死观、政治观，呈现了一个集文学的风采、哲学的睿智、美学的情趣和洒脱的人生于一身的庄子。

18.《左传》（精读10篇，带赏析）

左丘明，本名丘明，因其先祖曾任楚国的左史官，故在姓前添“左”字，称左史丘明先生，世称“左丘明”。

《左传》相传是春秋末年鲁国的左丘明为《春秋》做注解的一部史书，“春秋三传”之一。也是中国第一部叙事详细的编年体史书，主要记载了东周前期各国政治、经济、军事、外交和文化方面的重要事件和重要人物，是研究中国先秦历史很有价值的文献，也是优秀的散文著作。

19.《战国策》（精读10篇，带赏析）

《战国策》是一部国别体史学著作，又称《国策》，主要记述战国时期游说之士的政治主张和言行策略。本书精选其中十篇，展示了东周战国时代的历史特点和社会风貌。

20.《诗经·国风》（精读）

《诗经·国风》收集西周初年至春秋中叶，约十五个诸侯国的民间歌曲，以绚丽多彩的画面，反映了劳动人民真实的生活，表达了他们对受剥削、受压迫的处境的不平和争取美好生活的信念，是我国现实主义诗歌的源头。

拓展书目

21.《朦胧诗精选》（精读10首）

《朦胧诗精选》精选20世纪七八十年代北岛、舒婷、顾城、杨炼、江河、芒克、多多等为代表的一批朦胧诗人的代表作品。他们率先将诗歌直面时代，指向内心。他们的集体崛起与繁衍，在中国近百年的新诗史上镂刻成了一段永恒的文化记忆。那些灿若星辰的美丽诗篇，至今仍在影响着我们。

22.《菲菲小姐》（泛读）

居伊·德·莫泊桑，19世纪后半叶法国批判现实主义作家，与俄国契诃夫、美国欧·亨利并称为“世界三大短篇小说巨匠”。

《菲菲小姐》是莫泊桑早期创作的短篇小说。小说讲述的是在普法战争中，普鲁士军队入侵法国，冯·艾里克少尉因其身段漂亮，脸色苍白，蔑视他人，常发生“菲菲”的声音而成为“菲菲小姐”。他是一个性子火暴的战争狂人，最后被法国妓女拉歇乐杀死。莫泊桑的文学成就以短篇小说最为突出，他擅长从平凡琐屑的事物中截取富有典型意义的片断，以小见大，概括出生活的真实。

23.《三十六计》（泛读）

《三十六计》，中国古代三十六个兵法策略，根据中国古代军事思想和丰富的斗争经验总结而成的兵书。

24.《话说中国·春秋巨人》（泛读）

《话说中国·春秋巨人》是“话说中国”系列图书，中宣部“民族精神史诗出版工程”首推项目，中宣部、教育部、团中央向青少年推荐的百种图书之一。

25.《巴黎圣母院》（泛读）

维克多·雨果（1802—1885），法国作家，19世纪前期积极浪漫主义文学的代表作家，人道主义的代表人物，被人们称为“法兰西的莎士比亚”。

《巴黎圣母院》故事的场景设定在1482年的巴黎圣母院，主要人物为一名吉卜赛少女爱斯梅拉达和由副主教克洛德·弗洛罗养大的圣母院驼背敲钟人卡西莫多。小说艺术地再现了四百多年前法王路易十一统治时期的真实历史，宫廷与教会如何狼狈为奸压迫人民群众，人民群众怎样同两股势力英勇斗争。

26.《女神》（泛读）

《女神》收入郭沫若1919年到1921年之间的主要诗作。多为诗人留学日本时所作。其中代表诗篇有《凤凰涅槃》《女神之再生》《炉中煤》《日出》《笔立山头展望》《地球，我的母亲！》《天狗》《晨安》《立在地球边上放号》等。在诗歌形式上，突破了旧格套的束缚，创造了雄浑奔放的自由诗体，为“五四”以后自由诗的发展开拓了新的天地，为中国新诗的奠基之作。

27.《舒婷诗精选》（精读20首）

本书精选了舒婷具有代表性的诗歌并赏析。这些诗歌善于运用转折、假设、选择和虚拟等句式，表现诗人独特的内心情感的纠结、缠绕、冲突，以及为矛盾冲突的情感寻找解脱的努力。

28.《契诃夫小说精选》（精读）

本书是契诃夫小说的选本，既注意选取契诃夫的代表作，如《变色龙》《装在套子里的人》等俄国文学史上的名篇，又注重收入适合少年儿童阅读的短篇小说，如《夜莺演唱会》《万卡》《坏孩子》《名贵的狗》等，从中我们既可以体会到契诃夫的忧郁和悲悯，又可以体会他如阳光一样灿烂的幽默和童趣。

29.《简·爱》（泛读）

夏洛蒂·勃朗特，英国女作家。她与两个妹妹，即艾米莉·勃朗特和安妮·勃朗特，有“勃朗特三姐妹”之称。

《简·爱》是一部具有自传色彩的作品，讲述一位从小变成孤儿的英国女子在各种磨难中不断追求自由与尊严，坚持自我，最终获得幸福的故事。小说引人入胜地展示了男女主人公曲折起伏的爱情经历，歌颂了摆脱一切旧习俗和偏见，敢于反抗，敢于争取自由和平等地位的妇女形象。

30.《雷雨》（精读）

曹禺（1910—1996），原名万家宝，中国新文化运动的开拓者之一，中国现代戏剧的泰斗，戏剧教育家。

《雷雨》以1925年前后的中国社会为背景，描写了一个带有浓厚封建色彩的资产阶级家庭的悲剧。剧中讲述两个家庭、八个人物、三十年的恩怨，不论是家庭秘密还是身世秘密，所有的矛盾都在雷雨之夜爆发，在叙述家庭矛盾纠葛、怒斥封建家庭腐朽顽固的同时，反映了更为深层的社会及时代问题。该剧是“中国话剧现实主义的基石”。

31.《老人与海》（泛读）

海明威（1899—1961），美国作家、记者，被认为是20世纪最著名的小说家之一。

《老人与海》讲述一位老年渔夫与一条巨大的马林鱼在离岸很远的湾流中搏斗的故事。这部小说是海明威最满意的作品之一，是海明威个人世界观和人生观的结晶，是20世纪欧洲文坛最具影响力的小说之一。

32.《平凡的世界》（泛读）

路遥（1949—1992），原名王卫国，代表作有长篇小说《平凡的世界》《人生》等。

《平凡的世界》是路遥创作的一部百万字的小说。这是一部全景式地表现中国当代城乡社会生活的长篇小说。该书以中国20世纪70年代中期到80年代中期十年间为背景，通过复杂的矛盾纠葛，以孙少安和孙少平两兄弟为中心，刻画了当时社会各阶层众多普通人的形象。劳动与爱情、挫折与追求、痛苦与欢乐、日常生活与巨大社会冲突纷繁地交织在一起，深刻地展示了普通人在大时代历史进程中所走过的艰难曲折的道路。

33.《牛虻》（泛读）

艾捷尔·丽莲·伏尼契（1864—1960），爱尔兰女作家。

《牛虻》描写了意大利革命党人牛虻的一生。单纯幼稚的爱国青年亚瑟因被革命同志误解，佯装投河自尽，奔赴南美。13年后，他带着一身伤残重回故乡，苦难的经历已把他磨炼成一个坚定的革命者。他参与了反对奥地利统治者、争取国家独立统一的斗争，最后为之献出了生命。小说涉及了斗争、信仰、牺牲这些色彩浓重的主题，反映了19世纪30年代意大利革命者反对奥地利统治者、争取国家独立统一的斗争，成功地塑造了革命党人牛虻的形象。

诵读书目

34.《毛泽东诗词精选》（精读10首）

本书精选毛泽东旧体诗词十首并赏析，展示出毛主席当时的风采与思想。毛泽东诗词贯穿着以爱国主义为核心的中华民族精神，是进行爱国主义、革命传统和优良思想品德教育的好教材。

35.《泰戈尔诗选》（泛读）

拉宾德拉纳特·泰戈尔，生于印度加尔各答。1913年，他以《吉檀迦利》成为第一位获得诺贝尔文学奖的亚洲人。

他的作品反映了印度人民在帝国主义和封建种姓制度压迫下要求改变自己命运的强烈愿望，描写了他们不屈不挠的反抗斗争，充满了鲜明的爱国主义和民主主义精神。其创作多取材于印度现实生活，反映出印度人民在殖民主义、封建制度、愚昧落后思想的重重压迫下的悲惨命运，描绘出在新思想的冲击下印度社会的变化及新一代的觉醒，同时记载着他个人的精神探索历程。

36.《国文必读古诗100首》（精读部分）

中华古诗意境深远，至情至性，言简意赅，用词讲究，有时一个字、一个词就能生动形象地把意思表达得淋漓尽致，作者的万千情怀跃然纸上，很多名句流传千古。

37.《国文必读古词曲100阕》（精读）

中华古词曲，历史悠久，源远流长，星光灿烂，各领风骚。诵读这些佳作，可以丰富读者人生。

38.《国文必读古文100篇》（精读）

中华古文之繁盛，经典之雍容，真可谓“经国之大业，不朽之盛事”，实为仪态万方，汪洋恣肆。这份厚重醇美的文化精品，高山仰止，令人艳羡垂叹。

第四节　七年级导读书目计划

表1　七年级上学期导读书目计划

周次	诵读书目	跟读书目 （标明精读或泛读）	拓展书目 （泛读为主）
第1—3周	《幼学琼林》	《海底两万里》（精读）、《世说新语》（精读20篇）	《一千零一夜》 （泛读）
第4—6周	《幼学琼林》	《朝花夕拾》（精读）、《假如给我三天光明》（泛读）	《我的遥远的清平湾》 （泛读）
第7—9周	《国文必读古诗100首》	《孔子传》（泛读）	《从一到无穷大：科学中的事实与臆测》（泛读）
第10—12周	《国文必读古诗100首》	《张晓风散文选》（精读）、《白洋淀纪事》（泛读）	《超越梦想：激励你一生的名人励志故事》（泛读）、《林肯传》（泛读）
第13—15周	《国文必读古诗100首》	《沈石溪动物小说选》（泛读）	《射雕英雄传》（泛读）、《湘行散记》（泛读）
寒假	《世说新语》（精读20篇）、《西游记》（泛读）、《国文必读古诗100首》（精读30首）		

表2　七年级下学期导读书目计划

周次	诵读书目	跟读书目 （标明精读或泛读）	拓展书目 （泛读为主）
第1—3周	《国文必读古词曲100阕》（其中6阕）	《红岩》（精读）	《三位大师》（泛读）
第4—6周	《国文必读古词曲100阕》（其中6阕）	《骆驼祥子》 （精读）	《人类的群星闪耀时》 （泛读）
第7—9周	《国文必读古文100篇》 （其中6篇）	《少年维特之烦恼》 （泛读）	《NBA光荣之路》 （泛读）

续表

周次	诵读书目	跟读书目（标明精读或泛读）	拓展书目（泛读为主）
第10—12周	《国文必读古文100篇》（其中6篇）	《中国当代名家散文选》（精读20篇）	《纳尔齐斯与歌尔德蒙》（泛读）、《麦田里的守望者》（泛读）
第13—15周	《国文必读古文100篇》（其中6篇）	《吾国与吾民》（泛读）、《科学也疯狂》（精读）	《棋王》（精读）、《时间奥秘》（泛读）
暑假	《国学常识》（精读）、《中华五千年史话》（精读）、《黑猩猩在召唤》（精读）、温习本学期诵读的诗词古文		

第五节　八年级导读书目计划

表3　八年级上学期导读书目计划

周次	诵读书目	跟读书目（标明精读或泛读）	拓展书目（泛读为主）
第1—3周	《史记》（节选，含翻译）	《通讯名作100篇》（泛读20篇）、《鲁迅作品选》（精读10篇）	《50位影响世界的名人简介》（泛读）
第4—6周	《苏东坡诗词》（20首，附赏析）	《朱自清散文名作》（精读20篇）、《边城》（精读）	《茅盾作品精选》（精读15篇）
第7—9周	《颜氏家训》	《昆虫记》（精读）、《红星照耀中国》（精读）	《说园》（泛读）
第10—12周	《颜氏家训》	《中国红》系列丛书（泛读10本）	《诺顿星图手册》（泛读）
第13—15周	《韩愈散文选》	《希腊神话节选》（泛读15篇）	《外国戏剧精选》（泛读）、《福尔摩斯探案集》（泛读）
寒假	《钢铁是怎样炼成的》（精读）、《马克·吐温小说精选》（精读）、《我们仨》（精读）、《普利策新闻奖获奖作品》（泛读20篇）、《几米漫画》丛书（泛读）、《中外历史大事记》（泛读）		

表4　八年级下学期导读计划

周次	诵读书目	跟读书目（标明精读或泛读）	拓展书目（泛读为主）
第1—3周	《孟子》（精读10篇，带翻译）	《鲁迅散文随笔精选集》（精读）	《林语堂散文随笔精选集》（泛读）
第4—6周	《唐诗精选100首》	《中国现代话剧经典精选》（泛读）、《汉乐府》（精读）	《窦娥冤》（泛读第三折）
第7—9周	《唐诗精选100首》	《儒林外史》（泛读）、《契诃夫小说选》（精读）	《聊斋志异》（泛读）
第10—12周	《世界名人演讲精选》（10篇）	《老舍文选》（精读15篇）	《天龙八部》（泛读）
第13-15周	《诗经》（精读10篇）	《水浒传》（精读）	《红楼梦》（精读10回）、《中小学生必读法律常识》（泛读）
暑假	《中国最美的20个地方》（精读）、《苏菲的世界》（泛读）、《50部中外名著快读》（泛读）、《论语》（精读）、《中国百科全书》（泛读）、《三棋知识大略》（泛读）、《希腊神话选》（泛读15篇）		

第六节　九年级导读书目计划

表5　九年级上学期导读书目计划

周次	诵读书目	跟读书目（标明精读或泛读）	拓展书目（泛读为主）
第1—3周	《毛泽东诗词精选》（精读10首）	《草房子》（精读）、《徐志摩诗精选》（精读10首）	《朦胧诗精选》（精读10首）
第4—6周	《国文必读古诗100首》（应全会背）	《狂人日记》（精读）、《曾国藩家书》（精读）	《菲菲小姐》（泛读）
第7—9周	《国文必读古词曲100阕》（完成50阕）	《培根随笔》（精读）、《傅雷家书》（精读）	《人性的弱点》（泛读）

续表

周次	诵读书目	跟读书目 （标明精读或泛读）	拓展书目 （泛读为主）
第10—12周	《国文必读古文100篇》（完成40篇）	《水浒传》（精读10回）	《儒林外史》（泛读）、《三十六计》（泛读）
第13—15周	《国文必读古文100篇》（完成40篇）	《荆轲刺秦王》（精读）、《陈情表》（精读）	《话说中国·春秋巨人》（泛读）
寒假	《庄子·内篇》（精读）、《红楼梦》（精读10回）		

表6 九年级下学期导读书目计划

周次	诵读书目	跟读书目 （标明精读或泛读）	拓展书目 （泛读为主）
第1—3周	《泰戈尔诗选》	《大堰河》（精读）、《双桅船》（精读）、《望舒草》（精读）	《女神》（泛读）、《舒婷诗精选》（精读20首）
第4—6周	《国文必读古词曲100阕》（其中3阕）	《格列佛游记》（泛读）	《契诃夫小说精选》（精读）
第7—9周	《国文必读古词曲100阕》（其中3阕）	《音乐之声》（泛读）、《罗密欧与朱丽叶》（泛读）	《雷雨》（精读）
第10—12周	《国文必读古文100篇》（其中3篇）	《孟子》（精读10篇，带赏析）、《左传》（精读10篇，带赏析）、《战国策》（精读10篇，带赏析）	《简·爱》（泛读）
第13—15周	《国文必读古文100篇（其中3篇）	《诗经·国风》（精读）	《老人与海》（泛读）
暑假	《平凡的世界》（泛读）、《巴黎圣母院》（泛读）、《牛虻》（泛读）、《哈姆雷特》（泛读）		

第三章　阅读欣赏

第一节　“器物”话题美文赏读

一、器物之社会篇

各种器物都有不同的特点和用途，透过器物，我们能感知社会、人生等道理，对不同器物的爱好能反映不同的品位与境界。

象棋·军棋·麻将·围棋◇朱苏进

象棋军棋麻将都锲有字儿（国际象棋以其造型代替了字儿），围棋子上没字！一般地讲，没字的东西比有字的东西更高明些，更“文化”些，更“阳春白雪”些。通俗歌曲都有词儿，交响乐没词儿。通俗歌曲因其有词才得以通俗，交响乐取掉了文字反而大于文字。在象棋理论中，一个卒（或兵）的力量指数是1（过河卒力量指数加倍），士（或仕）、象（或相）是2，马、炮是5，车是10。至于将（或帅），它最重要也最没用，它的战斗力只有0.5。军棋更俗，永远只能军长吃师长，旅长吃团长，排长吃工兵……绝不允许小吃大。多么丑陋啊，棋尚未开局，弈者尚未到位，各子的轻重强弱高低已被规定好了，永世不得超生。它显然是从人类阶级社会中脱胎而出，却比人类社会更加过分！你的乐趣、情操、智慧也被它固定住了，你不得不降低自己的文明程度适应它，且就为了那一点点稚嫩的袖珍快感。至于麻将，现已臻于国技，我的许多朋友仿朋友伪朋友乐此不疲，我也不便鼓舌摇唇了，但轻轻喟叹一下总可以吧：每当我看到我所尊敬的人在方城之畔昂首挺胸时，我都觉得他们是坐在一颗铜质野心上（这比契诃夫或李诃夫巴诃夫某诃夫所言“坐在一枚5戈比上”，当然高明些）。你见过一张宁静的牌桌么？不，雀战永远是聒噪的。即使咬紧了牙关不出声儿，欲念也在腔内乱动。有时我想：他们完全知道麻将是什么档次的东西，但高尚者也间或需要极庸俗的乐趣，犹如君子嗜痂、帝王捧嗅三寸金莲，或者老翁与幼童一道吹肥皂泡。这几种乐趣，外形有些相似。荷花还像恋母那样恋着污泥哩。不过，麻将这种东西不会因为有卓越人物喜爱就变得卓越起来。比方说苏东坡狎妓，那妓就因苏轼狎过而流芳百世了么？恺撒喜娈童，那童儿就因之不朽了么？麻将之趣，正在其低俗粗蛮，一旦高雅起来等于取消麻将，等于歪曲它蹂躏它，麻将拒绝人抬举！在“麻协”圈里，我比较喜欢屡战屡败、囊空如洗、宁死不屈的人，比较喜欢把赌债看得也很神圣的人，即莽夫一般的人。因为，这种人与麻将的精神匹配！而匹配便有了谐调之美。

我蔑视麻将，但从不轻视它。

围棋呢？像一张荷叶托起一颗露珠那样简明。它的棋枰只有两种线条，横与竖，如同经纬网。它的棋子只有两种，黑与白，子力无大小。围棋的力量全靠人来赋予，这就最大限度地扩张了人，把弈者推到上帝般境界了。正是由于围棋的组成要素简化到了极致，它的变化也就达到了无穷，最为智慧的东西就这么朴素。围棋是自然，围棋是哲学，围棋是情绪，围棋是宇宙之谜。

（选自《天圆地方》）

赏析：文章不是写如何下象棋、军棋、围棋、打麻将，而是借棋说事，从面上有没有字、力的大小、变化多少等方面来比较象棋、军棋、麻将、围棋四种游戏，表现了对生来就有等级之分的军棋、象棋的反感，对聒噪、庸俗的麻将的蔑视，以及对棋子本身无大小，完全靠人来赋予力量的围棋的赞赏，表明作者崇尚朴素自然的生活情趣。文中多处运用对比、比喻、排比等手法来阐明自己的观点，令人信服。语言犀利却不乏幽默。

二、器物之生命篇

平凡的器物也能引发人们对生命的启示，催人奋进。

空墙的启示◇张玉庭

空墙是空的吗？不一定。

比如，巴黎罗浮宫内的那面空墙就曾吸引过数以十万计的游客——因为，就是在这面墙上，曾悬挂过达·芬奇的名画《蒙娜丽莎》！可是，天有不测风云，1891年的一天，这幅名画却被人偷走了，打这起，这面空墙前变得人如织，人如潮，人们久久地看着空墙，感叹着，猜测着，愤怒着，遗憾着，据统计，这两年来在空墙前驻足流连的人，竟然超过了过去十二年来观赏名画的人数的总和！

这不能不说是个奇迹！

于是也就有了一个建议，这就是，只要您也善于设计“空墙”，你就可以让您的那面“空墙”前也出现一个动人的奇迹！

不信，我这就给您讲个故事。

古时候有个出外经商的人，十分怀念家乡的妻子，妻子也非常怀念他，两个便不断写信遥寄相思，不料有一次丈夫实在无暇写信，便急中生智，把一张白纸当作信笺寄了回来——因为他知道，妻子极富想象力，而这种想象力又肯定会助自己一臂之力的。果然，妻子见到这张白纸后不仅不生气不发火，反而感动得热泪盈眶，并立即写诗回赠，诗曰：“碧纱窗下启君封，尺纸从头彻尾空，想是郎君怀别恨，相思尽在不言中。”那丈夫见到了这首小诗，也就立即感动得掉下眼泪。请注意，白纸上空空如也，这是事实，但只因妻子把它理解成一面负载着无限爱的信息的“空墙”，并沿着一个极富感情的思路联想开去，这才“断定”丈夫对她的思念格外的刻骨铭心！

妙！这就叫美丽！一个聪明丈夫加上一个聪明妻子所构成的美丽！

这就是“空墙”效应！

如此看来，巧妙的“空”并不是“无”，只不过有什么不明确，这才为人们的想象提供了足够的空间与自由！

既然如此，在适当的时刻与适当的地方，也为您的鉴赏对象留下一面神奇的“空墙”吧！别怀疑对方的想象力，只要您的“空墙”设计得合理，那“空墙”就一定能变成一道绝美的风景！您也必将收获一个美丽的故事！

（选自《时文选粹》）

赏析：面对空墙，你想到了什么？作者正是借空墙来赋予生命的承载：借空墙获取奇迹、美丽，这是一种智慧。文章托物寓理，以器物为线索，写出空墙的生命内涵。正如作者所说：“巧妙的‘空’并不是‘无’，只不过有什么不明确，这才为人们的想象提供足够的空间与自由！”“只要您的‘空墙’设计得合理，那‘空墙’就一定能变成一道绝美的风景！您也必将收获一个美丽的故事！”生命便因此而精彩！

第二节　“自然”话题美文赏读

一、自然之生命篇

谁没有个性？没有个性就没有创造力。可现实中，人们总是不喜欢张扬个性。走进大自然，大自然的万物会点燃我们思维的火花。

每片叶子不一样◇邓康延

在相同的阳光土壤中，一树叶子没有一片完全相同；不同形色和走向的叶子，抖开一树葱茏。大自然这样无语地说。

一个国外教育访问团被中国的一所乡镇小学所吸引，他们看惯了沿途小学生整齐划一的动作和语气，惊奇于这座小学上课时的喧声活泼。校长答道：有一位园艺师曾告诫我，幼时的天趣不可横剪。

一位著名的服装师上台领取大奖时说：我理应多年前就站在这儿了，——假如我父亲当年不逼着我学不喜欢的专业，假如原单位不干涉我的业余创作，假如社会上对我的奇异服饰多一点宽容……

没有人这般致辞。一阵沉默后，台下掌声雷动。

我们不缺乏破土欲出的人才，只是多了点对人的性格、爱好以及隐私的负重。

树叶不是机器的产品，无法规格生产，不能复印拷贝。它是生命，传递太阳、吸吮土壤、倾诉绿色。个性即风格，每片惟一的叶子，展示生存的锋芒与美艳。

所以——

尊重叶子就是尊重大树，尊重别人就是尊重自己，尊重个性就是尊重生命。

赏析：这是一篇短小精悍的精美散文。运用正反典型事例论证“我们不缺乏破土欲出的人才，只是多了点对人的性格、爱好以及隐私的负重”。文章没有仅此而止，进一步道理论证“个性即风格，每片惟一的叶子，展示生存的锋芒与美艳”。这正是作者高人一筹的地方。结尾指出：“尊重个性就是尊重生命”，这更是与众不同的感悟，观点新颖独到。

每片叶子不一样，这就是个性。韩寒七门功课不及格，但善于写小说，社会容纳了这位偏才，这就是个性；孙天帅面对韩国老板叫嚷“下跪”的处罚，坚决不跪，这就是个性。深入每个人的心田，挖掘出个性，促其张扬，这是我们读后的启示。

二、自然之人生篇

自然界中的竹子常被人冠以高风亮节来歌颂。很少有人想到普普通通的芦苇的柔韧与坚强。自然界的万物常带给我们诸多的人生启示。

心中的芦苇◇张驰

记忆中，有一片茂密的芦苇。她像自由的精灵，在远离世俗的淡泊中，独守江畔一方瘠土，筛风弄月，潇洒倜傥。瘦瘦的筋骨把生命的诗意一缕缕地挑亮，密密的芦花像一片片灿烂的微笑，将野地的清苦和宁静浓缩成亘古的沉默，醉倒了金风，醉倒了诗人。仿佛是王维的山水诗，寻不出现实意味和历史痕迹，只有一抹淡远空灵飘浮于烟的高度，还有一分清高，一分落寞，一分不为人知也无意让人知晓的随意与散逸，原始般的单纯和清淡。

芊芊芦苇，在滩涂上扎根，无拘无束；在纤桥旁摇曳，蓬蓬勃勃。从苍翠的湖绿，渐渐化作凝重的墨色，却依旧亭亭玉立，倩影婆娑。即使翻越季节的山峦，静候白霜降临，那满目的芦花与天上的白云融为一体，绵延至月光不能触及的地方，也依旧洁白光泽，充满蓬勃的张力，然后在冰冷的纯洁里面画上生命的句号。

这白发苍苍的芦苇，是樵子柴担上悠然飘起的一缕秋光，是树姑眉宇间挥之不去的一抹苍凉的妩媚。像衣香鬓影的女子涉水而来，从古代，从《诗经》，“蒹葭苍苍，白露为霜”遂成千古绝唱。洄流中，弄篙荡舟的少年水手，采兰撷芷、在水一方的窈窕淑女，映衬着茂密的芦苇，成了三千年文明古国最优美的诗行。

倘若寄身木筏，去溯芦苇之源，那么，你能听到许多滩边涯际拉纤的号子和寨头镇尾浪漫的故事。你也会发现，苍凉凄美的芦花那么轻易就能拨动深藏的沧桑和历史的痛苦。

易水之滨，高渐离击筑，悲凉的旋律中，荆轲告别燕太子丹，踏上刺秦的不归路，他身后的芦花，一定在萧萧寒风中轻飏。垓下荒野，四面楚歌，西楚霸王柔肠寸断，在“虞兮虞兮奈若何”的哀叹声中，虞姬挥动长剑，裙袂飘飘，作最后的生命之舞。在她倒下的地方，雾茫茫，一片缟素，那是一岸的芦花在为这悲怆的诀别飘雪飞霜。汨罗江边，披发行吟的逐臣屈原，掩涕叹息，仰天长问。佞臣专权，楚王昏庸。居庙堂，不能为民解难；谪乡野，不能替君分忧。生命的大寂寞郁结于心，奔突于胸，使诗人纵身大江，荡起的涟漪是芦苇悲鸣的泪滴，在湿湿的夜色中流淌。青青的生命的枝叶包裹起千千万万人民的崇敬和思念，投入历史的长河，成为端午节最深沉的纪念。

真正拥有芦苇，是在大学时代。我喜欢在学校后面的江边漫步——那里，茂密的芦苇像无边的绸带，向着远处缓缓铺开。流苏似的芦花，像云，阵阵清香在如纱似雾的月光中弥散。牛乳般的暮霭流动如烟，小鸟在苇丛中呢喃，还有几声蝉鸣，几声虫唱。宁静、温和、洋溢的诗情触手可及。倘是周日，阳光暖暖地流泻，我用苇叶编一只小船，轻轻放入江中，看它悠悠地随风而去。更多的时候，我一卷在握，于芦花下，和屈子同愤，跟太白同醉，与东坡同发少年狂。在绵绵的秋雨和茸茸的芦花织成的透明心境中，我读懂了字里行间的辛酸、痛苦、孤独、浓醇、率真和苦涩。人世沧桑和历史悲剧熔铸的惨痛，犹如滴血的利刃，我们的前人把它揉碎了，咽下，宁可肝肠寸断，也要噙着泪带着微笑，轻轻地说，往事如烟啊！

人是孱弱的，就像一根芦苇，但人又是坚强的，从柔弱中焕发出无穷韧性，那种连自己都有可能意识不到的坚韧，陪伴着我们一路向前。法国哲学家帕斯卡尔说："思想形成人的伟大。人只不过是一根芦苇，是自然最脆弱的东西，但它是一根能思想的芦苇。"

这根能思想的芦苇，就是你，就是我……

赏析：生命中最美的部分是需要经过锻炼的，在过程中或许你有灼烧的痛苦，像屈原、像李白、像杜甫、像苏轼……岂不知真善美的品行正在形成当中。学会坚韧，做一根能思想的芦苇吧，"从柔弱中焕发出无穷韧性，那种连自己都有可能意识不到的坚韧，陪伴我们一路向前"。

这篇优美的散文，将情、景、事、物有机地交织在一起，熔现实与历史于一炉，写尽了芦苇的品性与气节，抒写了由芦苇所引发的独特情感和人生感悟。辞采富丽清新，妙语连珠，令人荡气回肠，赞不绝口。

第三节 “家庭”话题美文赏读

一、家庭之情感篇

母亲不仅养育了我们，还是我们的人生导师。母子情深，心心相连，无私的爱滋润着我们成长，在黑暗中给儿子光明，在逆境中给儿子希望，母亲以她那博大的胸襟赢得了人类的尊敬。生活中我们时刻能感受到温暖的亲情，流淌的母爱。

灯◇王鲁彦

我愤怒地躺在母亲的怀中。母亲紧紧地搂着我，呜咽哭泣着，她的泪纷纷地落在我的颈上，我只是愤怒地躺着。

“你不生我不好吗，母亲?”我怨愤地问。

母亲没有回答，母亲的脸色极其苍白。

我愤怒地伸出右手，竭力地撕我胸上的衣服。

“为了母亲，孩子……”母亲按住我的手，呜咽地说。

“咳咳……”我哭了。

风凄凄地摇荡着窗外的枇杷树，雨潇潇地滴在我心上。母亲的脸色是那样苍白。我悲苦地挽住了她的颈，她的颈如柴一般消瘦。

“让我死了罢，母亲……”我哭着说，紧紧地挽着她的颈。

“不能，不能，孩子，我的孩子……”她的泪纷纷地落在我的脸上。

灯光暗淡地照着她的头发，她的头发如丝一般乱，如霜一般白。

静寂、静寂，世界上除了我和母亲外，没有一个人影，除了风和雨的哭声外，没有半点响声。

“罢了，罢了，母亲。我还你这颗心，我还你这颗心！你生我时不该给我这颗心，这在世界上没有用处!”说着，我用两手竭力撕我胸上的衣服，怨愤而且悲伤。

“啊，孩子!”……母亲号啕地哭了。她紧紧地按住了我的手，我竭力地挣扎着。

风凄凄地摇荡着窗外的枇杷树，雨潇潇地滴在我的心上。灯光暗淡地照着母亲的头发，母亲的头发如丝一般乱，如霜一般白，母亲的泪如潮一般流着，我抱住她的消瘦的颈，也号啕大哭了。

有一滴泪，从母亲的眼中落了下来，滴在我的眼上，和我的泪融合在一起，渐渐地汇成了一道河。

我溯着河流走去，进了母亲的眼帘，一直到了母亲的心坎上。

在那里，我看见母亲的心萎枯了。

“母亲，为了你的孩子，你将你自己的心萎枯了。然而你分给你孩子的那颗心，在世界上只是受人家的诅咒，不曾受人家的祝福，只能增加你孩子的悲哀，没有增加你孩子的欢乐。现在，取出来还了你罢，母亲！”我哭着说，跪倒在母亲的心旁。解开胸衣，用指甲划开胸皮，我伸手进去从自己的腔中挖出一颗鲜血淋淋的心，放在母亲的心上。母亲的心和我的心合成一个，热血沸腾了。

我急忙合上自己的胸皮，扣上了胸衣，忽忽地离开了母亲的心，出了母亲的眼帘，由原路回到了母亲的膝上。

母亲不知道。

“母亲，我不再灰心，我愿意做‘人’了。”我拭着眼泪对母亲说。

母亲微笑了。母亲的心中充满了无限的欢乐，母亲的眼前露出了无限的希望。

只有灯，只有站在壁上的灯，他知道我在母亲心中所做的什么，不忍见那微笑，渐渐地惨淡了下去…… （选自《20世纪中华小小说经典》）

赏析：这是一篇用“意识流”手法创作而成的小说。“意识流”这种小说，往往一改传统小说以时间为序的结构手法，而采用过去、现在和未来彼此颠倒或相互渗透的写法；不追求引人入胜、曲折生动的故事情节，而是深入人物内心，跟着人物意识的流动来刻画人物，展示人物的意识活动；采用自由联想、奇特想象和大胆夸张的手法，充分体现人物内心世界离奇复杂、变化多端的感情活动。这篇小说正是如此，它通过“我”的意识活动，抒写“我”与母亲的感情交流，运用奇特想象与母亲心与心的合成，写出“我”的怨愤与悲伤，写出母亲的痛苦，写出“我”的振作，也写出母亲的微笑，人物情感随人物的意识活动得以淋漓尽致地展现，人间的亲情也随着人物的意识活动得以真真切切地表露。

文题有象征意义，含义深刻。灯在黑暗中能给人以光明，暗含了在逆境中能给“我”以希望。多种描写手法综合运用，如环境、动作、外貌描写表明母子内心的“悲苦”。言语对白，感情交融，内心感受，都体现了浓浓的母子深情。夸张手法颇具感染力。

二、家庭之教育篇

“望子成龙”，“望女成凤”，是为人父母之常情，这本无可厚非。但是如何让孩子“成龙”“成凤”是值得探讨的问题。是靠逼迫、压迫制造出来，还是顺其自然？如何既保持好儿童的天性，又让其茁壮成长，成为社会的有用人才？这是值得全社会深思的问题。

神童是怎样诞生的◇余杰

一九九九年四月，哈佛大学、哥伦比亚大学等美国四所名牌大学同时录取了十八岁的成都女孩刘亦婷。最后，刘亦婷选择了去哈佛大学。于是，“哈佛女孩刘亦婷”成为近两年来教育界和媒体关注的热门话题。由刘亦婷的父母张欣武和刘卫华所写的《哈佛女孩刘亦婷》一书，讲述了被哈佛大学喻为“不寻常的优秀素质和综合能力”的刘亦婷的培养过程。这本书一面市即成为畅销书，至今已经印刷多达十八次。在许多家庭里，家长在教育孩子的时候，经常使用的口头禅就是：“看看人家刘亦婷，人家能够做到的，你为什么就做不到?”

继刘亦婷之后，成都又出现了陈雪潜、马欣、郑扬三个类似的高中学生，她们不参加国内的高考，而直接被美国的大学所录取。成都的《天府早报》用了整版的篇幅来报道这几名天才少女的故事，并提炼出“刘亦婷通道”的概念。一时间，看到报道的家长们个个像害了红眼病一样，恨不得自己家里的孩子立刻也摇身一变成为又一个刘亦婷。为了迎合这一浪潮，许多收费昂贵的私立学校也打出“神童制造商”的广告来招揽生源。

我翻阅了一下《哈佛女孩刘亦婷》这本书，想知道神童究竟是怎样诞生的。我发现了刘亦婷的父母教育女儿的一些细节：比如为了克服女儿粗心的问题，就有意让她抄写电话号码本；通过命令女儿握冰十五分钟，来锻炼女儿的意志。看到这类细节，我颇不以为然：在这样的教育模式中，女儿的独立性和人格尊严究竟在哪里呢？握冰十五分钟，会不会伤害女儿的身体呢？父母是否真有权力强迫女儿接受各式各样的锻炼？刘亦婷的父母，从名字上就可以看出来，是经历过“文革”的一代人，他们的思想里残存着不少那个时代的毒素，他们对子女“忆苦思甜”式的教育，是否能够培养出身心健全的新一代？

“神童”的诞生，似乎都要经历一段荆棘之路。武钢十七中小学四年级的学生唐嘉琪写了一篇题目叫《课堂上的哭声》的日记——

今天上午第二节上数学课。刘老师抱着教材和一堆试卷走上讲台，还没有等他开口，教室里就爆发一阵喊叫声：“啊，又要考试！”“我都要考糊了！”“命真苦啊！”

于是，刘老师破天荒地地让大家发表意见。

一开始，只有几个人举手。王丽是数学课代表，学习成绩总在前三名，刘老师就点她发言。她站起来说：“每次拿试卷回去家长签字，如果没高分，父母就会打我，骂我，骂得很凶。每个星期六星期天，都带我去学这学那，时间总是安排得满满的……”说着，她忽然哭了起来，哭得很伤心。这一说一哭，竟使许多同学跟着哭了起来。一时间，班上哭声一片。

这样说说哭哭，一节课便过去了。课间休息时，许多同学比上课时哭得更凶了，成绩好的、差的无一不哭。

这片哭声难道不让人心酸吗？唐嘉琪还在日记中写道：“我们小孩子又不是机器人，也不是为父母争光、被用来炫耀的工具，我们是人！我们拥有一颗纯洁的童心，拥有对大千世界的向往，拥有着自己的特长和爱好，但大人们关心的只是分数、名次……”

如果说成为“神童”必须先成为“非人”，那么由家长和老师所组成的成人世界对此应当开始反思了。“知心姐姐”卢勤说：“我们不要老是教育孩子做人上人，也不要教育孩子做人下人，而要教育孩子做人中人，教育孩子要用一颗平常心对待一切。”家长和老师先要有一颗平常心，孩子才能够有自己的平常心，有自己幸福的童年。

诗人北野对孩子采取的是“无为而治”的方法。有一次，老同学提醒他说：“你家小子如不加紧管教，将来上学就业都是包袱。”

北野回答说：“随他去吧。我不愿意主观武断地替他设计未来，或者用一些自以为是的教条来约束或扼杀他的活蹦乱跳的天性。如果他天赋高，他总有开悟的时候；如果他慧根浅，再教也是个白痴。再说，你看看我们同学的情况吧，当年凡是刻苦读书的现在都是穷光蛋，凡是调皮捣蛋的如今都成了大款。”

假如我有个孩子的话，我一点也不希望他（她）成为神童、成为刘亦婷，我只希望他（她）成为独一无二的自己。我们没有资格强迫孩子做什么或者不做什么，我们首先需要克服的是自己的虚荣心，然后虚心地学习怎样做父母、老师以及孩子的朋友。还是北野说得好："我希望孩子吃饱穿暖，健康成长，就像一个幸福的庸人安享一生。"自嘲"教子无方"的北野，其实才是真正"教子有方"的人。（选自《压伤的芦苇·近年耳闻目睹之怪现状》）

赏析：就当今社会热点问题——"教子问题"来讨论，不是简单的说教而是"让事实说话"。"哈佛女孩"刘亦婷的成长经验是否值得借鉴和推广？是否把孩子送到美国去就是家庭教育的成功？让孩子像学习机器一样为获得好成绩而度过童年和青春时光是否最有意义？这些问题绝不是一个简单的"是"或者"否"就能解决的。作者引述典型事例，恰到好处，很有说服力。如从刘亦婷父母撰写的《哈佛女孩刘亦婷》举出具体事例：抄电话号码、握冰等，唐嘉琪同学的作文《课堂上的哭声》的典型事例引述，揭示了当今教育存在的问题。

教育改革发展到今天，理念出了不少，现实却大相径庭：家长、老师仍然看重考试分数，学生在沉重的课业负担中压抑着个性，节假日补课现象随处可见，学生、老师已经没有正常的假日了。这是教改的失败，学生的不幸，家长的悲哀，教师的可悲，也是社会的悲剧。该不该张扬孩子的个性，顺应儿童天性，遵循儿童成长的客观规律？这应是我们读过本文后的反思。

第四节　"交流"话题美文赏读

一、交流之家庭篇

家庭成员之间往往因缺乏沟通而产生隔阂，亲情之间不乏关爱，但也要常常交流方能增进理解。家庭中孩子的成长，牵动着父母的心；孩子的进步，维系着父母的情。

学　步◇赵丽宏

儿子，你居然会走路了！我和你母亲永远不会忘记这一天。在这之前，你还整日躺在摇篮里，只会挥舞小手，将明亮的大眼睛转来转去，有时偶尔能扶着床沿站立起来，但时间极短，你的腿脚还没有劲，无法支撑你小小的身躯。这天，你被几把椅子包围着，坐在沙发前摆弄积木，我们到厨房里拿东西，你母亲偶一回头，突然惊喜地大叫："啊呀，小凡走路了！"我随声回顾，也大吃一惊；你竟然推开包围着你的椅子，然后不倚靠任何东西，自己走到了门口！我们看到你时，你正站在房门口，脸上是又兴奋又紧张的表情，看见我们注意你时，你咧开嘴笑了。你似乎也为自己能走路而感到惊奇呢。

从沙发前到房门不过四五步路，这几步路对你可是意义不凡，是你人生旅途上最初的独立行走的路。我们都没有看见你如何摇摇晃晃走过来，但你的的确确是靠自己走过来了。当你母亲冲过去一把将你抱起来时，你却挣扎着拼命要下地。你已经尝到了走路的滋味，这滋味此刻胜过你世界里已知的一切，靠自己两条腿，就能找到爸爸妈妈，就能到达你想到达的地方，那是多么奇妙多么好的事情！

你的生活从此开始有了全新的内容和意义。只要有机会，你就要甩开我的手摇摇晃晃走你自己的路。你在床上走，在屋里走，在马路上走，在草地上走；你走着去寻找玩具，走着去阳台上欣赏街景，走着去追赶比你大的孩子们……

儿子，你从来不会想到，在你学步的路上，处处潜伏着危险呢。在屋里，桌角、椅背、床架、门，都可能成为凶器将你碰痛。你踉踉跄跄在房里东探西寻，不是撞到桌角上，就是碰翻椅子砸痛脚，真是防不胜防。已经数不清你曾经多少次摔倒，数不清你的头上曾被撞出多少个乌青和肿块，每次你都哭叫两声，然后脸上挂着泪珠爬起来继续走你的路。摔跤摔不冷你渴望学步的热情。在室外，你更是跃跃欲试，两条小腿像一对小鼓槌，毫无节奏地擂着各样的地面。你似乎对平坦的路不感兴趣，哪里高低不平，哪里杂草丛生，哪里有水洼泥泞，你就爱往哪里走。只要不摔倒，你总是乐此不疲。这是不是人类的天性？在你未来的人生旅途上，必然会遇到无数曲折和坎坷，儿子呵，但愿你不要失去了刚学步时的那份勇气。

你开始摔倒在地的时候，总是趴在地上瞪大眼睛望我们，你觉得有点委屈，但很快习惯了，并且学会了一骨碌爬起来，再不把摔跤当一回事。那次你沿着路边的一个花坛奔跑，脚下被一块大石头绊了一下。我们在你身后眼看着你一头撞到花坛边的铁栏杆上，心如刀戳，却无法救你，铁栏杆犹如一柄柄出鞘的剑指着天空！你趴在地上，沉默了片刻，才放声哭起来。我奔过去把你抱在怀中，不忍看你的伤口，我担心你的眼睛！好险呵，铁栏杆撞在你的额头正中，戳出一道又长又深的口子，血沿着你的脸颊往下流……

你的额头留下了疤痕，这是你学步的代价和纪念。

儿子，你的旅途还只是刚刚开始，你前面的路很长很长，有些地方也许还没有路，有些地方虽有路却未必能通向远方。生命的过程，大概就是学步和寻路的过程，儿子啊，你要勇敢地走，脚踏实地地走。

（选自《赵丽宏散文》）

赏析：作家赵丽宏通过对孩子学步过程的详细描述，字里行间充满了对孩子的关爱，这种关爱体现在放手让孩子自己走路，去品尝坎坷辛酸，从而交给孩子勇气，让孩子感悟人生哲理。

“你的旅途还只是刚刚开始，你前面的路很长很长”，这是心的交流，这是情感的呵护，这是由衷的提醒，这是明确的暗示。

文章从平凡小事写起，字字含情，小中见大。结尾“生命的过程，大概就是学步和寻路的过程，儿子啊，你要勇敢地走，脚踏实地地走”，既蕴含哲理又是充满深情的叮嘱，体现了家庭交流的真情和特色。

二、交流之社会篇

人与人之间的交流是需要坦诚的。因为坦诚，方显情真；因为情真，才会动人，才容易沟通，被人理解接纳。

如果我是你◇三毛

不快乐的女孩：

从你短短的自我介绍中，看来十分惊心，二十几岁正当年轻，居然一连串用了最低层、贫乏、黯淡、自卑、平凡、卑微、能力有限这许多不正确的定义来形容自己。

以我个人的经验来说，我也反复思索过许多次，生命的意义和最终目的到底是什么，目前我的答案却只有一个，很简单的一个，那便是“寻求真正的自由”，然后享受生命。

不快乐的女孩，你的心灵并不自由，对不对？当然，我也没有做到绝对的超越，可是如你信中所写的那些字句，我已不再用在自己身上了，虽然我们比较起来还是差不多的。

如果我是你，第一步要做的事是加重对自我的期许与看重，将信中那一串又一串自卑的字句从生命中一把扫除，再也不轻看自己。

你有一个正当的职业，租得起一间房间，容貌不差，懂得在上下班之余更进一步探索生命的意义，这都是很优美的事情，为何觉得自己卑微呢？你觉得卑微是因为没有用自己的主观眼光观看自己，而用了社会一般的功利主义的眼光，这是十分遗憾的。

一个不欣赏自己的人，是难以快乐的。

当然，由你的来信中，很容易想见你部分的心情，你的表达能力并不弱，由你的文字中，明明白白可以看见一个都市单身女子对于生命的无可奈何与悲哀，这种无可奈何，并不浮浅，是值得看重的。

很实际的来说，不谈空幻的方法，如果我住在你所谓的“斗室”里，如果是我，第一件会做的事情就是布置我的房间。我会将房间刷成明亮的白色，在窗上做一个美丽的窗帘，在床头放一个普通的小收音机，在墙角做一个书架，给灯泡换一个温暖而温馨的灯罩，然后去花市仔细地挑几盆看了悦目的盆景放在房间的窗口。如果仍有余钱，我会去买几张名画的复制品——海报似的那种，将它挂在墙上……这么弄一下，以我的估价，是不会超过1 000元的，当然除了那架收音机以外，一切自己动手做，就省去了工匠费用，而且生活会有趣得多。

房间布置得美丽，是享受生命改变心情的第一步，在我来说，它不再是斗室了。然后，当我发薪水的时候，如果我是你，我要用极少的钱给自己买一件美丽又实用的衣服。如果我觉得心情不够开朗，我很可能去一家美发店，花100元修剪一下终年不变的发型，换一个样子，给自己以耳目一新的快乐。我会在又发薪水的下一个月，为自己挑几样淡色的化妆品，或者再买一双新鞋。

你看，如果我是你，我慢慢地在变了。

我去上上课，也许能交到一些朋友，我的小房间既然那么美丽，那么也许偶尔可以请朋友来坐坐，谈谈各自的生活或梦想。

慢慢地，我不再那么自卑了，我勇敢接触善良而有品德的人群（这种人在社会上仍有许多许多），我会发觉，原来大家都很平凡——可是优美，正如自己一样。我更会发现，原来一个美丽的生活，并不需要太多的金钱便可以达到。我也不再计较异性对我感不感兴趣，因为我自己的生活一点一点地丰富起来，自得其乐都来不及，还想那么多吗?

如果我是你，我会不再等三毛出新书，我自己写札记，写给自己欣赏，我慢慢地会发觉，我自己写的东西也有风格和趣味，我真是一个可爱的女人。

不快乐的女孩子，请你要行动呀！不要依赖他人给你快乐。你先去将房间布置起来，勉励自己去做，会发觉事情没有你想象得那么难，而且，兴趣是可以寻求的，东试试西试试，只要心中认定喜欢的，便去培养它，成为下班之后的消遣。

可是，我仍觉得，在这个世界上，最深的快乐，是帮助他人，而不只是在自我的世界里享受——当然，享受自我的生命也是很重要的，你先将自己假想为他人，帮助自己建立起信心，下决心改变一下目前的生活方式，把自己弄得活泼起来，不要任凭生命再做赔本的流逝和伤感，起码你得试一下，尽力去试一下，好不好？

享受生命的方法很多很多，问题是你一定要有行动，空想是不行的，下次给我写信的时候，署名“快乐的女孩”，将那个“不”字删掉好吗？

你的朋友　三毛　上

（选自《谈心》）

赏析：文章以书信的形式交流，敞开心扉，坦诚劝告与具体做法相结合，情真意切。围绕“享受生命”谈要加重对自我的期许与看重，布置房间，勇敢地接触善良而有品德的人群，写札记给自己欣赏，培养个人兴趣爱好，但“最深的快乐，是帮助他人”。

三毛，已成了永远的三毛，她和海明威、顾城、海子等很多作家一样选择了自杀。但他们活着的时候，无一例外地告诉人们要热爱生命、珍惜生命，这不是矛盾吗？这是我们阅读本文后深思的一个难点。其实，这并不矛盾，他们把痛苦自己咽下，把希望、光明、幸福留给他人，这正是他们真纯的表现。从他们的作品可以看出，他们心地太纯洁，他们的梦太完美，一旦失去了平衡，与生活的现实相矛盾，他们就失去了生活的甚至生命的意义，因此，他们的自杀不难理解。因此，我们应时刻牢记：生活是永远不公平的。

第五节　“感谢”话题美文赏读

一、感谢之岁月篇

岁月如歌，漫漫人生路，道不尽的人间悲欢离合。收藏往日的点点滴滴，生命便多了一份珍贵。

收藏昨天◇余秋雨

你其实已经有了一位最好的人生导师，那就是你自己。这并非搪塞之言。人生的过程虽然会受到社会和时代的很大影响，但贯穿首尾的基本线索总离不开自己的个体生命。个体生命的完整性、连贯性会构成一种巨大的力量，使人生的任何一个小点都指向整体价值。一个人突然地沮丧绝望、自暴自弃、铤而走险，常常是因为产生了精神上的“短路”，如果在那个时候偶然翻检出一张自己童年时代的照片或几页做中学生时写下的日记，细细凝视，慢慢诵读，很可能会心情缓释、眉宇舒展，返回到平静的理性状态。其间的力量，来自生命本身，远远大于旁人的劝解。

拿起自己十岁时候的照片，不是感叹韶华易逝，青春不再，而长久地逼视那双清澈无邪的眼睛，它提醒你，正是你，曾经有过那么强的光亮，那么大的空间，那么多的可能，而这一切并未全然消逝；它告诉你，你曾经那么纯净，那么轻松，今天让你苦恼不堪的一切本不属于你。这时，你发现，早年自己的眼神发出了指令，要你去找回自己的财宝，把不属于自己的东西放回原处。除了照片，应该还有其他更多的信号，把我们的生命连贯起来。为此，真希望世间能有更多的人珍视自己的每一步脚印，勤于记录，乐于重温，敢于自嘲，善于修正，让人生的前前后后能够互相灌溉，互相滋润。其实，中国古代显赫之家一代代修续家谱也是为了前后之间互相灌溉、相互滋润，你看在家谱中呈现出来的那个清晰有序的时间过程是那么有力，使前代为后代而自律，使后代为前代而自强，真可谓生生不息。个人的生命也是一个前后互济的时间过程，人就像一个家族一样，是不是有身份、有信誉、有责任，就看是否能把完整的演变脉络认真留存。

赏析：人生最好的导师是我们自己，当我们精神产生“短路”时，翻检照片或日记，会让我们“返回到平静的理性状态”，“珍视自己的每一步脚印，勤于记录，乐于重温，敢于自嘲，善于修正，让人生的前前后后能够互相灌溉，互相滋润”。不断地找回自我，战胜自我，这便是作者独特的人生体悟。文章选取日常生活中极平常的小事来说理，娓娓道来，语重心长，充满哲理意蕴。

其实，人生何尝不是如此呢？昨天是今天的过去，是今天的奠基，是今天的来历，是历史的过程，是失败的经验，是胜利的记录，是时间的告别，是空间的定格，是永恒的象征。一切都已变成了足迹，或大或小，或深或浅，或笔直或弯曲，都已成为遥远。记取昨天，是为了把握今天，更是为了掌握明天。这是我们读过本文后的启示。

二、感谢之人类篇

母爱是最无私和纯洁的，感谢母亲是因为博大的母爱。

荷叶母亲◇冰心

父亲的朋友送给我们两缸莲花，一缸是红的，一缸是白的，都摆在院子里。

八年之久，我没有在院子里看莲花了——但故乡的园院里，却有许多；不但有并蒂的，还有三蒂的，四蒂的，都是红莲。

九年前的一个月夜，祖父和我在院里乘凉。祖父笑着和我说："我们园里最初开三蒂莲的时候，正好我们大家庭里添了你们三个姊妹。大家都欢喜，说是应了花瑞。"

半夜里听见繁杂的雨声，早起是浓阴的天，我觉得有些烦闷。从窗内往外看时，那一朵白莲已经谢了，白瓣小船般散漂在水里。梗上只留个小小的莲蓬，和几根淡黄色的花须。那一朵红莲，昨天还是菡萏的，今晨却开满了，亭亭地在绿叶中间立着。

仍是不适意——徘徊了一会子，窗外雷声作了，大雨接着就来，愈下愈大。那朵红莲，被那繁密的雨点，打得左右攲斜。在无遮蔽的天空之下，我不敢下阶去，也无法可想。

对屋里母亲唤着，我连忙走过去，坐在母亲旁边——一回头忽然看见红莲旁边的一大荷叶，慢慢地倾侧了来，正覆盖在红莲上面……我不宁的心绪散尽了！

雨势并不减退，红莲却不摇动了。雨点不住地打着，只能在那勇敢慈怜的荷叶上面，聚了些流转无力的水珠。

我心中深深地受了感动——

母亲啊！你是荷叶，我是红莲，心中的雨点来了，除了你，谁是我在无遮拦天空下的荫蔽？

赏析：这是一篇借景抒情的美文。文章美在三处：一是景美。描绘了一幅雨打红莲、荷叶护莲的生动场景。二是诗美。作者被美景感动而联想到母亲的呵护与关爱，幻化出"荷叶母亲"如诗如画的美好形象。三是情美。母爱是纯洁的，总是在你遇到风雨时悄然而至，给你慰藉和力量；母亲是无私的，她将永远罩临着你，伴随你一生。

第六节 “友谊”话题美文赏读

一、友谊之社会篇

友谊要靠真诚来浇灌，友谊的可贵在于坦诚和信赖。友谊是纯洁的、伟大的。友谊是人生的宝贵财富，也是一份难得的情感储蓄。

哭三毛◇贾平凹

三毛死了。我与三毛并不相识，但在将要相识的时候三毛死了。三毛托人带来口信嘱我寄几本我的新书给他，我刚刚将书寄去的时候，三毛死了。我邀请她来西安，陪她随心所欲地在黄土地上逛逛，信函她还未收到，三毛死了。三毛的死，对我是太突然了，我想三毛对于她的死也一定是突然，但是，就这么突然地三毛死了，死了。

人活着是多么的不容易，人死灯灭却这样快捷吗?

三毛不是美女，一个高挑着身子，披着长发，携了书和笔漫游世界的形象，年轻的坚强而又孤独的三毛对于大陆年轻人的魅力，任何局外人作任何想象来估价都是不过分的。许多年里，到处逢人说三毛，我就是那其中的读者，艺术靠征服而存在，我企羡着三毛这位真正的作家。夜半的孤灯下，我常常翻开她的书，瞧着那一张似乎很苦的脸，作想她毕竟是海峡那边的女子，远在天边，我是无缘等待得到相识面谈的。可我怎么也没有想到，1990年12月5日，我从乡下返回西安的当天，蓦然发现了《陕西日报》上署名孙聪先生的一篇《三毛谈陕西》的文章。三毛竟然来过陕西？我却一点不知道！将那文章读下去，文章的后半部分几乎全写到了我：“三毛说，我特别喜欢读陕西作家贾平凹的书。她还专门告我普通话念凹为āo，但我听北方人都念wā，这样亲切，所以我一直也念wā。她告诉我，在台湾只看到了平凹的两本书，一本是《天狗》，一本是《浮躁》，我看第一遍时就非常喜欢，连看了三遍，每个标点我都研究，太有意思了，他用词很怪可很有味，每次看完我都要流泪。眼睛都要看瞎了。他写的商州人很好。这两本书都快看烂了。你转告他，他的作品深沉，我非常喜欢。今后有新书就寄我一本。我很崇拜他，他是当代最好的作家，当然这只是我个人的看法。他的书写得很好，看许多书都没像看他的书这样连看几遍，有空就看。有时我就看平凹的照片，研究他，他脑子里的东西太多了……大陆除了平凹的作品外，还爱读张贤亮和钟阿城的作品……”读罢这篇文章，我并不敢以三毛的评价而洋洋得意，但对于她一个台湾人，对于她一个声名远震的作家，我感受着她的真诚直率和坦荡，为能得到她的理解而高兴。也就在第二天，孙聪先生打问到了我的住址赶来，我才知道他是省电台的记者，于1990年的10月在杭州花家山宾馆开会，偶尔在那里见到了三毛，这篇文章就是那次见面的谈话记录。孙聪先生详细地给我说了三毛让他带给我的话，说三毛到西安时很想找我，但又没有找，认为“从他的作品来看他很有意思，隔着山去看，他更有神秘感，如果见了面就没意思了，但我一定要拜访他”。说是明年或者后年，她要私人名义来西安，问我愿不愿意给他借一辆旧自行车，陪她到商州走动。又说她在大陆几个城市寻我的别的作品，但没寻到，希望我寄她几本，她一定将书钱邮来，并开玩笑地对孙聪说：“我去找平凹，她的太太不会吃醋吧？会烧菜吗?”还送我一张名片，上边用钢笔写了“平凹先生，你的忠实读者三毛”。于是，送走了孙聪，我便包扎了四本书去邮局，且复了信，说盼望她明年来西安，只要她肯冒险，不怕苦，不怕狼，能吃下粗饭，敢不卫生，我们就一块骑旧车子去一般人不去的地方逛逛，吃地方小吃，看地方戏曲，参加婚丧嫁娶的活动，了解社会最基层的人事。这书和信是12月16日寄走的。我等待着三毛的回音，等了20天，我看到了报纸上的消息：三毛在两天前自杀身亡了。

三毛死了，死于自杀。她为什么自杀？是她完全理解了人生，是她完成了她活着要贡献的那一份艺术，是太孤独，还是别的原因，我无法了解。作为一个热爱着她的读者，我无限悲痛。我遗憾的是我们刚刚结识，她竟死了，我们之间相识的缘分只能是在这一种神秘的境界中吗?

三毛死了，消息见报的当天下午，我收到了许多人给我的电话，第一句都是：“你知道吗，三毛死了！”接着就沉默不语，然后差不多都要说：“她是你的一位知音，她死了……”这些人都是看到了《陕西日报》上的那篇文章而向我打电话的。以后的这些天，但凡见到熟人，都这么给我说三毛，似乎三毛真成了我的什么亲戚关系而来安慰我。我真诚地感谢着这些热爱三毛的读者，我为他们来向我表达对三毛死的痛惜感到荣幸，但我，一个人静静地坐下来的时候就发呆，内心一片悲哀。我并没有见过三毛，几个晚上都似乎梦见到一个高高的披着长发的女人，醒来思忆着梦的境界，不禁就想到了那一幅《洛神图》古画。但有时硬是不相信三毛会死，或许一切都是讹传，说不定某一日三毛真的就再来到了西安。可是，可是，所有的报纸、广播都在报道三毛死了，在街上走，随时可听见有人在议论三毛的死，是的，她是真死了。我只好对着报纸上的消息思念这位天才的作家，默默地祝愿她的灵魂上天列入仙班。

三毛是死了，不死的是她的书，是她的魅力。她以她的作品和她的人生创造着一个强刺激的三毛，强刺激的三毛的自杀更丰富着一个使永远不能忘记的作家。（选自《文汇报》）

赏析：这篇悼文是作者惊悉三毛谢世后，怀着极其悲痛的心情写成的。文章写成后，收到三毛一月一日写来的长信。作者面对来信更是悲伤不已，又写成《再哭三毛》一文。

两位不曾相识的文学大师，却结下了如此深厚的情谊，除了相同的经历和爱好之外，那就是彼此难得的赤诚。三毛对作者的高度评价，足显一个声名远震的作家之真诚直率和坦荡，作者在得到口信后，便包扎四本书去邮局并复信，足见他的诚挚，对友谊的看重。也许是高山流水知音难觅吧，人生得一知己足矣！文章紧扣“哭”字，抒写了三毛的死给自己带来的无限悲痛，写读者的反响，写自己的梦境，不信已死的消息，都显示他对三毛的敬重和深情。“我遗憾的是我们刚刚要结识，她竟死了，我们之间相识的缘分只能是在这一种神秘的境界中吗?”悲痛和深情厚谊溢于言表。

读罢全文，让人联想：痛苦像一块巨石紧紧压住歌唱的心胸，但我们坚信，痛苦是欢乐的源泉，它将化为穿越岩石的力量。

二、友谊之校园篇

中学时代是最值得留恋的，那里有我们求知的足迹，有我们纯洁的友谊，永远值得我们品味。

生命如雨◇晓苒

那一年，高考失败后的我一个人来到远离故乡的一个多雨江南小城复读。寒秋的雨将一颗心凋零得斑驳沧桑，以为生命中从此无歌亦无梦。

那时，我结识了昕，那个让我在多年后的今天，忆起来依旧有种温暖如初感觉的男孩子。

我们那时的座位是按考试名次排的，惨不忍睹的成绩注定我只能坐在后几排没人注意的角落里。就在那时，刚从外地转学来的昕暂时成了我的同桌。

又是一个雨天，眼睛本来就近视的我眼前一片模糊。我揉着酸痛的眼睛，心里阵阵伤感，为着不争气的成绩。我装着低头看书的样子掩饰自己的脆弱，低头的那一瞬，昕把他那记得清爽整齐的笔记本推到了我面前，而眼中那一滴滴涌动已久的泪，终于永远地落在了昕的笔记本上。

那以后，每天放学，昕都悄悄地把笔记本递给我。我一直相信昕是那极优秀的男孩子，悟性极高的他本不需将老师的笔记完全翻一遍。我们虽然很少交谈什么，可我知道，他是第一个走进我生命的男孩子。

期中考试后，昕以第一名的成绩坐在了前排，而我依旧在后几排徘徊。而每天放学，昕跨过几排座位，依旧递给我笔记，有时是几本复习资料。他依旧是浅浅的笑便无语走开。

现在回忆起来，那段活在关心与感动中的日子竟是今生以来最美的时光。心情不再忧郁，功课也渐渐好起来。可后来的一次月考中，数学不慎考得差极了。那天下午，我第一次旷了课，一个人近乎疯狂地在雨中奔跑，感觉自己就像寒风里守候叶子的小鸟一样无依无助。回到寝室后，室友递给我昕的笔记，打开时，一张纸条跃入眼帘："生命有时就如一场雨，看似美丽，但更多的时候，你得忍受那些寒冷和潮湿，那些无奈与寂寞，并且以晴日的幻想度日。当没有阳光时，你自己便是阳光，没有快乐时，你自己就是快乐！"一颗心顿时澄澈了许多，双眸也因这雨季而涨满温柔的泪水。

生命如雨，望着纸条，很茫然心痛那一刻，我相信生命是一种绝对的真挚与宽容。

半年后，当我收到大学录取通知书时，再取出那张纸条，"生命如雨"，有种痛楚和温柔渗透在一起的感觉在那一刻涌上心头，感谢昕，在我生命中最无助的时光里，给了我不仅是鼓励与安慰，更是足以延续一生一世的支持。

（选自《时文选粹》）

赏析：以雨为背景，以昕帮我学习为线索，描写了一个纯真美丽的中学生情感故事。选材并不新颖，但文笔优美，绘雨、记事、感悟生命。昕成绩优秀，乐于助人，尤其是帮助成绩不好的"我"，因为这份情谊，枯燥单调的生活中，多了一个美丽的梦幻。情感细腻，动人心弦。

第七节　“情感”话题美文赏读

一、情感之家庭篇

因为是家庭的给予，我们坚信这世间充满了爱心和善意，家庭中的亲情是无私的牵挂，是真诚的奉献。因为相同的血缘，沐浴着亲人的关爱，亲情是人生高飞的翅膀，又是失意的港湾。而最能体现亲情的是最神圣最伟大的母爱，这种情结是最真最朴实的母子情。

怀　念◇金志伟

母亲静静地躺在水晶棺里，冰凉的棺盖分割着两个世界。

下半夜的风从门外吹来，透骨的凉。望着母亲的遗像，望着那被沉重的黑框凝固的笑容，泪水止不住地流。我劝走了忙累了一天的亲人，独自一人陪着母亲，靠思念和回忆取暖。

我出生于一九六二年，我出世那年，母亲三十七岁，父亲四十岁。母亲后来告诉我，我的出生，曾给苦难岁月中相濡以沫的父母，带来了一丝希望和快乐。母亲说这些话，是在一个初秋的夜晚，我现在还清晰地记得，母亲的眼里有淡淡的泪光流出来。那时候，母亲在一所乡村小学教书，比起城里，乡村的日子平静了许多，我现在还依稀记得我家住的那一间简陋的草屋和院子里几株苦楝树，记得每到夏天的傍晚，母亲总是一遍又一遍地把家里的煤油灯罩擦得雪亮，在院子里数完所有的星星后，母亲带着我和妹妹用煤油灯在蚊帐里找蚊子，然后用轻轻的眠歌把我们带进梦乡。我甚至还记得，冬天将临时，母亲总是用整张的白纸糊在北面的窗户上，然后涂上桐油，小屋和小屋里的童年立即温暖而明亮。我的童年虽然在别人歧视的目光中一天天长大，但母亲的爱和呵护，一针一线，缝补着我生命中最初的岁月，甚至直到今天，还时时温暖着我。

渐渐长大后，对世事还很懵懂的我开始不止一次对死亡产生了莫名的恐惧，生与死的苦恼开始摧残我还很稚嫩的心灵，痛苦了很长时间的我，有一次突然问母亲：人为什么会死？死是什么？母亲摸着我的头说，死就是人没了，我接着问母亲，您会没吗，母亲平静地回答我说，会的。

我和母亲关于死亡的对话，给我的童年抹上了一层阴影，这阴影噩梦般纠缠着我、折磨着我。很长时间，我都不能从这阴影中走出来，生怕一不小心，我的亲人们会突然离我而去。

母亲是三年前得病的，医生诊断是胃癌晚期。做手术的那天，我把已经骨瘦如柴的母亲抱上了手术室的推车，从病床上抱起母亲时，我突然发觉被病魔折磨的母亲的身体很轻很轻，我的心重重地疼了一下，当时我的脸色一定很难看，母亲朝我无力地笑了笑，我看见，她笑得很勉强很凄凉，眼里已经没有了我熟悉的目光。

主刀的医生是我朋友，我破例获准进了手术室，手术做了近四小时，这四小时里，我如坐针毡，备受煎熬和折磨，那是我一生中最难挨也最漫长的四个小时，就像我生命中经历的四十年那么长。

水晶棺下的长明灯在寒风中颤动，像随时就会消逝的生命，我轻轻地拨动一下灯芯，灯光突然亮了许多，这微弱的灯光，让我一下子看到了人生的尽头，让我突然间体味出人生的短暂和无常。过去，父母的健在，让我感到躲在人生尽头的死亡是一件遥不可及的事情，现在，母亲的离去，仿佛一下子揭开了人生最重要、最沉重的帷幕，让我直面死亡的狞笑，甚至看清楚了那条通向最终归宿的小路。

殡仪馆里，隔着玻璃门，我看见母亲被推进了火炉。身后，亲人们的恸哭，在推搡着我，撕扯着我，那滴滴是血的泪珠，让我再一次感受到了痛失的重量。我们每个人，都是在自己的哭声中来到人世，然后，又在别人的哭声里走向天国的。我突然觉得周身烈火熊熊，五内俱焚，我依稀看到天国的光辉笼罩着母亲，照亮了她西行的道路。过了好长时间，一缕淡淡的轻烟飘向天空，慢慢地溶进蓝天，溶进我余生绵绵不尽的缅怀和回忆中。

赏析：文章没有曲折离奇的情节，没有华丽的词句，为什么读后我们却被浓浓的深情打动呢？一是因为它真。作者善于捕捉平凡生活中小的动人的亲情细节，如数星星、听眠歌、白纸糊窗户、关于死亡的问话、母亲动手术等这些都是亲身历见的往事，是真实的，也是最能体现母子情结的。二是因为它善。字里行间充满对母亲的爱，“我”的好奇问话充满了童真善心，“我”是在善良的母爱滋润下成长的，正如作者所说：“我的童年虽然在别人歧视的目光中一天天长大，但母亲的爱和呵护，一针一线，缝补着我生命中最初的岁月，甚至直到今天，还时时温暖着我。”三是因为它美。以“我”为视角，写真人真事，抒真情实感，这是情美。选择守着躺在水晶棺中的母亲的特定情景为切入点，写往事、写感悟。“母亲的离去，仿佛一下子揭开了人生最重要、最沉重的帷幕，让我直面死亡的狞笑，甚至看清楚了那条通向最终归宿的小路。”解开了童年的疑惑，这是构思的精美。语言朴实生动，字字含情，这是朴实的语言美。因此，这是一篇真善美的文章。

二、情感之社会篇

最美不过人的心灵，因为心灵的美丽，我们能与他人和睦相处，生活中多了一份友情，添了一份感动。

好雪片片◇林清玄

在信义路上，常常会看到一位流浪的老人，即使热到38℃的盛夏，他也穿着一件很厚的中山装，中山装里还有一件毛衣。那么厚的衣物使他肥胖笨重犹如水桶。平常他就蹲坐在街角，歪着脖子，看来往的行人，也不说话，只是轻轻地摇动手里的奖券。

很少的时候，他会站起来走动，当他站起，才发现他的椅子绑在皮带上，走的时候，椅子摇过来，又摇过去。他脚上穿着一双老式的牛伯伯打游击的大皮鞋，摇摇晃晃像陆上的河马。

如果是中午过后，他就走到卖自助餐摊子的前面一站，想买一些东西来吃，摊贩看到他，通常会盛一盒便当送给他。他就把吊在臀部的椅子对准臀部，然后坐下去。吃完饭，他就地睡午觉，仍是歪着脖子，嘴巴微张。

到夜晚，他会找一块干净挡风的走廊睡觉，把椅子解下来当枕头，和衣，甜甜地睡去了。

我观察老流浪汉很久了，他全部的家当都带在身上，几乎终日不说一句话，可能他整年都不洗澡的。从他的相貌看来，应该是北方人，流落到这南方热带的街头，连最燠热的夏天都穿着家乡的厚衣。

对于街头的这位老人，大部分人都会投以厌恶与疑惑的眼光，小部分人则投以同情。

我每次经过那里，总会向老人买两张奖券，虽然我知道即使每天买两张奖券，对他也不能有什么帮助，但买奖券使我感到心安，并使同情找到站立的地方。

记得第一次向他买奖券那一幕，他的手、他的奖券、他的衣服同样油腻污秽，他缓缓地把奖券撕下，然后在衣袋中摸索着，摸索半天掏出一个小小的红色塑胶套，这套子竟是崭新的，美艳得无法和他相配。

老人小心地把奖券装进红色塑胶套，由于手的笨拙，使这个简单动作也十分艰难。

“不用装套子了。”我说。

“不行的，讨个喜气，祝你中奖！”老人终于笑了，露出缺几颗牙的嘴，说出充满乡音的话。

他终于装好了，慎重地把红套子交给我，红套子上写着8个字：“一券在手，希望无穷。”

后来我才知道，不管是谁买奖券，他总会努力地把奖券装进红套子里。慢慢我理解到了，小红套原来是老人对买他奖券的人一种感激的表达。每次，我总是沉默耐心等待，看他把心情装进红封套，温暖四处流动着。

和老人逐渐认识后，有一年冬天黄昏，我向他买奖券，他还没有拿奖券给我，先看见我穿了单衣，最上面的两个扣子没有扣。老人说：“你这样会冷吧！”然后，他把奖券夹在腋下，伸出那双油污的手，要来帮我扣扣子，我迟疑了一下，但没有退避。

老人花了很大的力气，才把我的扣子扣好，那时我真正感觉到老人明净的善意，不管外表是怎么样的污秽，都会从心的深处涌出，在老人为我扣扣子的那一刻，我想起了自己的父亲，鼻子因而酸。

老人依然是街头的流浪汉，把全部的家当带在身上，我依然是我，向他买着无关紧要的奖券。但在我们之间，有一些友谊，装在小红套，装在眼睛里，装在不可测的心之角落。

我向老人买过很多很多奖券，从未中过奖，但每次接过小红套时，我觉得那一刻已经中奖了，真的是“一券在手，希望无穷”。我的希望不是奖券，而是人的好本质，不会被任何境况所淹没。

我想到伟大的禅师庞蕴说的话：“好雪片片，不落别处！”我们生活中的好雪、明净之雪也是如此，在某时某地当下即是，美丽的落下，落下的雪花不见了，但灌溉了我们的心田。（选自《共同的秘密》）

赏析：一位来自北方的流浪老人，“流落到这南方热带的街头，连最燠热的夏天都穿着家乡的厚衣”，“几乎终日不说一句话，可能他整年都不洗澡的”，肮脏、丑陋，招来大部分人的“厌恶与疑惑”。作者与他素不相识，但通过观察、接触，有了同情和感动，情感加深了，为什么呢？因为他善良，他真诚地祝愿每个在他这里买奖的人中奖，他担心别人没扣扣子会受冷，伸手帮人扣上。这些都是动人的细节。

生活总是充满诗意。美就像好雪滋润大地，心灵之美滋润人的心田。文章高明之处在于把丑陋形象与美好诗意内在地组合起来，愈到后面诗意愈浓，收到滋润读者心田之效。文中写道：每次从老人那里买奖券就感到“希望无穷”，“我的希望不是奖券，而是人的好本质，不会被任何境况所淹没”。表现出“好本质”，这朴实的话语，想必会激起我们的共鸣。

第八节 “理想”话题美文赏读

一、理想之人类篇

人类总是充满梦想。哈佛有句名言，永远不要对梦想说不！因为有了梦想就有了理想，有了理想就能脚踏实地为之奋斗。中国人最富于理想，多少人正是守着执著的信念来实现自己的理想。可是在家庭中，人们怎样守着信念呢？

传家宝◇刘墉

家道中落的父亲，临终，把独子叫到床前，指指床下，颤抖着说：“这儿有一幅画，是唐代王维的真迹，你爷爷留下来的，家里的钱叫人坑的坑、倒的倒，可是我始终守着这幅画。我心里很踏实，我告诉自己，我还有路，真绝了，还能把这幅画卖了。就这样，我居然撑下来了，能把这幅画好好交到你手里。”话说完，老人就咽了气。

丧事办完，儿子在老母的陪同下，拉出窗下的铁箱子，打开来，果然有一幅精裱的古画，象牙的轴头、织锦的卷首。展开来，果然绢色早已变暗，但是笔力苍劲，一看就是一幅传世的无价之宝。

“把画卖了吧，”老母说，“好供你去留学。”

“不，”儿子说，“不能卖，以前家里那么苦，爸爸都撑下来没卖，我也能撑下来，除非路走绝了……”

天无绝人之路，儿子居然靠为人补习、出国打工和得到的奖学金，顺利地修到学位，还交到一个可爱的女朋友。

“你有多少钱能娶我的女儿？”女朋友的父亲看不上这个穷小子。

年轻人一笑，说：“伯父，我家既穷也不穷，说实话我们还挺有钱，因为我家传下来一张唐代王维的真迹，只是我妈不愿卖，卖了至少能买一栋房子。下次我拿来，你看看就知道了。”

女朋友的父亲笑笑：“不用看了，瞧你说话的样子就不假。我佩服你，那么苦还能守着这幅画，我也相信，你能守住我女儿。”

他们结婚了，胼手胝足，打下一片江山，20年后，成为大企业家。

他们有两个儿子，也都各有所成。每年春节，做父亲的都会在拈香拜祖之后，再去把手洗干净，在老妻的协助下，打开那张传家之宝：“瞧瞧，你们爷爷留下来的宝贝，‘诗中有画，画中有诗’，王维的画。爷爷早年经商失败，又被人骗，一穷二白的时候，明明把画卖了，就能过好日子，但是他咬着牙，硬是不卖，”老人笑笑，“爸爸也一样，明明卖了画，就有了留学的钱，可也舍不得，靠自己撑下来了。也幸亏如此，拿这幅画赢得你外公的青睐，娶到你们的妈妈。将来这幅画就传给你们，希望你们也能好好守着。”

多年后，两夫妇都死了。画从保险箱拿出来，兄弟两人抢着要，甚至翻了脸。

“得了”做哥哥的一拍桌子，“把它卖掉算了，画不好分，钱好分，一人一半。”

这幅唐代王维的神品山水画终于被两兄弟送到拍卖公司。收藏界早听说有这么一幅画，也早派人出来打听底价。

但是，拍卖目录印出来了，没有那幅画，据说两兄弟又后悔了，抽回那王维的真迹。而且两兄弟显然取得了谅解，古画归老大，为这事，老二的太太还很不高兴，觉得丈夫无能。

又过了几十年，老大也将逝。

临终，他把孩子叫到床前，如同他爷爷当年把他爸爸喊到床前一般，颤抖着说：“咱们银行保险箱里，藏着一幅传家之宝。你的太祖父靠着精神，熬过难关；你的祖父也靠它撑着克服万难；我又和你叔叔从画里得到很多教训，彼此关照着过一生。如今，这画传给你了。困苦的时候想想你有这个宝贝，你就不会自叹不如人。但是，记住，你绝对不能卖了这幅画……”

赏析：一幅王维的真迹，居然能撑着几代人好好地活下来，甚至在极其困苦的时候也没有卖掉。真是不可思议！是真迹有奇功吗？不是，是令人吃惊的坚强信念！

行文将画“不准卖—准备卖—没有卖—想卖—最终没卖”，一波三折，写出波澜，故事曲折生动，令人十分感动。

故事很容易让人想到：卖了这幅画，能东山再起，能游学万里，能经商投资，何必苦苦死守真迹呢？当然也能挥霍殆尽。然而，几代人死守真迹，这种坚守信念的过人之处，正是我们国人的美德。

二、理想之动物篇

为了神圣的事业，光有不怕死的精神不够，你得有耐力。因为耐力是执著，是坚忍，是忠诚。动物身上不乏这种品质。

耐　力◇端木蕻良

鸽子，在天空飞着。人们把哨子拴在它的腿上，从天空里，便飞来悠扬的哨响。

天是明朗的，只有一两片白云。鸽子在空中盘旋。鸽子的翻腾，从哨子发声波折中，也可以听出来。

鸽子一群一群地飞着，在罗马的古堡上飞着，当但丁第一次和碧蒂利采相遇的时候，鸽子就在那儿飞着。鸽子在天安门前飞着，在北京城刚刚建造起来的时候，它们就在那儿飞着。

鸽子有凤头的，有黑翅的，有纯白的，还有带芝麻点儿的。但，翅膀都同样矫健。

鸽子的眼睛，透着爱的光。它会把食物用嘴吐出来喂养小鸽子。据说鸽子老了，它孵养的鸽子，也会来喂养它……

鸽子的翅膀，没有海鸥那么长，也没有鹞子那么大，更没有鹰那么会在高空中滑翔……但它的翅膀比它们都强……

鸽子是喜欢群居的，但也能单独飞行，在它完成最远的行程的时候，常常是在单独的情况下做到的。

在这个远程的飞行里，它几乎是没有东西吃，也没有水喝，就是不停地飞。不到达目的地不停止。鸽子横渡海洋，白天和黑夜都不停地飞行。在海面上没有什么可吃的，海水也是不能喝的，半途也没有地方歇息，要是有岩石的地方，那已是到了海的那一边了……

骆驼能征服沙漠，鸽子能征服天空……

骆驼不会像马那样奔驰，鸽子也不像海燕那样遨游。但鸽子和骆驼相比，同样都有耐力。它们的耐力是坚强的，漫卷的黄沙和凶猛的台风在它们面前，都为之失色……

它们的耐力，使它们总是能到达它们要去的地方，在沙漠里几乎找不到中途倒在沙里的骆驼，在海洋里，也看不到中途跌落的鸽子。

骆驼和鸽子，同样没有剑拔弩张的样子，它们的眼睛却含着羞怯的光。但是，它们的眼睛，从不被沙子迷住，也从不怕狂风的吹打……

骆驼的峰就是一座拱桥，它沟通了东方和西方的文化，骆驼是最可靠的信使，最动人的信息……

鸽子是最忠诚的，它能把军事机密准确无误地带到指挥员的手中……

鸽哨又在我的头上响起来了，我听到它，并不感到它的声音不大，而是觉得整个天空都在它的声音里变小了……

赏析：骆驼没有骏马一日千里的速度，却能在死亡地带穿梭自如；鸽子没有雄鹰搏击长空的“酷”姿，却能飞跃浩瀚的海洋。它们靠的是什么？是耐力。耐力是一种不显山不露水的执著，是一种不惧风不畏雨的坚忍，是一种不图名不图利的忠诚。而人类正需要这种耐力完成自己的使命，实现宏伟的理想。在人的生命历程中，耐力爆发渲染成精彩，凝结成永恒。

借物抒情，选取具有耐力的鸽子和骆驼两种动物，通过对比赞美它们为到达目的地而执著、坚忍、忠诚的品质，实则赞美人类的品质，寓意深刻。

第九节　“科技”话题美文赏读

一、科技之环保篇

科技发展给人类带来了消极影响，环境保护已受到当今国际社会的关注。可40多年前，是卡逊进行了一场史无前例的保护人类环境的战斗。

她为人类指引了一条生路◇梁秀荣

卡逊是一位非常关注自然环境的女科学家。一九五八年，她接到住在马萨诸塞州的一位朋友来信，诉说去年飞机在那里喷洒灭蚊剂，今年她家后院的野鸟都死亡的惨状。这使正在思考写一本关于人类与生态的书的卡逊，警觉到如今春暖花开时节，确已听不到知更鸟好听的鸣声——原来由于喷洒农药，很多鸟巢中的卵都孵化不出来了。那时她患乳腺癌，刚动过手术，她忍着病痛，各处收集杀虫剂危害环境的证据，并阅读了几千篇环境科学家的有关报告和文章，经过反复分析研究，终于写出了这本关于农药危害人类的惊世骇俗的预言，向传统观念挑战。当时她的朋友曾劝诫她说，写这本书会得罪许多方面。果然，当《寂静的春天》一书开始在美国广为传诵的时候，既得利益者对这位环境先知的攻击，曾是很害怕的。财大气粗的化工公司企业禁止《寂静的春天》的发行，农业部门从维护生产出发，甚至美国医学会也以保护人类健康为由，都站到了获利集团一边，对卡逊进行攻击，连《时代》周刊也帮着敲边鼓。

随着《寂静的春天》一书引起更多读者的注意，该书发行量上升到五十万册，成为当时的畅销书；而敌对势力也空前地集合起来，对作者进行不遗余力的围剿。但是卡逊丝毫没有气馁，她迎战的力量来自对事实的尊重、对科学的信念和对人类未来的爱心。卡逊由于发表《寂静的春天》所承当的巨大的压力，恐怕只有达尔文因发表《物种起源》所经受的疯狂攻击可以相比。虽然阻力重重，《寂静的春天》毕竟像黑夜中的一声呐喊，唤醒了广大民众。由于社会支持的力量迅速增长，最后，美国政府介入了这场环保的斗争。一九六三年，当届总统肯尼迪在国会参加了讨论《寂静的春天》，并任命了一个特别委员会进行调查。该委员会证实，卡逊对农药潜在危害的警告是正确的。时过多年，回头来看，她的警告不但没有夸大，还是估计过低了哩！现在人们已认识到，用农药来提高产量，无异于饮鸩止渴，要以癌症等疾病增长为代价。因此，不仅美国各州通过立法限制了杀虫剂的使用，曾获诺贝尔奖的DDT和其他几种剧毒杀虫剂，终于从生产与使用的名单中被清除。美国环境保护局也就是在这个背景下成立的。有位美国参议员在欢迎卡逊到国会作证时，模仿南北战争中林肯对斯托夫人的赞誉，也称她为“开启这一切的女士”。受了卡逊的启发，促使其投入环保运动的美国前副总统戈尔，在给新版《寂静的春天》所作“前言”中写道：“无疑，《寂静的春天》的影响可以与《汤姆叔叔的小屋》媲美。这两本珍贵的书都改变了我们的社会。斯托是把人们熟知的、公众争论的焦点，写成了小说，描绘的奴隶形象感动了民族的良知；而卡逊则是警告一个任何人都很难看见的环境危机，提上国家的议事日程，而不是为已经存在的问题提供证据。从这个意义上说，她的呐喊就更难能可贵了。”

卡逊作为一个学者和作家，用她的科学著作当做武器，进行了一场史无前例的保护人类环境的战斗，虽然以寡敌众，最后却以弱胜强。但是《寂静的春天》出版两年以后，作者终于心力交瘁，病情危重，而与世长辞。这位伟大的女性，用自己的生命之火，为人类环境意识的觉醒，点燃了一盏启蒙的明灯。卡逊所指引的“很少有人走过”的路，就是用生物方法代替化学方法治虫，这才是一条能保住我们地球的生路。卡逊这部科学、哲学与文学相结合的环保经典告诫人们，可别像歌德诗篇中的“浮士德”那样，用长远利益向魔鬼换取眼前的享乐。

地球只有一个，但愿鸟语花香的春天常在！

赏析：这篇纪实性文章，没有集中而引人入胜的故事情节，读罢却为文中主人公的精神深深折服。平实却深蕴情感的语言是本文的一大特色，值得欣赏品味。准确、精当的成语运用，比喻句的精彩表达，加上引述内容恰到好处地印证了主人公的贡献卓著，更加突出主人公及其《寂静的春天》在科学乃至人类发展史上的意义。这是一篇思想上、内容上、语言上都值得学习的美文。

二、科技之网络篇

科技发展也带来了人类思想和精神的变化。网络文化无孔不入。

在网络上呼唤的母爱◇微笑

两个多月前的一天，我像平常一样牵猫上网点开主页，突然发现论坛里多了一条不同寻常的帖子——标题是《阿毛回来啊》，署名是“想毛毛回来的妈妈”，至于正文部分，却付之阙如，一个字都没有！

这年头……灌水也要灌得专业一点啊？作为文学论坛的版主，平素我最讨厌的就是这种空无一物浪费别人眼球和网费去赚经验值的帖子了，当下鼠标一点，将之删除了。

这本来是很寻常的事，不寻常的是第3天的晚上，10点多了，我正迷迷糊糊准备下线，最后刷新一次论坛——又是《阿毛回来啊》，又是“想毛毛回来的妈妈”，又是空无一字的灌水帖！怎么搞的？我立刻在线给这个人发了个消息：“您好，此类帖子将被视为恶意灌水，请发一些具有实质性的言论。”嗯？没有反应？再一看，人家发完帖子就退出论坛了！我一肚子的“论坛基本法”没有听众，只好有几分恼怒地删帖了事。

再次上线，我的眼珠立刻从眼眶里弹了出来——那个阴魂不散的灌水帖又冒出来了！不同的是，这次后面多了一个ICQ号，还有一句“请不要删除”。不删除？给我个理由先！我立刻打开很久没有用过的QQ，找到这个不设防的号码：“Hi！”

“微笑，请你不要删除我的这个帖子好吗？我以一个母亲的名义恳求你。”只一句回话就令我愣住了，满腔怒气消于无形。

“我是吉林人，我的儿子毛毛大专毕业到一家公司做了出纳，结果交了坏朋友，拿了公司17万现金跟人跑了。公安局一直让我叫他自首，可我找不到他啊。他没给家打过电话，也不知道这大冬天的躲在哪里……上个月，那个一起跑的人回来自首了，他说他也不知道毛毛在哪里，但是，他们都爱上网，原来就是在QQ聊天认识的——网上多坏人啊。”

网上确实多坏人，但也有很多好人啊！网人并不是独立存在的一个种族，他们就是你身边的每一个人，在社会规范相对薄弱的网络世界显露出的另一个面孔。我不很同意“想毛毛回来的妈妈”的话，若“毛毛”是个意志坚强的孩子，他就会懂得洁身自好，已经是成年人了，保温箱里也有诱惑不是吗？但我没有反驳，我理解一个母亲的心。

“毛毛再没有上过QQ，可他也许还会去论坛玩吧？哪怕他不说话，但是一定在的。我在我能够找到的所有论坛里都用这个名字留言，他看了，就知道妈妈在等他，就会上QQ来找我的——这个号码，是他以前给我申请的，他在的时候，我一次也没用过……”

“那您已经找了他很久了吧？”我很好奇，一个如我母亲年纪的妇人，是如何坚持一大海捞针的行动。

“37天了，我没离开这个网吧，毛毛他爸给我送点饭，他有心脏病，不能熬夜，我就白天黑夜在这里……实在困了也不敢睡熟……有一次网吧里停电，半天不能上网，我怕毛毛就恰好那会来了，急得我哭啊……哭着就睡着了……”

37天不眠不休？我不知道那是什么概念，只是想哭。天下的母亲啊，原是可以为了一个能够帮助孩子的渺茫的希望，做出超乎想象的事情。

“这些日子，也有好多网上的人来问我，我也告诉了他们，他们都鼓励我……还帮我找更多的论坛的地址，有的还帮我把我的帖子复制到各个网站……有个小伙子，也是东北的，总是叫我‘娘’，上来就问‘有俺大哥的消息吗’……还有个教心理学的老师说，可能毛毛已经看见我的帖子，甚至已经隐身上线看见我了，只是因为害怕，不敢和我说话，只要多守几天，他就会出来……要不是这些人安慰我，我想我早绝望了……”

我把我们的聊天记录贴在我的社区，然后把她的“灌水帖”放在我论坛最醒目的位置。这位母亲的故事传开了，大家在游览其他网站时，都自发地把这个帖子复制过去。据副版主“呤馥聪”编写的“社区简史”记载，那是我们“灯下文字”的第一次大规模集体灌水行动……

最近得到的消息，那位母亲因为长时间上网熬夜而住院，网友们把这一消息贴遍了大小论坛和聊天室，“毛毛”终于回到了母亲身边，自首了。服刑后，将重新开始他的人生。他那伟大的母亲两次给予了他生活的机会。

赏析：当我们魅惑于世界的精彩与无奈，当我们叹惋于人心的冷漠与不古，别再感到寂寞与孤独，因为母爱已飞越沧桑，御风而至！倾听在网络上呼唤儿子回家的母亲的心声，细数在生活中关注儿女成长的母亲的白发，我们疲惫的心灵定会因母爱的浇灌而饱满充实、晶莹剔透！

以网络寻子故事为角度，选择网上聊天为切入点，选取母亲发帖呼唤儿子回来的点点滴滴动人的小的细节，刻画了一个伟大的母亲形象。感情真挚，催人泪下，发人深省。

第十节　“责任”话题美文赏读

一、责任之爱国篇

热爱祖国，不忘国耻，这是不同民族的共同责任。法国巴黎油画院有普法交战图，法国画家“自绘败状”，是为了教人勿忘国耻；强大的美国为了让人们记住珍珠港事件，把12月7日定为“国耻纪念日”，也是为了提醒民众莫忘历史，加强国防。勿忘国耻，历史才不会重演；勿忘国耻，我们才会能更好地开创未来；勿忘国耻，我们才会时时提醒自己肩承的重大责任……

中华民族自古以来就有热爱国家、为国献身的美德。“位卑未敢忘忧国”，正是有了这种强烈的责任感，才有了今天和平安定的生活。然而今天，人们面对民族灾难的遗迹，是否还牢记着奇耻大辱、爱国的责任？

哭泣的圆明园◇张晓惠

一直以为，圆明园是哭泣的。八国联军蹂躏着她的肌体，摧毁着她的骨骼，冲天大火燃烧的是一个民族的自尊，百多年的疼痛如那西洋楼的残壁断垣，穿越百年的风雨永远存在。伫立在那西洋楼大水法的遗址前，我无法不感受圆明园的疼痛，感受一个民族的屈辱和疼痛，是那种切肤的痛。

十年前第一次去圆明园。没有人愿去，说是那么远，又没啥看的。我说我肯定要去。

是阴凄凄的天，是冷飕飕的细雨，和着秋风如刀子一般刮在脸上。沿着浩渺的湖水，我走啊走，不见一个人影儿。最后，终于走到了那大水法遗址——尽管多少次从图片上、从教科书中见过这遗址的照片，可当我立在苍苍的天空下，真实地面对着这一片一地一旷野的玉白石块时，仍感到那来自心底的震撼！依旧华美——我抚摸着那冰冰凉凉的玉石纹理，依旧精致——那欧式的曲线流畅又不羁，依旧贵族——断碎的罗马石柱在苍天下笔直出一派伟岸和傲然。后来我就流泪了，好在周围没人。我没带相机，但那石块、石柱、石雕连同那灰苍苍的天空一起烙在了脑海，成为心房上一幅永不磨灭的壁画。

十年后的今日，我说，再去圆明园。对我来说，去圆明园是一种凭吊，一种拜谒，甚至是一种提醒。说出这些我不怕别人说我矫情，我就是这样想的。

进了圆明园，才发现今非昔比。十年前的清寂不复存在，曾经寂静的圆明园一片喧嚣。柳绿桃红藤紫，满目春色也罢，昔日皇族的休闲园址，也该平常百姓流连赏目；门票从五角涨到二十五元也罢，这遗址这偌大的园子要人管理也得养活自己。装饰华丽的人力车左右缠着：去福海？去绮春风？就十元，拖您去西洋楼您哪！谢了您哪，我说，我就想自个儿走走。

往前，沿着湖边再往前，穿过紫藤架，右拐，是了，是遗址，大水法遗址。

想不到的是西洋楼遗址这儿，竟也有这许多的人！一群系着红领巾的孩子尖叫着互掷着石子；一群看来是高中生或是中专生的少男少女咬着冰棍儿在海宴堂遗址前高声唱着“对面的女孩走过来走过来”；几位看上去似干部样的人笑眯眯地摆好阵势在镌刻着“圆明园”字样的大理石碑前照相，那捧着相机的说：笑！笑啊！这群人就腆着发福的肚皮蠢蠢地笑了。在大水法遗址前，就是小时在书中看到，十年前在那儿哭泣的五根大罗马柱那儿，一对情侣旁若无人地拥抱亲吻！

刹那，我有点不知所措。亲吻示爱干吗到这大水法遗址前呢？在这样残破颓败的乱石间，怎么笑得出来？要唱歌蛮好去那桃红绿柳的绮春园、长春园或是泛舟福海啊！看着这群在破碎的石块遗址前欢笑的老老少少，仰首凝视那高高而破残的罗马柱，眼眶和心口就都隐隐地疼起来。历史呢？耻辱呢？血性呢?!

前些年，曾经围绕这圆明园需不需要重建有过争论，结果是理智的人们理解了废墟的价值，尊重了历史留给我们残酷的真实，这片废墟留下了。当时，我是为留下拍案叫好。可今日见到这么多在废墟上在遗址前欢笑嬉闹的人群，我有点怀疑留下的必要了，在经过那么岁月之后，眼前这般断壁残垣，还能提醒人们对一个多世纪前那场噩梦的记忆，那场中华民族的灾难与奇耻大辱?!

一阵沙尘扑面而来，豆大的雨点砸了下来，劈头劈脸。欢笑的人群直往外冲。剩下我一人，静静地，在洁白的石块上坐下，对着这大水法遗址，对着这华美残破的罗马石柱，和苍天，和这些断壁残垣一起落泪哭泣……

赏析：文题就充满了沉重的痛感，一个最能体现国耻的圆明园遗址也最能够激发国人的爱国情怀，提醒人们肩负着国家民族的重任。可今天圆明园似乎成了游览风景之地：桃红柳绿藤紫，一片喧嚣。更有甚者，有些游客面对残破颓败的乱石，嬉闹、笑、亲吻、高歌，这又怎么不令人心疼、悲叹！

作者选取圆明园的西洋楼大水法遗址来着力刻画突出中心，通过自己十年前后两次去圆明园的所见所闻所感，提出了令人沉痛的深思：面对欢笑嬉闹的人群，眼前这般断壁残垣，还能提醒人们对一个多世纪前那场噩梦的记忆，那场中华民族的灾难与奇耻大辱?！痛心和激愤流露于笔端，颇有“哀其不幸，怒其不争”的感慨。而这些都是通过十年前后所见情景的对比描写刻画出来的。

细读作者两次去大水法遗址的描写，字里行间洋溢着深情。十年前，心灵震撼，流泪了，“但那石块、石柱、石雕连同那灰苍苍的天空一起烙在了脑海，成为心房上一幅永不磨灭的壁画”。十年后，眼眶和心口隐隐疼起来，发出对历史、耻辱、血性的呼唤！“对着这大水法遗址，对着这华美残破的罗马石柱，和苍天，和这些断壁残垣一起落泪哭泣……”震撼和心疼，两次落泪，情景交融，足以引起读者的震撼和反思：不忘国耻，肩负起爱国责任。紧扣文题，突出了主旨。

二、责任之职业篇

人们在不同的岗位上从事着不同的职业，职业本身无高低贵贱之分，从事职业的人都在承担着重大责任。医生以救死扶伤为己任，教师以育人为本分。前者有立竿见影之效，后者有百年大计之功。教师的一举止一投足往往对学生的一生产生着重大深远的影响。

哦，中学时代◇冯骥才

人近中年，常常懊悔青少年时由于贪玩或不明事理，滥用了许多珍贵的时光。想想我的中学时代，我可算是个名副其实的“玩将”呢！下棋、画画、打球、说相声、钓鱼、掏鸟窝等，玩的花样可多哩！

我还喜欢文学。我那时记忆力极好，虽不能“过目成诵”，但一首诗念两遍就能结结巴巴背下来。也许如此，就不肯一字一句细嚼慢咽，所记住的诗歌常常不准确。我还写诗，自己插图，这种事有时上课时做。一心不能二用，便听不进老师在讲台上说些什么了。

我的语文老师姓刘，他的古文底子颇好，要求学生分外严格，而严格的老师往往都是不留情面的。他那双富有捕捉力的目光，能发觉任何一个学生不守纪律的行动。瞧！这一次他发现我了，不等我解释就没收了我的诗集。晚间把我叫去，将诗集往桌上一拍，并不指责我上课写诗，而是说：“你自己看看里边有多少错？这都是不该错的地方，上课时我全都讲过了！”他的神色十分严厉，好像很生气。我不敢再说什么，拿了诗集走去。后来，我带着那本诗集，也就是那些对文学浓浓的兴趣和经不住推敲的知识离开学校，走进社会。

社会给了我更多的知识。但我时时觉得，我离不开甚至必须经常使用青少年时学到的知识，由此而感到那知识贫瘠、残缺、有限，有时，在严厉的编辑挑出的许许多多错别字、病句或误用的标点符号时，只好窘笑。一次，我写了篇文章，引了一首古诗，我自以为记性颇好，没有核对原诗，结果收到一封读者客气又认真的来信，指出错处。我知道，不是自己的记性差了，而是当初记得不认真。这时我就生出一种懊悔的心情，恨不得重新回到中学时代，回到不留情面的刘老师身边，在那个时光充裕、头脑敏捷的年岁里，纠正记忆中所有的错误，填满知识的空白处。把那些由于贪玩而荒废掉的时光，都变成学习和刻苦努力的时光。哦，中学时代，多好的时代！

当然，这是一种梦想。谁也不能回到过去。只有抓住自己的今天，自己的现在，才是最现实的。而且我还深深地认识到，青年时以为自己光阴无限，很少有时间的紧迫感。如果你正当年少，趁着时光正在煌煌而亲热地围绕着你，你就要牢牢抓住它。那么，你就有可能把时光变成希望的一切。你如果这样做了，你长大不仅会做出一番成就，而且会成为一个真正懂得生命价值的人！

（选自《冯骥才名篇文库》）

赏析：作者以满含深情的笔触抒写了自己对中学时代生活的留恋以及在中学时代没有打好基本功的愧疚。文中的语文老师刘老师曾经没收了作者少年时代创作的诗集并十分严厉地批评了他，并不指责他上课写诗，而是批评他诗集中不该错的地方。刘老师把对学生的爱体现在严格要求上，但他并没有扼杀作者对文学浓浓的兴趣，这一小小的做法，体现了刘老师肩负的教育教学的责任。

阅读这篇短文，很多读者容易忽略文中这个典型事例：语文老师批评“我”的诗集里有语言方面的错误。其实从文章开始叙述自己贪玩就为这个中心事件的出现蓄了势，而后写到自己在写作过程中遭遇的尴尬正是对这一事件的延伸，同时自然强调了这一事件对作者一生的影响。由此看来，阅读本文，懂得这一事件的作用，是重要的。

第四章　作文实践

第一节　作文审题特训

一、大纲解读

义务教育语文课标中关于写作有这样明确的要求：写作是运用语言文字进行表达和交流的重要方式，是认识世界、认识自我、进行创造性表述的过程。写作能力是语文素养的综合体现。显然，作文是语文教学理所当然的重头戏，在整张试卷中所占分值不用多说，而具体到作文各项得分比例，各省市则都不约而同地把“中心突出，内容充实，观点正确”“中心明确，内容具体，观点正确”作为一、二等级的共同要求，其他三至五等级依次为“中心较明确，内容较具体，观点基本正确”“中心不明确，内容不具体，观点有偏差”“文不对题，观点不正确”等。

一篇文章内容的确定依据是对题目的准确理解，即明确出卷者真实意图所在，命题人希望我们写些什么、表现些什么、采用怎样的表达方式来写等。作文第一步即“审题”，这是作文的第一关。这一关对写好作文至关重要。如果能正确把握题意，那么写出来的作文就会紧扣中心，写起来也就很顺手。如果错误地理解题意，埋头写下去，即使花大力气，下深功夫，也只能是“下笔千言，离题万里”。正如义务教育语文课标关于七至九年级“写作”的第四点要求：写作时考虑不同的目的和对象。以安徽中考作文题为例：

以“______在其中”为题，写一篇文章。

提示与要求：

（1）把题目补充完整。你可以从“趣”“美”“情义”“做人”中选填，也可以填其他词语。

（2）可以大胆选择你最能驾驭的文体进行写作。

(3) 文中不要出现真实地名、校名、人名等，否则会被扣分。

(4) 抄袭是一种不良行为，相信你不会照搬别人的文章，否则会影响你的成绩。

(5) 考虑内容充实，文章不要少于500字。

这是一道典型的半命题作文，在审题时对它的自由部分和限制部分若不能准确理解，其他的什么立意、构思、表达便都是空中楼阁。题中“____”横线上是一个自由填写部分，联系提示与要求（1），看起来我们似乎可以随便选择一个词语来填空，但仔细比较就会发现“趣”“美”“情义”“做人”给出的这几个词语是有其共同特点的，即相对抽象，表达的是某种体验、感受或感悟。因此在补充题目时，这层潜藏的意思不能准确把握，对于文章的走向也会失去掌控。其次，题中“在其中”三个字是固定的，对于这三个字如何理解界定它的范围，则是此次审题的另一个关键点。它要求我们所选材料和“____”横线中所填的生活感悟是融为一体的，是生活其中的真实体验，而不是凭空捏造。这就是审题，唯有如此细心全面而准确地把握题意，才有所谓“好的开头是成功的一半”。

二、专项解读

1.误区提示

在中考和平时的作文训练中，许多同学都曾出现过这样的问题——跑题或偏题。尽管在平时的作文中，老师经常对此作专门的训练，并时时把“不要跑题”挂在嘴边，但许多同学在作文的关键时刻还是会犯这样的错误。下面，笔者就从审题的心理角度，剖析一下审题失误的原因，看看同学们到底是怎样一步步把作文题想偏的。

整体偏离。文章内容完全没有落实题目要求。以福州中考作文题为例：

人都有爱心，人都有爱好，爱是人的天性，爱有时要讲究方式；爱，有时要把握尺度。

请你以“爱，还要会爱”为题，写一篇记叙文或议论文。

这是一个标准的全命题作文题，即有明确的题目“爱，还要会爱”，只需要考生用自己的生活经历很好演绎这个文题，而不需要有任何其他的补充或更改。在审题时要明确这个带有一定递进色彩的句子，到底递进之意体现在哪？要结合题目前的导语，看看简洁的导语中是否潜藏了文题中一些关键字词的提示或界定。显然导语中“爱有时要讲究方式；爱，有时要把握尺度”

一句是对题目中“会”的内涵明确和界定。题目若能准确把握到这个程度，就不会出现考卷中比比皆是大谈父母如何对自己的生活照顾得无微不至、老师如何在恶劣天气里到家里来为我补课等这些既陈旧琐碎又完全置命题者真实意图于不顾的局面了。再如广东中考作文题：

阅读下面的文字，按要求作文。

春天的新绿，故乡的圆月；“采菊东篱下”的悠闲，“天生我材必有用”的洒脱；陌路上的相视一笑，危难时的义无反顾……在生活中，美随处可见，需要我们去发现，去体验，去感悟。最美，是美的升华。它令人刻骨铭心、灵魂震撼，令人心驰神往。

你一定有心中的“最美”，关于“最美”，你一定也有感悟，请自拟一个包含“最美”这个词语的标题，写一篇不少于500字的文章，文体自选，文中不得出现真实姓名和校名。

这是一个依据一定材料的半命题作文，同样带有题前导语，只是它同前一个作文题导语意在对题目关键词的提示和界定不同，它的落脚点在于：①在材料的选择上提示考生所选材料是极为宽泛的，既可以是自然界中花草虫鱼这些可见之物，又可以是诗书篇章中展露的精神气韵，还可以是现实生活中一个神情、一个动作。②在立意确定上，它点出写作的重点应是你对所选材料所感受到的属于你自己的独特体悟，你心中对“最美”的理解和标准。这是对这个文题的两个关键点的把握，但在实际考卷中所呈现的却是沉浸于美丽地表面描绘，而不能很好地点出你所认为的美究竟在何处，到底是什么深深打动你的内心，以至成为你心中难以抹杀的“最美”！这都是考场作文的大忌，看似在围绕这个题目来写，实际上却干围着中心点绕圈打转，始终不能抓住核心演绎。

部分脱轨。相对于前面整体偏离题意，部分脱轨似乎危害要小点，而其实在争取作文高分的目标上，同样要力求避免的。这种情况即行文中出现离心句、离心段，使得部分内容偏离题旨和文章中心。如《我沐浴在春风中》中开头，运用了排比句，表面看很优美，但丢掉了“沐浴”这个关键词：“亲情，如同一股暖流温暖你的心；亲情，如同一缕阳光照亮你前进的道路；亲情，如同一泓清泉滋润着你成长；亲情，如同一阵春风轻轻抚摸你。”而“沐浴”作为关键词应是此题落点所在！

又如四川遂宁中考作文题目是“反省”，反省的意思是检查自己的思想行为，检查其中的错误。通过反省汲取教训，明白醒悟，避免以后犯类似的错误。在考场作文中，有少数学生写成后悔，内疚，忏悔自己所犯的错误，很明显，这类考生以重在激发鼓励的“反思”替换了“反省”，混淆了概念，造成失误。

再如2012年湖北宜昌中考作文题：

十四五岁的青少年，正处在思维最活跃，感觉最灵敏，身体最好动，想象最丰富的年龄段，让一切充满活色鲜香似乎才是我们应有的生活。但现实背景下，过快的生活节奏，过重的学业负担，过剩的营养搭配，过多的感官刺激，常常也令大家感到疲惫和厌倦，每当这种时候，如果大家能够忙里偷闲，搁下你的书本；快中求慢，减缓你的脚步；闹里取静，放松你的身体；苦中求乐，转移你的视线……或许你会发现那课间的一次走神，那午后的一会小憩，那家中的片刻独处，甚至于一顿野蔬，一次漫步，一个凝望，……都会让你感受到前所未有的清欢。

请以《清欢一刻》为题，写一篇600字左右的记叙文。

这个作文题真如繁重的中考复习之余一次惬意放松，炎炎夏日里一丝带着雨意的清凉。“一刻”容易理解，即片刻，短时间；“清欢”则是题眼所在，且带着书卷气。考生对“清欢”能否做到准确理解，直接关系到对题目及导语是否能真正把握要领。“清欢”意指清雅恬适之乐。苏轼《浣溪沙》云：“细雨斜风作晓寒，淡烟疏柳媚晴滩。入淮清洛渐漫漫。　雪沫乳花浮午盏，蓼茸蒿笋试春盘。人间有味是清欢。”“清欢”者，清淡的欢愉也。显然理解这个题目若没有平时较好的语言文学的积累，至少也要有对文题中导语对“清欢”体现的具体类型要准确领悟，否则“欢”不成而成“苦”了。有不少考生在选材上写了课间如何在篮球场尽情欢笑，课间十分钟不能算长，可谓“一刻”，投篮命中不可谓不欢，只是和清雅恬适的“清欢”有别，偏离了题意。

认识偏差，忽略关键。如南京中考作文题：

暑假，我们可以放下课本，背起行囊，行走四方，过一种别样的生活——读自己爱读的书，去自己想去的地方，努力实现“读万卷书，行万里路”的愿望。

请以“带一本书去旅行”为题，写一篇作文。

南京的中考阅卷老师在作文题目的评价上存在着褒贬不一的声音：

贬方：题目太过文艺化，过于狭窄，没有面对全体考生

褒方：题目紧扣课内综合性学习，题目意在引导教师上好综合性学习，

意在引导学生多读书，多接触社会生活，体现了“生活即语文”的大语文教育观，充分体现了命题者的良苦用心和责任意识。

评卷标准上也存在一些具体的要求，引发不同的声音。

（1）“书”为实写，“旅行”为实写。取“书”比喻义，不能进入一类卷。(43~50分)

（2）“书”为实写，“旅行”是虚写，徜徉书中，心灵旅行，不能进入一类卷。

（3）书和旅行都为虚写，不能进入二类卷。(35~42分)

（4）带课本（如语文书、历史书、地理书等），不能进入二类卷。

我们从阅卷老师对题目的评价不一及评卷标准的明确坚定，可以体会到审题对于作文是何等重要。如果此题单纯只是“带一本书去旅行”为题，写一篇作文。没有任何题前导语，那么“书”和“旅行”显然均可以有虚实两层理解，甚至通常有一定虚的介入，还会让人觉得立意有深度。然而此题加了导语之后，对写作的范围就有了明确的限定，显然“书”“旅行”在导语中对其虚的一面都没有只言片语提及，两者都落在了实处。提示语中“读自己爱读的书，去自己想去的地方，努力实现‘读万卷书，行万里路’的愿望”非常明确：“书”即课外书，“旅行”即一次远足。而“暑假，我们可以放下课本”一句则表明所带之书一定不是课本。尤其应要注意的是题为“带一本书去旅行”，则在明确两者都指向实写的基础上，还应有一定的联系。这些都是审题的关键又是细节所在，稍不留神在文章的内容上就会出现偏差。如不少考生在具体答卷中就没有扣住“读书”和“旅行”的关系来写，要么大谈读书的重要，只字不谈旅行，只在结尾强贴标签，要么只是一次普通的旅游，“带一本书”不见踪影，要么带了一本书，但在整个旅行的过程中再也没有出现。

总而言之，审题时需牢记：分清题型，扣住题眼，扼住副词，全面而准确地把握题意，进而为选材、立意打下坚实的基础。

2.运用方法

第一，准确把脉。

审材料。首先要审材料。不管是全命题作文、半命题作文、话题作文还是材料作文，只要提供了材料，我们都要高度重视。这个材料是命题的提示语，是写作的由头、引子，或告诉考生题目关键词的内涵，或告诉考生这个题目在生活中的一些细节体现，或告诉考生要“写什么”的思路。如北京市中考作文题“少年风采”，前面就有这样一段提示语：

“风采”指人美好的仪表举止和精神风貌，对于十四五岁的少男少女们来说，举止大方、个性鲜明、积极向上……都是动人的风采。个人有个人的风采，群体也有群体的风采，家庭、学校、社会都是展示少年风采的舞台。

命题者通过提示语，把“风采”的内涵和写作范围确定在与平时生活息息相关的方方面面，如“人美好的仪表举止和精神风貌”就是“风采”的内涵，写作范围就是同学们平时大方的行为举止、个性鲜明、积极向上的种种表现等。新材料作文则是除了审材料信息、审清题目要求外，还要明确材料的主旨。不管材料后面有没有“读了这则材料，你有哪些启示”这句话，我们都要依据材料得出自己的启示。我们得出的“启示”就是材料的主旨、写作的主旨，写作时只需抓住一个启示就行了。可以从材料中出现的人、事、物各个角度来分割话题，然后再进行自拟题目写作。

再如湖北武汉卷，请以“敬畏文字”为题，写一篇不少于600字的文章，题前有这样的提示语：

今年年初，《咬文嚼字》杂志社，邀请读者一起“咬嚼”名人博客，大家惊讶地发现一些市场意识很强、人气很旺的名人在撰写博客时，频频出现语言运用方面的“低级错误”，对语言文字缺乏敬畏之心。

古今中外，一直不乏“推敲”文字的佳话。即使到了网络时代，我们阅读优秀作品时也总能感受到作者严肃恭敬的写作态度。

这是一个偏向于议论文的作文命题，第一段提示语即表明对文字取何态度的问题，这是个很普遍却未引起该有重视的现象。它指出了所谈话题的必要性，因为此种不良现象已经蔓延到一些“市场意识很强、人气很旺的名人在撰写博客时”甚至都在犯此种错误。第二段则概述古今中外“一直不乏‘推敲’文字的佳话”，这既暗示了论述时可采用的论据——古今中外典型事例，又提示了论证方法——正反对比论证、事实论证，可谓文从题中来，结合题目联系文体要点，在有限的材料中寻求信息的最大化。因此，对于材料的阅读定要学会多角度揣摩，明确它所能提供的解题、立意乃至构思等多方面的帮助。

审题干。中考作文有一个常见的严重弊病：偏题跑题。审题时不能很好地把握重点是形成这种现象的主要原因之一。确定写作重点的最好方法就是寻找题目的关键词和核心词。如江苏连云港市卷：请以“道路前面还是道路”为题，写一篇文章。文题前附有一个简短的导语或者说指出此句话的出处更为准确："海子有这样的诗句：'永远是这样/风后面是风/天空上面是天空/道路前面还是道路'。"文题是诗句，既带有一定的哲理思辨色彩又兼具一定的比喻性。有一考生开篇就能很好地把握题意："人生之路曲折盘桓、错综复杂，看似一条路的终点亦是另一条路的起点。人生没有永远的居高不下，也没有永远的低谷失意，一路走下去，才是人生的本意。"可谓一语切中要害，终点与起点的相连持续，就是永不停止追求人生之意。正如屈原写下的"路曼曼其修远兮，吾将上下而求索"。而此生在文末更是让全篇翻出深意、新意："有位名人说过：'上帝在为你关闭一扇窗子的同时会为你打开另一扇窗。'人生没有永远的绝境，每一条看似走到尽头的小路其实还有'柳暗花明'。道路前面还是道路，人生也没有永远的成功，只有把一次次成功当作一个个奋斗的起点，不断进取，才能走向更大的辉煌。"

是的，题干关键字词的准确把握不仅指出道路相连是追求持续，更指出尤其是在失意落魄之时，人生境遇一段的低迷却也是另一段的前行的起点，充满了强烈的思辨色彩，使得文章既达深意又绽放出新意的光芒。

再如山东济南的中考作文题"咀嚼生活的真味"，题目的关键词是"真味"，核心词是动宾短语"咀嚼生活"，既是"咀嚼"就是颇费了番功夫，而不是吞食。这功夫用在何处？重点当从"咀嚼"二字深挖下去。安徽省的"_____在其中"，题目的关键词是补出的内容，核心词是"在其中"，既"在其中"便当是水乳交融之态，而非感受体悟来得空中楼阁，无源之水。天津市的"以微笑_____"，关键词是补出的词语，核心词是"以微笑"。像吉林的"歉疚"、贵州遵义的"孝敬"这类独词式全命题作文，题目写作范围很宽泛，关键词核心词就是题目本身。话题作文和材料作文则要求我们拟好题目后再去寻找关键词和核心词。明确作文题目的关键词是写作对象、写作内容，也是写作话题，核心词是写作重点。

审要求。题干后面的每一个要求都要重视。我们还以安徽省中考作文题"_____在其中"为例，要求：

①把题目补充完整。你可以从"趣""美""情义""做人"中选填，也可以填其他词语。

②可以大胆选择你最能驾驭的文体进行写作。

③文中不要出现真实地名、校名、人名等，否则会被扣分。

④抄袭是一种不良行为，相信你不会照搬别人的文章，否则会影响你的成绩。

⑤考虑内容充实，不要少于500字。

这五个要求都必须牢牢记住，第一个要求，要选准补题词语，“也可以填其他词语”，这样可以让我们选命题者给出的以外的词语来补题。第二个要求是对文体要求，选择自己熟悉、擅长的文体来写作。第三个要求是提醒我们要遵循考场作文的基本规则，不能泄密。第四个要求是要考生作文要原创。第五个要求是对字数的最低要求。

再如山东聊城卷：

请以“面对缺陷”为话题，写一篇文章，要求：

①题目自拟，文体自选。

②选取一个或多个角度，可以记叙经历，抒写感受，也可以发表议论。

③不少于600字。若写诗歌，不少于15行。

前两个要求，第一个表明这是一个话题作文，“面对缺陷”原则上只是话题而不是文题，即不可以直接拿来做文章题目。第二个则对思路做了提示，可自由“选取一个或多个角度”，“可以记叙经历，抒写感受，也可以发表议论”，要求考生在文体的选择上既是自由的但又应是明确的，而非四不像。

还有如山东泰安卷作文题“成长的烦恼与快乐”，题目要求中明确指出“命题者倡导朴实的文风”。这样对语言风格的要求还是比较少见的，但也给我们考生一个警醒，即作文题目要求就像孙悟空用金箍棒给师傅师弟划的一个圈，只能在圈内活动。

审准文体。近几年，全国各地中考作文对文体要求基本都是“文体不限”，但也有一些考题对文体有明确要求，如山东青岛中考作文：选题作文，第一题全命题作文“我终于明白了你的良苦用心”，就要求写一篇记叙文，还有湖北荆州、宜昌等也要求写记叙文。山东德州的中考作文则要求结合给出的场景写一篇文章。也有一些限定写两种文体的，如湖南长沙、益阳、福建福州等要求写成记叙文或议论文，还有像广东湛江、河南等地则要求“除诗歌以外，文体不限”。总的来说，“审体”的难度不大。但是，有些问题仍然值得注意。如一些作文题要求在记叙中有适当的抒情、议论和描写，这却被多数考生忽略了。另外，多数地区的中考作文，不限文体，要求是“可以大胆选择你最能驾驭的文体进行写作”。有这样要求的作文题，不是不要文体，审题时一定要首先明确自己应该写成什么样文体的作文，确定哪种文体，则在表达方式的运用上就应带有这种文体下的鲜明风格，如记叙文就要在文中有明确的记叙要素的体现，是议论文就应有鲜明的论点、典型的论据和有力的论证等。

3.拓宽思路

（1）换位法

如江苏镇江中考作文题“理解是一个慢慢的过程”，虽然这不是新题，但是这个题目值得好好揣摩。它易让考生写出自身的体验和感悟。选材可有两个大的方面：一是我们对“事”“人”“理”的理解，二是别人对我们的理解。而“慢慢的”作为这个题目的限定词，正是用来考查我们“思维水平”的，是破解命题的关键之所在。既然是“慢慢的”，那么就有一个由“不理解”到“有所理解”再到“理解”这样的过程。当然，从理解的时间维度上看是“慢慢的”，从理解的内容维度看应该是“逐步深入”的。在面对此类文题时，一定要“咂摸”它们，揣摩其间蕴含的情味，这样才能准确把握文题的重点。

再如广东湛江卷中考作文题：

阅读下面的文字，按提示和要求作文。

掌声，生活中一个美丽而动听的名词。它可以表达肯定和赞美，也可以表达尊重和鼓励。

你在舞台上精彩的表演感染了我，我把掌声送给你！你在平凡岗位上的辛勤耕耘打动了我，我把掌声送给你！你在逆境中拼搏的精神震撼了我，我把掌声送给你！

你可以是个人或集体，可以是非凡人士或普通人物，还可以是身边的亲人或朋友……

请以“我把掌声送给你”为题目写一篇作文，可以讲述你身边的故事，抒发你的真实感受，也可以阐明你的思想观点。

题中“掌声”和“你”正如导语中所阐释的：“它可以表达肯定和赞美，也可以表达尊重和鼓励”，而“你可以是个人或集体，可以是非凡人士或普通人物，还可以是身边的亲人或朋友……”，那么你在哪件事情中，怎样的表现让我深受感动或激励，让我为之肯定或赞美，以至要发自内心把这个美好而动听的词语献给你呢？你看，能够如此通过审题而明确不同对象之间的相互关系，进行适度的换位，你便能全面把握各要素之间的关键点所在。此种方法很适合牵涉到不止一个讲述对象，或事情的发展不止一个时间段的作文题型。如浙江宁波卷“你是我的一本书”，山东青岛卷“我终于明白了你的良苦用心”，山东烟台卷“你是我最好的朋友”等。

（2）思辨法

如山东聊城卷请以“面对缺陷”为话题，写一篇文章。导语中有这样的提示语：你有缺陷吗？你是怎样面对自己缺陷的呢？别人有缺陷吗？你又是怎样面对别人缺陷的呢？这样的作文题明显带有了思辨的色彩，不再是单一角度，不再是仅由你指向我，或者单由我指向你，而是相互指向的，是一分为二的。这样的作文题不仅考察考生对生活的积累感悟、情感体验，还有对人与事的思考，对同一件事情的不同角度的思辨意识。因而与之相伴随的，它的作文要求中有这样一句：选取一个或多个角度，可以记叙经历，抒写感受，也可以发表议论。再如山东泰安卷请以“成长的烦恼与快乐”为题，写一篇文章。题目可谓极为简洁而明确，导语、材料一概皆无，就是最朴实的两个关键词“烦恼”与“快乐”。这样的作文题显然在审题上几乎没有设置任何障碍，但是“烦恼”与“快乐”是两个典型的反义词，要一眼看得明白，同时要明白的是这两种状态是在成长的过程中相辅相成的。这种辩证的存在方式正是生活最真实的姿态。题意如此，我们能有这样的思维方式吗？我们能在各自的生活经历体验中感受到生命排斥又统一的魅力所在吗？审题时能想到这么多，你的文章又何愁跑题偏题呢？又怎会担心看到题目头脑一片空白呢？准确的审题必然能打开写作的思路，题意越是明确，思路越会清晰。这种多角度思考，辩证性认识的思维方式很适合诸如新疆乌鲁木齐卷“做好眼前的事”、贵州铜仁卷“这也是一种美”、江苏连云港卷“道路前面还是道路”等这类具有明显哲理意味的作文题型。它们既考生活积累、情感体验，也考思维含量、分析能力。

（3）比较法

依然以广东卷作文题为例：

阅读下面的文字，按要求作文。

春天的新绿，故乡的圆月；“采菊东篱下”的悠闲，“天生我材必有用”的洒脱；陌路上的相视一笑，危难时的义无反顾……在生活中，美随处可见，需要我们去发现，去体验，去感悟。最美，是美的升华。它令人刻骨铭心、灵魂震撼，令人心驰神往。

你一定有心中的“最美”，关于“最美”，你一定也有感悟，请自拟一个包含“最美”这个词语的标题，写一篇不少于500字的文章……

“最美”虽然是个独词型题目，但无形中给人一个比较的暗示。它同什么相比而拥有最美的评价？又是怎样的经历和表现带给我们如此强烈而坚定的认定？这类词语看似简单，却在这些细微之处暗藏玄机。再如江苏徐州卷“又是一个新起点”，题目很简单明确，但题目中三个具有强烈比较意味的词语要引起重视：“又”显然再一次之意，它同哪一个相比较而成之为“又”呢？“新”必是因“旧”而立足，“旧”指的是什么？“起点”一词是相对“中点”或“终点”而言，起点，可能是某一阶段生活的启动点，可能是事业中的前进点，可能是生活中的转折点，可能是命运中的机遇点，可能是职业中的更换点，可能是感情中的变化点，也可能是思想中的飞跃点。这些关键点在文章中必然都要有所体现，方是对文题全面而准确地把握。此种类型的作文题在近年各地中考题中还是比较常见的，考生要对其要点熟知于胸。

据此选材立意上不要出现偏差。如江苏南通卷：

一个人心灵成长和心智成熟，是一个漫长、渐进的过程。其间，亲人的呵护、师长的教诲、同伴的启迪、书香的熏陶、生活的风风雨雨，或者曾经的迷茫、沮丧与顿悟等，无不在我们的人生道路上留下或深或浅的印痕，让我们从懵懂慢慢走向成熟……

请根据自己的生活经历和切身体验，以“就这样慢慢长大”为题，写一篇文章。

对于题中“慢慢”这一具有比较意味的词语领悟，直接关系到文章具体内容侧重所在。同样，牡丹江市卷作文题也具有明显的比较意味：生活中的每一个片段都像影片一样闪过，没有悲欢离合，也没有生离死别。时间的车轮缓缓滚过，生活中的一切都那么美好。请以“记忆中最美好的片断”为题目，写一篇文章。“美好”之前一个“最”字的限制，在不同的记忆片段里就有了比较。比较的是哪一点？比较的标准是什么？为什么最终的片段入选？这便是单单一个“最”字引发的一系列思考。

（4）添加法

首先要审清词语的自身特点，然后对症下药。如以“拥抱”为例，这是一个语意明确的词语，人与人之间用“拥抱”表示相亲相爱。众所周知，中国人表达感情总体上还是比较含蓄的，是什么让感情这么浓郁呢？谁拥抱谁？为什么拥抱？考生可以根据自己的生活积累对文题进行添加，如：

有你的拥抱，我很温暖

篮球，我好想拥抱你

渴望拥抱理想的天空

…………

显然添加相应因素后，选材、立意更容易。“有你的拥抱，我很温暖”明摆着是反映人与人之间的情感的，或亲情或友情或师生情等；而“篮球，我好想拥抱你”表达物对人身心的有益影响，而主体还可以替换其他各种心仪的对象；“渴望拥抱理想的天空”则可以倾向于表现为自我感情的释放。再如吉林卷其中一个命题作文“歉疚”。“歉疚”是抱歉和内疚这两个词意义的组合，意指觉得对不起他人，内心痛苦而惭愧。那么究竟是谁对谁感到抱歉而内疚呢？又是为怎样的事情，歉疚到怎样的程度？“歉疚”是个通常用于描写人的心理活动以及神态的词语，那么文章中不可少了类似描写。你看，面对词语类型的作文题，我们在其前后多加几个词语，多问几个为什么，则文章要交代的人物、人物的情态、相互之间的关系以及事情的性质，文章的情感基调，便都一一浮出了水面。这就是准确审题对于提笔为文的事半功倍的效应。诸如这类作文题均可采用此种方法，例如浙江温州卷“向前走”、湖南常德卷“我希望”、四川内江卷“帮助”等。

（5）咂摸副词法

文题中的一些副词，用在动词前面，表示动作的情态、频率、程度、范围等。因为它们的存在很可能影响你在选材、立意等众多方面的布局调整，稍不留心甚至可能误解，导致偏题、跑题等严重后果。我们要“咂摸”副词。如作文题“也是一堂语文课”中的“也”表明这堂课按照通常理解，它算不上语文课，但如果换一种眼光来看，它是一堂语文课。“也”字就是这个文题中非常关键的字眼，它直接决定了你对这个题目把握的程度。理解的程度直接决定了选材、立意等一系列重大事情的走向。“也”字至少表明这堂课应该不是通常意义上的一位老师、一群学生、一张黑板、一本教科书的语文课堂。那它到底是什么呢？这堂语文课非同寻常在哪？这就需要我们在作文里回答。审题至此，才算把“也”吃透。

再如江苏省南通市卷“就这样慢慢长大”。“就这样”应是一种怎样的姿态，它与其他的方式有何不同？“慢慢”更是一个非常值得玩味的副词，在题中它是用来修饰“长大”的，它既不是一蹴而就的过程，又不是立即到达的结果，它应该有一个起伏，有一个不断认识、不断改进的过程。紧扣副词的过程就是不断接近命题者意图的过程，明确副词所能提供的一切关于文题的界定、范围、语意侧重所在。

（6）追根溯源法

“如星子划过夜空”这个作文题目带有明显的比喻色彩，显然命题者并不要求我们去直接演绎题中字面的意思——星辰如何划过夜空，而是能体味到它的比喻义，从而在真实的生活中去寻求对它属于自己的演绎。这种文题我们可以通过追根溯源的追问来审题，即通过“是什么”“为什么”“怎么样”来追问。通过三次追问，从而明确写作对象，确定写作内容和写作重点。

“如星子划过天空”是指什么？据提示语，我们发现这里的“星子”不是指天上的星星，是个比喻，可以把我们初中生活中留在心底抹不去的记忆比作闪亮的星子，如关爱、教诲、汗水、欢悦、泪光、烦恼等。

为什么说“如星子划过夜空”？因为它已经过去，但是存留在记忆的深处，永远闪耀，无法抹去，是永远的珍藏等。

“如星子划过夜空”结果怎么样？这是我们的感悟所在。它给我们带来一段永恒的记忆、一段美好的人生风景等。

再如四川成都卷“走过那一个拐角”题中有这样一段导语：

生命的成长犹如行走。成长路上，气象万千。笔直开阔时，你可饱览那一道道风景，蜿蜒回环时，你须走过那一个个“拐角”，拐角也许是我们生命成长中的一道道坎，也许是我们生命成长中的一个个结点。正如某作家所言：“一件事的毕业，永远是另一件事的开启。”走过一个个拐角，犹如经历一次次修炼。修炼中我们获得生命的智慧，犹如生命的升华。

此题明显是一个带有浓郁比喻意味的作文题，“拐角”不是表面的墙之拐，而是人生中的关于“一道道坎”“一个个结点”的诗意表达，追溯“拐角”的本义指的是转弯处的转折点，那么拐过去是怎样的景象呢？正如某作家所言：“一件事的毕业，永远是另一件事的开启。”这些拐角正是需要修炼之处，怎样的修炼便意味着转弯过去怎样的境界了。在文章中命题者显然是希望你能抓住这个比喻背后的要点所在，方能期待佳作呈现。

总而言之，审题原本无定法，归根到底都是为了两点：①准确理解命题者的意图；②抓住一切可用信息打开文章思路。

三、专项训练

1.拟题训练

标题，是文章内容的高度浓缩；标题，是文章的眼睛，透过它可以洞悉文章的灵魂。常言道，题好一半文。美的文题使人耳目一新，使读者一见钟情，从某种程度上说，拟题的优劣直接关系到文章品位的高低。

①半命题填题训练。如安徽作文中考题：

以“_____在其中”为题，写一篇文章。

提示与要求：把题目补充完整。你可以从“趣”“美”“情义”“做人”中选填，也可以填其他词语。

不少考生就填出了这样一些较好的题目：《分数在其中》《潇洒在其中》《离愁在其中》《情义在其中》等。这类词语的选填既符合题意，又把要写的内容或表达的认识领域逐渐界定清楚，便于后文的展开。

训练题：

A.天津市作文中考题：

印度诗人泰戈尔说：“花儿是泥土的微笑。”在大千世界中，每一个生命，每一种体悟，每一段时光，甚至每一次破茧而出、痛并快乐的经历，都值得我们以微笑去迎接，以微笑倾听，以微笑包容，以微笑纪念和珍藏……

题目：以微笑_______

要求：将题目补充完整，写一篇文章。

B.湖北省襄阳市作文中考题：

人，最大的对手是自己。相信自己，“天生我材必有用”；看重自己，“万紫千红总是春”；激励自己，“直挂云帆济沧海”；超越自己，“无限风光在险峰”……

请以“_______自己”为题，写一篇文章。

C.辽宁省抚顺市作文中考题：

在_____中起飞

要求：先把题目补充完整，然后作文。

②话题基础上拟题训练。例如：山东聊城卷：

阅读下面的材料，根据要求作文。

女孩生下来就是唇腭裂，六岁时她发现了自己的“与众不同”。

女孩：“妈妈，我为什么与别人不一样呢？”

妈妈：“孩子，世界上每一个人都是不同的。”

其实，我们每个人都有缺陷，都是“被上帝咬过一口的苹果”。

你有缺陷吗？你是怎样面对自己缺陷的呢？别人有缺陷吗？你又是怎样面对别人缺陷的呢？请以“面对缺陷”为话题，写一篇文章。

要求：①题目自拟，文体自选。②选取一个或多个角度，可以记叙经历，抒写感受，也可以发表议论。

不少考生联系话题结合材料这样拟题：《缺陷也是一种美》《缺陷——上

帝咬过的苹果》《敢于面对缺陷》等。这些文题都明确表达了自己对这个话题的一种态度，又使得话题的讲述范围更缩小更明确。

训练题：

A.重庆作文中考题：

当两朵花都争向那一缕冬日的阳光时，一朵花悄然转身，这是成全；当两只手同时伸向一本喜爱的书时，一只手陡然放下，这是成全；当茶叶忍受沸水的煎熬，把无色无味的水变成了一杯香茗时，这是成全。成全是生活中的和风丽日，展现出一道道优美独特的风景。

请以“成全”为话题，自拟题目，写一篇文章。

要求：①内容具体，有真情实感；②除诗歌外，文体不限；③不少于500字；④凡涉及真实的人名、校名、地名，一律用A、B、C等英文大写字母代替；⑤不得抄袭。

B.山东省青岛市作文中考题：

魅力是一种力量，也是一种气质；魅力在于外表，更在于内涵；魅力可以表现在人的一言一行，也可以表现在人的一颦一笑……

我们身边总不乏具有魅力的人，让我们欣赏他，信赖他，亲近他……

请以“魅力”为内容，自拟题目，自选角度，自选文体（诗歌、戏剧除外），写一篇600字左右的文章，力求写出自己的真切体验与独特感受。文中不得出现真实的校名与人名。

C.新疆作文中考题：

一棵小树在漫长的生长过程中，会遇到风风雨雨的洗礼，面对困难，只要能挺过去，经受住时间的考验，它就会长成一棵参天大树……

请以“成长”为话题，写一篇文章。

③自拟题训练。如山东省德州市卷：

结合下面场景要求，写一篇不少于600字的文章。

地点：街道

时间：夏天

天气：雨

人物：15岁的中学生小州等

要求：标题自拟，立意自定。

不少考生在准确审题的基础上列出了以下这样的好文题：《那雨·那人·那情》《雨茫茫，心也茫茫》《为了一个约定》《幸福的斜度》等。文题无不是对所给材料要点的浓缩或暗示选文材料。

训练题：

A.浙江省绍兴市中考作文题：

每一朵花都有开放的季节，有的开在春天，有的开在夏天，有的要到秋天，也有的则要在冬天怒放。为什么非要赶在春天里开放呢？只要找准适合自己开放的季节，你也许会开放得无比绚丽。

请根据以上材料自拟题目，写一篇不少于600字的文章。文体不限，如写诗歌则不少于16行。文中不要出现自己的姓名和校名。

B.湖北省黄冈市中考作文题:

第一样事，我要教你们勇敢地笑啊/君不见，柳条儿见了我笑弯了腰啊/石狮子见了我笑出了泪啊/小燕子见了我笑斜了翅膀啊

第二样事，我还要教你们勇敢地笑/那旗子见了我笑得哗啦啦地响/只要旗子笑，春天的声音就有了/只要你们笑，大地的希望就有了（郑愁予《雨说》选段）

生活需要笑声，逆境厄运时更需要勇敢的笑。

对此，你有怎样的生活经历或感悟，请根据你对材料的理解，任选一个角度，自定立意，自定文体，自拟题目，写一篇不少于600字的作文。不要套作，不得抄袭。

C.河南省中考作文题：

如果心中没有一个造房子的梦想，即使拥有天下所有的砖头也没有用；但如果只有造房子的梦想而没有砖头，梦想也无法实现。

要求：根据材料寓意，选准角度，自拟题目。

2.成篇训练

我们知道全面、准确、快速地捕捉文题信息，仔细审题，是写好考场作文的首要环节。而做好第一步并不是就万事大吉了，而应由此顺势而为，依据准确的审题而列出提纲，在提纲中把握关键点是否扣题而作，再由提纲而全文，开头、主题、结尾均要契合题意方可。

如南京中考作文题：

暑假，我们可以放下课本，背起行囊，行走四方，过一种别样的生活——读自己爱读的书，去自己想去的地方，努力实现“读万卷书，行万里路”的愿望。

请以“带一本书去旅行”为题，写一篇作文。

要求：①文体不限（诗歌除外），不少于600字；②文章不出现真实的校名、人名。

审题得知："书"即课外书，"旅行"即一次远足。而"暑假，我们可以放下课本"一句则表明所带之书不是课本，尤其要注意的是题为"带一本书去旅行"，则在明确两者都指向实写的基础上，还应有一定的联系，而非书是书，旅行是旅行，毫无瓜葛。据此，我们在草稿纸上罗列提纲。

下面我们以其中一篇优秀考场习作为例（示范和练习并行）：

A. 提纲：

开头：简洁开篇，直接扣题。带着图书《目送》，和妈妈去乡间旅行。

主体：（1）书与所至之地情韵相通。旅行所至的乡间——环境清静、人淳朴，就像《目送》的风格清新、安宁。

（2）以路中母亲的言行自然同书中那位母亲相比，分为两个层次。

____；

____。

（3）在以上自己参与的比较中自然感悟。母亲已老，不仅是身体上的还有观念上的，子女应开始有回馈意识。

B. 随文简要点评，分析文章如何处处扣题而作。

带一本书去旅行

①我带着《目送》，和妈妈去乡下旅行。

（开篇：____）

②没有城市的喧闹，没有补课的烦恼，没有纷扰的人群，这儿，是清净，是纯朴；这儿，像《目送》，是清新，是安宁。（主体一："书"与"旅行"如何结合？____

____）

③无目的地走，牵着妈妈的手，一言不发，看人，看景。我腿长，步子快，妈妈则相反。她为了迎合我的步子，一路快走，刚开始还能坚持，后来，我听到了她的喘息声音，而我的心却那么平静，终于，她拉着我的手，讨好般地说："你慢点，我好累呀！"

④这一刻，我突然想到了我后来翻阅的《目送》，龙应台的母亲也老了，和我母亲一样，时光抹去了她们的棱角，对我，对龙应台，是满满的信任与依赖。带《目送》，去旅行，我发现，母亲一点点变老，对我的爱却一点点

增加。

（主体二：自己旅行乡间的母亲行走上和书中母亲又是怎样形成比较____）

⑤母亲终究是老了，步伐愈发像老太婆，说话的声音比平时大了好多。我们继续前行，一个女人悄无声息地走在了我们的前面，她，不漂亮，黑黑的皮肤，肥大的身材，妈妈像见到外星人似的，突然抓住我，一脸兴奋地向那个离我们不太远的女人指去，几乎要破声地说："快看，那个女人的屁股好肥呀！"我连忙按下母亲的手，低声地跟她说："嘘，小点声，人家会听到！"

⑥这一瞬，我突然有前所未有的尴尬。

⑦后来，我和妈妈停靠在树下休息，我打开书包，捧起我心爱的《目送》，翻着，不知是出于巧合，还是老人的通病，龙应台的母亲也曾和我母亲一样，不管会不会被人听到，手指一伸，说出了自己的想法，原来龙应台也和我一样，也曾这样尴尬过。

⑧带《目送》去旅行，我发现自己对母亲的行为嫌弃着，尴尬着。而我是她的女儿，我不该。（主体三：自己的母亲的随意率性的言行和书中母亲也有的令子女尴尬情景的比较______________________________）

⑨母亲终究是老了，做子女的应该多关心她，教她在什么场合做什么事，如同当初她教育我们一样。

⑩带一本《目送》去旅行，我想我会更加关心我的母亲，永不变！（结尾：带着这本书和母亲的旅行，体会到了什么？又如何卒章显志，紧扣题意？____）

参考答案：

提纲部分：第一层次，母亲走在乡间路上的乏力对我的依赖正如《目送》中龙应台的母亲也会衰老，对子女充满依赖和信任。第二层次，母亲毫无忌惮地笑话农村妇女的走路不雅，让我倍感尴尬，而这在《目送》中也有回应，那些随着年龄渐长而呈现的来自母亲的琐碎甚或世俗。

点评部分：开篇直接点题，紧扣题意。主体一，书中的风格情调和此时行走在乡间感受到的景静人淳相通；主体二，自己母亲走不动而对子女的依赖和书中母亲的衰老与依赖如出一辙；主体三，自己母亲对他人的不雅评价与肆无忌惮和书中母亲常给孩子带来的尴尬类似，由体力到观念、言语，旅行中的人和书中的人对照，很好照应了文题"带着一本书去旅行"。文末，在前面真挚而朴实讲述中自然生发属于自己的独特领悟，既有对书共鸣更有对旅行中母亲的体谅，母亲也有需要子女的时候，无论身体还是精神，这也算是对亲情的深一层领悟吧。

第二节 描摹瞬间细节 写个性文章

记叙文的主要表达方式是叙述和描写。

叙述是记载、述说人物活动的一般情况和事件发生发展的经过，把人物和事件的基本情况交代清楚。对于写景来说，叙述就是介绍观察或参观的简要过程；对于写人来说，叙述就是对人物所作所为进行概括介绍；对于写事来说，叙述就是对其发生、发展与结束的粗略交代。简要、概括、粗略是叙述的最基本特征。叙述的语言有的凝重，有的轻快，有的幽默，有的朴实……

描写就是细写，是对人、事、物进行客观的描绘和刻画，分为正面描写和侧面描写两类。正面描写是对描写对象的肖像、语言、神态、动作、心理的直接摹写，侧面描写是通过描述相关的事物来烘托、突出描写对象。

入厕阅读◇方方

入厕阅读，我相信是很多人一生中深觉快意的事情。据说外国人还专有供入厕阅读的杂志报纸，足见七大洲四大洋国别不同人种不同语言不同习俗不同，但人类寻找的享受方式总是很雷同的。

我家入厕读书的头人自然是我的父亲。我们从南京搬来武汉后，居住的房子厕所较大，分大、小便池两间。设计者想来也是个好入厕读书之徒。记得我父亲每天中午下班回来第一件事便是绷紧着脸找书，找到一本后，便直冲厕所。待他挟着书再出来时，脸上则尽呈惬意之感。有时候，父亲在急于上厕所那一刻死活也找不到他要看的书，常常憋得脸色发青，却依然一边发脾气一边不屈不挠地翻找，大有无书不入厕架势。弄得母亲经常不得不放下手中家务前去帮忙。有一次，父亲在入厕前欲找《乐府诗选》，找来找去竟找不到，我和母亲都出动了，却依然遍寻不见。父亲真是痛苦万分，最后实在无法，只得随手抓了一本我借的小说。待他出来时，没有寻常那种志得意满之态，只淡淡地把小说往我面前一甩，说："这种书有什么看头？"《乐府诗选》是父亲上厕所时很喜欢看的书，可惜直到父亲死也没有找到。也不知它是怎么失踪的。父亲常叹说："看一本不喜欢的书，屙屎都没劲。"

因为父亲的如此这般，我们一家人自然也都如此这般，包括我的母亲。我母亲读《红楼梦》不下五遍，我相信至少有两遍是在厕所里读完的。说出这话来，可真对不住曹雪芹。

1966年，我家两间房子变成了一间，隔壁搬来一家邻居。厕所由一家专用变成两家公用。邻居家的人也爱读书，一来见我家上厕所人人手持一书，大喜过望，立即加入了这支入厕阅读的队伍。邻居老太太眼睛近视，看书时眼睛距书只一寸远，我们常笑她看书不是看，乃是闻书。就这，她老人家居然也在上厕所时毫不犹豫地带上了书，且自笑曰："既闻书，又闻臭。"

只是入厕读书的人一多，弊病就显示出来了，这就是厕所不够用。都是上学上班一族，出门和在家时间比较集中，凡入厕皆携书，没有半小时如何出得来？若遇上一本有趣的书，一边排泄一边笑读，何曾会记得外边有人正憋得痛苦？这一来，厕所就成了每天必不可少的事和每天必不可少的话。我的父亲最痛恨在他欲进厕所时，有人抢了先。这时候的他总是暴躁而又急剧地在家里来回走动。设若在厕所里看书的久蹲不出的是他的儿女之一时，他便会忍耐不住地前去"哐哐"踢门。门外响声如此，门内的人焉能不魂飞魄散？哪里还敢安心消遣下去？甚至拎了裤子逃出后仍然惴惴不安，恐有责骂上身。只是待父亲挟了书从厕所里出来时，多半已心平气顺了。他若开口，多也是谈适才厕所里的阅读内容，谈得高兴，还会大笑。到此时，先前占了厕所的我们之一，才能放下心来。

要命的是在父亲下班回来意欲入厕时，厕所里蹲的很可能是邻居。那父亲就惨不忍睹了。你无法对别人家的人发火，只得忍受。而邻家人在厕所里也是要看书的，看得高兴时也是不记得厕外的人的，满怀耐心地等他出来着实也不易。父亲这时候通常很是无奈地表现他的愤怒，有时不得不板着面孔下楼到对面一栋厕所去。当然，去时仍然会在路膊下挟上他的一本书。

入厕读书，算不上是什么好习惯好风气，尤其医生和图书馆员定是怀有反感。但的确有许多人都喜欢这么着。其意义自然不是为节省时间，想必更多是为了一种快乐。现在喜欢读书的人越来越少了，厕所的光线也越来越差，不知还有几多人会挟着书匆匆地冲进厕所，也不知会有几多人怀有手中无书誓不入厕的气概，就像我的父亲当年那样。　　（选自《方方文集》）

上文，如"我家入厕读书的头人自然是我的父亲"，"甚至拎了裤子逃出后仍然惴惴不安，恐有责骂上身"，等等，叙述语言概括、简要、幽默，体现了叙述的特征。叙述不难做到，那我们又如何做到描写的新颖、生动传神呢?

首先，要做到描写内容的个性化。即选择个性材料来描写，就是要选择日常生活的小人、小事、有趣、有味的，别人不屑写的材料来描写。如上文选择的“入厕阅读”这个写作内容本身就彰显了个性。作者详尽叙说了父亲“入厕阅读”的喜怒哀乐，家人、邻居曾对入厕阅读的热衷，同时表现了作者对今天喜欢读书的人越来越少的现象的担忧。

其次，要注重个性细节描写刻画。即注重描写个性肖像细节（外貌、衣着等)、个性语言细节、个性神态细节、个性动作细节、个性环境（即特定的自然环境和社会环境)。如上文中写父亲是家里入厕读书的头人，进行了四处细节刻画：“每天中午下班回来第一件事便是绷紧着脸找书，找得一本后，便直冲厕所”是动作细节描写。为找到要看的书，“常常憋得脸色发青”，入厕读书后，脸上“尽呈惬意之感”，是神态细节描写。痛恨厕前“有人抢了先”，这是心理细节描写。还有个性化的语言细节描写。如“父亲常叹说：‘看一本不喜欢的书，屙屎都没劲。’”，语言朴实无华，自然流畅，表达了父亲爱读好书的强烈愿望。

最后，要综合运用修辞手法来描写刻画。如上文第五段就运用了反问和夸张的修辞手法，把父亲急于入厕阅读的形象淋漓尽致地表达了出来。

但是，描写时应注意：

恰当。描写要有目的，不能乱用，要围绕中心去描摹刻画。

生动。描写要美、妙、巧、新。到该描写的地方不要信“笔”开河，乱加形容，滥用形容词或生造词，这样会影响阅读效果。自然、贴切、真实的描写才是成功的描写。

第三节 巧笔描绘 凸现亮点展才情

每个人的记忆深处，都会隐藏着五彩缤纷的珠链，每一颗珠子，都包含着一段故事。青春的故事是美妙的。青春是热血，奔腾着数不清的浪漫情愫。我们总想把心灵的港湾建立在梦想的天地里，我们总想营造属于自己的美好世界，尽情营造那么清纯、那么温馨、那么自由、那么富有诗意的一个领地。青春是美好的，值得我们细细回味，悉心珍藏。

伴随着成长，我们即将告别初中生活。回首逝去的日子，数不清在校园里留下了多少欢乐，而今，心头不免涌起缕缕怅惘。你也许曾为挫折而伤心流泪，为成功而欢欣跳跃，为家庭温馨、集体温暖、同学友谊而自豪。青春生活中，为父母的唠叨、老师的批评、朋友的误解而痛苦，为自己和同学们的健康成长而欣慰，为现在的不足和将来的发展而担忧……

请以“难忘的青春岁月”为话题，题目自拟，文体不限，写一篇不少于600字的文章。

难忘的初中岁月◇李宁宇

光阴似箭，一眨眼又要毕业了。回想起曾经的点点滴滴，真的有点舍不得。

记得第一次踏上这片土地还是小学毕业的那年暑假，隔着高高的铁栅栏，抬头仰望着这栋高楼，内心充满了向往。那整整一个月里，我和芬一起在通往四中的这条大路上苦练自行车。看见大哥哥大姐姐们一拥而散地放学，好是羡慕。

望呀望，终于盼到了开学。第一次坐在七（6）班教室里觉得很激动，连桌子都要不停地摸。我张大眼睛毫无顾忌地打量着一张张新面孔，期待着未来的三年……

有一天，我突然迷惘了，有点恐惧，有点失落。新事物带来的欣喜消退之后，我开始想念小学生活。毕业照上的快乐是真实的，分开时，我们都不曾留念。好了，现在开始怀念了。要是有哪个新同学和我过去的同学很像，我会感到亲切。要是遇到过去同校的同学，我会有说不完的话。真的好想回到过去。

就这样，我陷入了回忆的漩涡而无法自拔。很长的一段时间，我都处于那样的一个状态。

但是，当我真正熟悉之后，便开始乐于与每个新同学交往，我欣赏晓的风趣，娟的大方，文的另类，倩的活跃……大家在一起时，常常会说到“我们班”“我们学校”“我们同学”，但这些说的都是大家各自的过去，不是现在我们共有的。这时我才明白，原来有这样情结的人不止我一个。有时在大家的相处中会遇到不顺心的事，男生会为此发生争执，而我只能忍着，然后去找老同学芬，对她抱怨，在她面前哭泣。

娟说：“人是会变的。”于是，我也慢慢地明白了许多，也学会了适应。一路走来，初三了，对于新来时常说的“我们什么”，大家早已有了重新的定义。在这三年来，有人进，有人出，然而我们班的和谐一直是越来越好。

也许是我反应太慢，刚开始有点喜欢初中生活，却迎来了毕业。毕业，到底还是挺高兴的就像小学时一样。对于现在也没有多大留恋，只是迫切希望升入高中。文和晓他们甚至开始计划美好的高中生活了。

不过，我知道，待升学的欣喜过后，一切的一切又会重新上演，循环……到那时，也许我才能真正品尝到初中生活的美好，所以暂时请原谅我的无可奉告。

岁月如歌，时而婉转悠扬，时而激情澎湃，时而又如泣如诉，不变的是，岁月的歌一直在流淌，不曾停止，也永远不会停止。

本文语言朴素、清雅，流畅自然，饱含真情，写出了花季年龄对初中生活的真实感觉。在章法上，首尾呼应,运用衬托，特别是结尾，意味深长，意境隽永，颇有艺术性，是一篇很不错的记叙散文。不过也有一些细节上的瑕疵，建议做以下修改补充：

第一自然段的“一眨眼又要毕业了”改为“一眨眼初中快要毕业了”，第五自然段的“无法自拔”改为“似乎无法自拔”，第二自然段作调整补充：

1.“在那整整一个月里，我和芬一起在通往四中的这条大路上苦练自行车”与内容联系不大，可删去。

2.第六自然谈及的“争执”，为何争执，要具体些。

3.在第六自然段与第七自然之间最好穿插一段初中生活的快乐时光，比如“不过也有分离快乐的时光……”这样就弥补了原文感情基调的淡淡伤感之不足。

岁月如歌

光阴似箭，一眨眼初中快要毕业了。回想起曾经的点点滴滴，真的有点舍不得。

记得第一次踏上这片土地还是小学毕业的那年暑假，隔着高高的铁栅栏，抬头仰望着这栋高楼，内心充满了向往。看见大哥哥大姐姐们一拥而散地放学，脸上绽放着灿烂的笑容，好是羡慕。

望呀望，终于盼到了开学。第一次坐在七（6）班教室里觉得很激动，连桌子都要不停地摸。我张大眼睛毫无顾忌地打量着一张张新面孔，想象着未来的三年……

可是有一天，我突然迷惘了，有点恐惧，有点失落。新事物带来的欣喜消退之后，我开始想念小学生活。毕业照上的快乐是真实的，分开时，我们都不曾留念。好了，现在开始怀念了。要是有哪个新同学和我过去的同学很像，我会感到亲切，要是遇到过去同校的同学，我会有说不完的话。真的好想回到过去。

就这样我陷入了回忆的旋涡，似乎无法自拔，很长一段时间我都处于那样的状态。

但是，当我真正熟悉了后，便开始乐于与每个新同学交往，我欣赏晓的风趣，娟的大方，文的另类，倩的活跃，大家在一起时常常会说到“我们班”“我们学校”“我们同学”，但这些说的都是大家各自的过去，不是现在我们共有的。这时我才明白，原来有这样情结的人不止我一个。有时在大家相处中会遇到不顺心的事，男生甚至会为一个坏凳子的所有权问题发生争执，而我只能忍着，然后去找老同学芬，对她抱怨，在她面前哭泣。

不过也有分享快乐的时光。我们顶着大太阳在操场上像个孩子似的追逐，我们冒着严寒在雪地里展开了大战。元旦来临之际，我们互寄贺卡彼此祝福。考试到来之时，我们拼命地背着“爸死”（bus）……我们一起经历了喜怒哀乐，品尝了酸甜苦辣，只要在一起，快乐的时光就不会少。

娟说：“人是会变的。”于是，我也慢慢地明白了许多，学会了适应。一路走来，初三了，对于新来时常说的“我们什么”，大家早已有了重新的定义。在这三年来，有人进，有人出，然而我们班的同学之间却越来越和谐。

也许是适应能力太差了，刚开始喜欢初中生活，却迎来了毕业。毕业，到底还是挺高兴的，就像小学时一样。对于现在我也没有多大留恋，只是迫切希望升入高中。文和晓他们甚至开始计划美好的高中生活了。

不过，我知道，待升学的欣喜过后，一切的一切又会重新上演，循环……到那时，也许我才能真正品尝到初中生活的美好，所以暂时请原谅我的无可奉告。

岁月如歌，时而婉转悠扬，时而又如泣如诉，不变的是，岁月的歌一直在流淌，不曾停止，也永远不会停止。

要使文章所写的内容真实有情感，就必须根据中心的需要，详细描绘细节。围绕中心，选取典型事例来支持这个中心，是具体；记叙时，把事件的关键部分、人物言谈举止详加描绘，是具体；对人物的心理、神态、肖像等细节加以刻画，是具体；绘景时，详细介绍景物的形状颜色等，是具体。恰当运用对比、比喻、排比等多种修辞手法能使具体内容形象化、生动化，不但能突出中心，而且能打动人、给人留下深切的印象。

凸现亮点，巧笔描绘，抓住典型，细致刻画，让所写内容具体到实处。这是写好生活，写好自己，抒写真情美文的重要原则和方法。

三年一首歌◇许仕鹏

初中生活就像一首歌，一首让人终生难忘的歌。

主旋律——紧张

英语老师刚给我们发过回家做的试卷，数学老师又带着大堆的习题，笑嘻嘻地像圣诞老人一样发给我们，大家目光沉重地接下习题，塞入鼓鼓的书包，深知今夜又将任重而道远。

宇歇斯底里地笑了几下，说："今晚作业不多呀，才四张试卷，三份习题加上一篇心得。"说罢，一阵狂笑。

大家听了，鸡皮疙瘩都落了一地，俊关心地问："宇，你没事吧，你要是疯了，祖国的花朵就要少一朵了！你可不能疯呀，紧张点算什么，克服一下，你就挺过去了！"

和弦——希望

飞兴奋地冲入教室，拿着一份用英语打印出的试卷，大声说："大家快看！哈佛大学今年的入学试卷！在哈佛官方网站下载的，在三周内做好它，大家就能上哈佛了，我们快来翻译它！"

文说："三周后就能上哈佛？多省事！大家还坐着干什么？"

我们拿起字典，一点点地翻译出每道题。

鹏大叫："第一题我翻译好了，让人解释动平衡原理或用大写字母拼写自己的名字，这太容易了！"

辉也兴奋地说："第二题的大意是解释衣架的作用，出卷子的人真无聊，这也是题目？"

华说："第三题是高等数学题'如果你有三个苹果，那么你有多少苹果'这很简单，不是吗？"

…………

飞充满希望地说："考外国大学原来这么容易！好，宇，你明天去考牛津；小俊，你考剑桥；小飞，你上诺宾汉；文，你去日本的早稻田大学……"

小文很不满："你才上早稻田……"

伴奏——快乐

一个黑色的星期五，考试成绩出来了，小飞看了自己的分数，伤心极了，鹏去安慰他：“哎，小飞，别管考试了，说点快乐的事，对了，你上了我的网站了吗?”

“你的网站？当然！我特别喜欢你网站上的那篇把我比喻成一条狗的文章，寓意深刻，让我受益匪浅。”

俊在一边插话了：“小鹏，你可不能偏心，在你们网站上，也要有描写我的文章，我想当只猫!”

小宇说：“我想当大象，也为我写篇吧!”

鹏很爽快地答应了：“好，我一定照办。文章的题目一定叫《我们班是动物世界》!”

大家都笑了，小飞也不例外，考试的烦恼，以后再想吧！一两次的失败，不也很正常吗?

后记：尽管很紧张，但有希望的和弦，有快乐的伴奏，初中生活还是真的挺美的。

点评：作者以分列标题形式，突出三年初中生活亮点：主旋律是紧张，但有希望和弦快乐伴奏。突出中心，环环相扣，构思巧妙。截取典型生活片断，运用对话、动作、心理等多种描写来刻画描摹一个个生动情景。取材贴近生活，真实感强。文章语言充满青春活力且幽默。

第四节　四类题型导引

一、全命题作文

这种传统的命题方式，近几年来，成为中考作文命题的主流方向。形式上不断创新，运用情景设置煽情的提示来唤醒考生的生活积累，激发考生的写作欲望。如上海市的“充满活力的岁月”，江苏盐城市的“语文从我身边轻轻走过”，江苏南京的“从‘头’说起”等，题前都有一个打开学生写作思路的题引。另外，全命题作文大多是以选题作文的形式出现。如陕西省（课改区）的“跨越那道山”、长春市“老师，请您也记住我”、重庆市的“那是一首歌”、吉林省的“清晰的面孔”等。内容上求新求实，直接切入学生生活，选学生感兴趣的话题，标题力求诗意。如“跨越那道山”“那是一首歌”等，或标题宽泛，给学生较大的选择空间，文体也自由，类似于独词式话题来命题，如武汉市的“水”、北京市的“开端”等。这些创新特点给命题作文注入了新鲜血液，焕发青春光彩。

全命题作文的特点在于一个“全”字。以吉林省的“清晰的面孔”为例，中心词是“面孔”，必须是“清晰的”，选材上可以是人、事、景、物，具体内容应该是回忆性的、想象中的或梦中的，不应该是正在进行时的“现实”，如果是“现实”的，就显得扣题不紧或跑题了。

清晰的面孔◇吉林考生

夜阑人静，蜗居斗室，捧一卷诗词，怡然吟哦，一咏三叹。闲来煮一盏香茗，舌尖品咂着芬芳，看热气氤氲缭绕恍然间，一张张清晰的面孔浮现眼前……

剑眉入鬓，目如朗星，嘴角噙一片花瓣，仿佛挂着一些不屑的浅笑。哦！李白，是你吗？挟一尺青锋，踏数朵流云，裹一身豪气，书剑飘零。歆慕壮士傲啸，骚人吟哦。是蜀中的灵动山水赋予你潇洒风姿？还是古来燕赵悲歌之士固有的桀骜不驯？朝别黄鹤，五岳寻仙，你的风姿给山水增添了几抹无奈，纵酒狂歌，散发弄舟，你的个性令青史汗颜。正如余光中所言：“酒入愁肠，七分酿成了月光，余下的三分啸成剑气，绣口一吐就是半个盛唐。”李白，他胜过贞观，胜过贵妃，当之无愧地站在盛唐中央，这样的人物，岂是虚伪的官场所能羁绊得住？“仰天大笑出门去”，高歌“安能摧眉折腰事权贵，使我不得开心颜”。我细看，眸子中飞扬的神采，隐隐有了些怅然。

李白的豪情尚未远去，一张清丽的面孔逐渐淡出，双瞳剪水，眉蹙青山，目光中盛满千言万语，却始终未发一言。哦！清照，你要说些什么？是倾诉独守空闺的幽怨，还是抒发亡国之情的慷慨？梧桐细雨点点，竹帘掩映如黄花般的憔悴身影。我知道，你的哀怨不只是雁过无痕，绿肥红瘦，是面对破碎山河飘零人生的悲切和无奈。你也有壮怀激烈，称道“生当作人杰，死亦为鬼雄”，期望“十万里风鹏正举”。无奈，无奈，你究竟是女儿身，惟有“一种相思，两处闲愁。此情无计可消除，才下眉头，却上心头”。清照，你那紧蹙的眉头何时方能绽开？

恍然又见，范文正不见天下之忧乐，酒入愁肠，抛落几许忧思泪；辛稼轩失却气吞如虎，浓眉浅唱“天凉好个秋”；苏东坡早生华发，鬓如霜，松岗明月无处话凄凉……

似曾相识，一张张清晰的面孔倏忽更迭，分不清唐宋元明，混淆了历史时空，说不完爱恨情仇，道不尽千古风流，唯有在寂寥的漫漫长夜，掬一捧历史的清泉，酥醉在这千年古风中。

启发与借鉴：考生在有限的时间内以锤炼的语言，酣畅的笔墨向我们重点刻画描写了李白、李清照的清晰面孔，略写了范仲淹、辛弃疾、苏轼等古代名人的面孔。勾画了各自的个性特点，展示了他们的美好形象，构思是新颖的。这些都是在回忆想象中完成的，选材精当，扣题严密。表现了考生较厚实的文化底蕴和不凡的审题、选材能力。

同步训练：

1. 岁月如烟

2. 我的特长

3. 为自己自豪

4. 走进自己的领地

5. 我喜欢的一首诗

6. 红花没有绿叶作陪衬会黯然失色，绿叶没有红花作点缀就会显得形单影只。红花需要绿叶来配合，绿叶也需要红花来协助，有了红花和绿叶的团结协作，也就有了大自然的美和人间的美。请以“我们这群人”为题，写一篇不少于600字的文章。

二、半命题作文

这种题型既有所限制又给予开放，在选材、立意、体裁等方面都让考生有较大的选择余地，颇受欢迎。这是因为，它便于考生张扬个性，展示特长，又能避免宿构，猜题押题，便于公平评分。

半命题作文的命题形式是多样的。第一种是填上恰当词语，如广东省实验区的“另一种______”和“我看见了______”，考生自己补题，选材空间大。第二种是从备选词语中选填，如安徽芜湖市的“享受______的乐趣”，要求从“读书”“上网”“踢球”“唱歌”“弹琴”“下棋”“书法”“绘画”“山水”等中选填。第三种是带题引的半命题作文，如广东深圳市的“______的味道”，就有题引。第四种是有题引的补题在限定词前或后的半命题作文，以江西省的“____挺胸____”为例，要求在“挺胸”的前面或后面横线上，填上恰当词语，这比其他半命题作文更灵活，选择余地更大，再加上前面的提示语，这样的半命题作文完全可以看作是以“挺胸”为话题的作文了。“挺胸”不能仅看成是一个动作，而是一种态度，一种精神，要从“精神”“意志”“胸怀”等方面入手，文体上以写成散文、记叙文、小说为宜。第五种是限定词语在中间的没有题引提示的半命题作文，以广西桂林市的“____越来越____”为例，这样的半命题作文难度较大，一确定前面的主语，后面横线上选择的余地就少了。比如前面添上“土地”，后面几乎只有两种选择：越来越少（多），越来越（肥沃、贫瘠），要么颂扬土地，要么抨击破坏土地。因此可以看出，半命题作文形式多样，能帮助考生确立中心和选材，自由度较大，范围较广，使考生能随心所欲地抒写自己感受最深的事和情，因为中心和材料是自己选取，写起来不易“跑题”。考生能依据自己的生活积累、情感体验和兴趣爱好，选出自己得心应手的作文题，有利于公平竞争和作文水平的发挥。但半命题作文也是有限制的，有难度的，也会影响考生水平的发挥。因此我们在训练时就应将各种半命题形式都要训练到位。

挺胸如歌◇江西考生

序　曲（1/4拍）

挺胸是昂首的后序词，然而，它却孕育着深刻的含义。它使陷入困难的人走出困境，使痛苦的人远离痛苦，使微笑的人永远微笑。

挺胸看世界（3/4拍）

曾几何时，我望着祖国的大好河山感慨万分，然而，逝去的日子像一首歌，让我久久不能忘怀。

世界的事物千变万化，让你眼花缭乱，有时它幸福，有时它痛苦，往往幸福后面藏着痛苦。

痛苦并不可怕，可怕的是你是否有毅力去打败它，你是否有信心去征服它。

挺胸面对一切，面对一切都要挺胸。挺胸看世界，把世界的事情看成自己想的，随心所欲。

世界有美好也有丑恶，不要惧怕丑恶，挺胸看世界才是真正的策略。

挺胸看世界，世界将倒着转。

挺胸看人生（2/4拍）

俗话说：“江湖险恶，人心难测。”我看古人说得有道理，其实人一同江湖一样，须经历风雨才能见彩虹。

人生如棋，棋如人生。走每一步都得小心谨慎，否则一失足成千古恨。我也应该挺胸去面对。

我们在不断成长中会遇到一些突如其来的灾难，我们应该挺胸面对，挺胸去解决它。

挺胸面对一切，就像现在，面对人生抉择应挺胸，镇定自若。

挺胸看人生就能做到“风雨不动安如山”，挺胸能抒发出“粉身碎骨浑不怕，要留清白在人间”的豪情壮志，挺胸能体会到“人生自古谁无死，留取丹心照汗青”的感情……

尾　声（1/4拍）

挺胸看世界能享受出那肺腑之心的激情，挺胸看人生是智者的正确选择；挺胸面对一切，更是那抛弃痛苦和烦恼的明智策略。

挺胸如歌。

启发与借鉴：文题充满诗意，令人遐想。以分列标题的形式，从不同角度揭示“挺胸”的内涵，构思新颖，结构完整，中心突出。融议论抒情于一体，语句富有哲理性。结尾深化主旨，收束有力。

同步训练：

1.我和我的______

2.______有我

3.读点______

4.______终于战胜了

5.生活是一个宏伟的竞技场，生活是一种不断的竞争和自我的超越。你对生活有些什么体会，感受到生活哪些韵味？请以“______生活”为题，写一篇不少于600字的文章。

6.“慈母手中线，游子身上衣”说的是亲情；“人生得一知己足矣，斯世当以同怀视之”说的是友情；“曾经沧海难为水，除却巫山不是云”说的是爱情；“苟利国家生死以，岂因祸福避趋之”说的是爱国情。喜怒哀乐都是情。请以“______真情”为题，写一篇不少于600字的文章。

三、材料作文

材料作文以文字为主，也有一定数量的图画和数字。如2005年安徽课改实验区中考作文题：

美术鉴赏课上，老师挂出一幅画，说：“你们认为这幅画哪些地方画得精彩，哪些地方画得不好？先想一想，然后彼此交流一下看法。”大家惊异地发现：被某位同学认为最美妙的地方，却被另一位同学斥为最糟糕的败笔。老师问大家有何感想，有同学说："对于美，不同的人有不同的看法。"有同学说："一件艺术品不可能各个方面都被所有人认可"……

最后，老师说："我想借此提醒大家：生活中，我们每做一件事情，别人都可能提出一些不同的看法和意见，就像我们今天评画一样。"

读了上面的材料，你是否联想到生活中的某些经历或见闻？是否想向别人介绍或说明些什么？是否得到某种感悟，引发一些感想？请自选角度，自拟题目，写一篇文章。

提示与要求：

1.请大胆选择你最能驾驭的文体，用你喜欢的表达方式写作。

2.文中不要出现真实的地名、校名、人名，否则会扣分。

3.抄袭是一种不良品行，相信你不会照搬别人的文章。

4.考虑到内容的充实，文章不要少于500字。

这是一道十分接近话题作文的新型材料作文，通过审读材料和提示语，可以归纳出这样一些观点：一是必须正确看待别人的评价，无论我们做什么事，也不管正确与否，别人都可能提出不同的看法或意见，当代中学生应该以坚定的信念和乐观的精神对待生活和学习；二是必须正确地评价别人，无论别人做什么事，都有好的和不好的一面，要学会辩证地看问题。我们要从生活、学习中学会全面地看问题，不要一味肯定或一味否定；三是多角度地认识事物，在生活、学习中，要学会从不同方面看问题，从不同侧面，不同角度去理解、去把握、去认识我们周围的世界。

在理解材料主题基础上可以从以下几个角度进行命题写作：一是从自身角度，以"善于倾听""学会倾听"等为话题，自拟文题，可以通过叙写自身经历或见闻写成记叙文或通过阐述如何正确对待别人评价写成议论文；二是从他人（如老师、家长、同学、朋友等）视角出发，以"善于欣赏""学会欣赏"等为话题，自拟题目写成记叙文，记叙别人如何对待评价的故事，从中所受的启示或感悟；三是以动物、植物、外星人或其他生物为视角，以"多角度""换位"为话题，自拟文题，通过阐述认识事物的方法写议论文，通过记叙独特经历写记叙文，通过抒写独特感悟写成散文，还可运用童话、小说、戏剧等文学样式来写。

这类材料作文要求考生必须归纳材料观点，所写内容要与观点吻合，否则会扣题不紧或离题，这是写这类题的难点，要特别注意。

断　想◇安徽考生

不同的头颅里闪耀着不同的思维火花，所以看见一件事，有人会哭，有人会笑，有人会骂，有人会叹，你会怎样做呢？不同的看法如泱泱潮水向你袭来时，你又该何去何从呢？

一

“满纸荒唐言，一把辛酸泪”，《红楼梦》凝聚着曹雪芹太多的心血，它像一潭幽深的湖水，引得无数人潜身水下，想要寻得水底的蛟龙。同是一本书，在不同人眼中便有了不同的意义，“经学家看到易，道学家看到淫……”你看到了什么？也许你所想的与众不同，也许你所想的荒诞不稽，这些都不重要，只要你没有扼杀想象力的翅膀，走前人未走过的路即可，保留自己的看法，只要你思考过，你的思想便不允许任何人亵渎或指责。

二

凡·高的画像一片遥远的星空，充满了未知和神秘，他的画又是一片向日葵，绽放着生命的热情绚烂，然而这位天才画家一生怀才不遇，众多惊世之作被摆在街头却无人问津，许多自认为天才的人甚至嘲讽他的画的稚嫩和肤浅，讽刺的是，就是这样一幅“肤浅之作”却在一次拍卖会上拍出3 990万美元。

是金子就总是要发光，别太在意别人的目光和看法，要相信自己的能力，丑小鸭身处恶劣的环境也能变成天鹅的。

三

王小波曾在作品中把自己比作成一只特立独行的猪，天马行空，放荡不羁，让人充满了对自由的渴望，然而断了线的风筝是飞不高的，有些时候我行我素离经叛道真的是好事吗？项羽不听范增的建议在鸿门宴上放掉刘邦，坐失了大好江山；刘备置诸葛亮的良策不顾，一心伐吴却落得病死异乡白帝托孤的下场。先人的告诫历历在目，自己做事的时候要听取别人的正确建议，有了他人的谆谆教导和循循善诱，我们的个性便能被发挥得更淋漓尽致。听着父母的教诲、老师的良言，脚下的道路便会变得更加坚定。

任思绪驰骋，有些思考便变得沉重，我在断想中，对自己有了新的看法……

启发与借鉴：

由《红楼梦》联想到不同的人对它有不同看法，感悟出“你得保留自己的看法”；由凡·高的画被人们认为“肤浅之作”却获得天价，得出“别太在意别人的目光和看法，要相信自己的能力”这一感悟；由王小波的作品联想到项羽、刘备得出“听着父母的教诲，老师的良言，脚下的道路便会变得更加坚定”这一感悟。三个断想，三种感悟，正反结合，充满辩证思维同时与材料中隐含的观点一致。

结构清晰，思路开阔，联想丰富，知识广博。运用三个断想形式，从文学到艺术到历史，古今中外名人事迹选取精当，文采飞扬，有力地论证了中心。由他人他事时时联想到自己，紧扣文题。文末再次扣题，引人深思。

同步训练：

1. 有一对兄弟，他们的家住在第80层楼上。有一天他们回家的时候，却发现大楼停电了。虽然他们背着一大包行李，但看来没有什么选择，于是哥哥对弟弟说：“我们爬楼梯上去吧。”于是他们就背着一大包行李开始往楼上爬。爬到第20层的时候，他们开始觉得累了。哥哥说：“这行李太重了，我们不如把它放在这里，等电来了再坐电梯下来拿。”于是他们就把包放在第20层，继续往上爬。卸下了沉重的包袱，轻松多了，他们一路有说有笑地往上爬。但到了第40层，两人想想才只爬了一半，便开始互相抱怨，指责对方不注意停电公告。他们边吵边爬，就这样一路到了第60层。也许是累得连吵架的力气都没有了，哥哥对弟弟说：“不要吵了，爬完它吧。”终于，第80层到了，到了家门口，兄弟俩才发现他们把钥匙忘在了20层的包里……请仔细阅读上面的材料，自选角度，自定立意，自拟题目，写一篇不少于600字的文章，文体不限。

2. 曾经有一位A国公民，被法庭认定犯谋杀罪，判处终身监禁。在他蹲了20年大牢之后，有关部门才发现搞错了，于是将他无罪释放。出狱后，这位公民马上就到法院去告状，要求赔偿他20年蒙冤坐牢的损失。结果他得到了700万美元的巨额赔偿。而在B国，曾经有一位农民，法院认定他偷了6头牛并被判有3年有期徒刑，2年后才发现那6头牛是别人偷的，于是也被无罪释放。出狱之后，这位农民也跑到法院去，但他不是去上告，而是送给法院一面“为民做主”的锦旗，并且当着很多人给法院的人下跪致谢。这是一则内涵非常丰富的材料，请仔细体会，选择一个恰当的角度，写一篇不少于600字的文章。立意自定，题目自拟，文体不限。

3. 个性，是指在一定的社会条件和教育影响下形成的一个人的比较固定的特性。在当今这个时代，个性已越来越受到人们的关注。塑造个性，张扬个性，已逐渐成为一种时尚。那么，个性的成长发展与环境二者的关系怎样？请根据你的理解和体会，自选角度，写一篇不少于600字的文章。立意自定，题目自拟，文体不限。

4.古希腊有一则寓言：有一个渔夫，每次在出海打鱼之前，他都要到市场上去看看，什么鱼的价格高，就决定去捕什么鱼。有一次，市场上墨鱼的价格最高，他便决定去捕墨鱼，结果打上来的全是螃蟹，他非常懊恼地把螃蟹扔进海里，空手而归。可等他上岸以后，却发现市场里螃蟹的价格涨到了最高，于是他决定下一次去捕螃蟹。可是第二次出海时，他打上来的全是墨鱼，他懊恼地把墨鱼扔进海里，又一次空手而归。回到岸上，他发现这次墨鱼的价格又涨到了最高。他后悔莫及，于是发誓下次不论是墨鱼还是螃蟹都要带回来。可是第三次出海时他什么也没有捕到。这是一则大有深意又有趣的材料，我们面对的世界总是处于不断的发展变化之中，而我们自作聪明的决策却往往与世界的变化背道而驰。类似“渔夫”的故事几乎每时每刻都在我们身边发生着，我们怎样才能变得聪明一些呢？请你展开联想，自选角度，自拟题目，写一篇不少于600字的文章，文体不限。

5.西汉时期，孩子到了学龄时就要学习“雕虫篆刻”。“虫”即虫书，“刻”即刻符。这是秦书八体中的两体，纤巧难工。孩子学会雕琢虫书和篆写刻符，对艺业大有好处。但因属“小儿科”，所以被称为“雕虫小技”，汉代大学问家扬雄在其《法言》中就说：“雕虫小技，壮夫不为。”现实生活中，有一些人也认为雕虫小技，微不足道，对从事普通、平凡工作的人，往往不屑一顾。对这种社会现象，有某学者说：“能把卫星送上天的是人才，能让马桶不漏水的也是人才。”对此，你有什么看法呢？阅读上述材料，自选角度，写一篇不少于600字的文章。

四、话题作文

话题作文作为一种新型的作文形式面世后，尽管褒贬不一，但仍有一席之地，这是因为它给写作者提供了比命题作文、半命题作文、材料作文更为广的写作空间，同时命题者近年来针对“克隆”或抄袭现象进行内容到形式的改革，如减少独词句话题，增加修饰或限制成分，限制话题范围。并在提示语或要求上对范围的选择或立意上增加限制，选材上强调“自我”，同时选择考生没有关注的非热点话题，如江苏扬州以“让”为话题。话题作文的特点体现了新课标有个性、有创意的表达，抒写真情实感的体验。但是很多考生面对话题往往产生“心虚”之感，感到话题太大，无从下笔，在这种情况下认真分析所给材料就显得十分重要。从材料入手，化大为小，化虚为实，确定写作方向，但所给材料只是起“引导”作用，不是“限制”，因此考生必须入于材料又能出于材料，根据材料抽象概括、联想、想象，做多角度分析，最终选择一个最佳的角度立意构思，落笔成文。

立意选定要遵循准确、深刻、现实、新颖等。立意准确，只要围绕话题合理引出观点即可。深刻、现实则要透过材料表面看到其中蕴含的更为深层的东西，透过一般的社会现象看到其本质根源，而且能和生动鲜活的现实生活紧密联结，对现实生活中的人们有启发教育意义。至于新颖，就是发人所未发，见人所未见，做到“不同凡响”，对于同一事物，同一问题换角度思考且善于逆向思维避免与他人雷同。话题作文最应“喜新厌旧”，角度新、立意新、内容新、形式新，才能令人耳目一新。

动笔时，针对不同文体要有侧重。写记叙文要叙事清晰，描写生动形象。至于散文，要以情动人，语言酣畅淋漓。抒情散文的语言要诗意化、抒情化。议论文要注意分析的层次性，事例的概括性，要有深度和广度。还可运用其他文体形式，或小说戏剧，或日记书信，或口述实录，各种可供表达思想感情的形式都可使文章生动，但必须符合文体特点。

话题作文内容宽泛，但并非没有限制，只不过可供选择的范围扩大了，因此，也要审题。特别是非独词式话题更是如此。如以“成长的烦恼”为话题，你不能写成“烦恼”或“成长”为话题。以江苏南通市的“生命的芳香”为例，通过审读导入语、话题、写作要求，我们明确话题范围：①通过比喻，引出话题“生命的芳香”；②为他奉献，给他人美好，你的生命就会散发芳香；③别人关爱你，会感到他人生命的芳香；④平凡的生命也会芳香四溢；⑤已逝去的生命却芳香永留；⑥召号我们追求生命的芳香。这些都是写作范围，写作要求有自己的体验感悟，必须选典型材料，写出真实体验。话题关键词是“生命”和“芳香”，根据导入语，生命可以是自己的，也可是他人的、名人的、平凡人的、大自然中的、历史名人、作品中形象等。生命哪来芳香？根据导入语，是生命历程中美好的、让人积极向上的、给人感动的、启迪的意志、品质、精神、价值观等都可以形象地比喻为“芳香”。这样确定一个中心，选取切入角度就可以写好这个话题。

生如夏花◇江苏考生

你是否见过夏天原野上成片起伏的野花？它们在阳光下灿烂微笑，在夏风中摇摆起舞，它们如同海上轻吟浅唱的人鱼，让人为这种美迷失方向。

是不是，灵魂深处一直在期待这些花，我才会看见这片风景？是不是，花儿一直在期待我们来见识它们的惊世容颜才会开得如此鲜艳？

在英国伦敦的地铁通道墙壁上，有无数不署名的涂鸦作品。你很难想象那些艺术家在暗夜里避着警察偷偷从地下道潜入地铁通道，一边小心随时呼啸而来的地铁，一边在墙壁上涂鸦的情景。而他们这样辛苦，仅仅是为了在地铁呼啸而过的瞬间，让车厢里某位过客瞥一眼他们的作品，不是为了什么回报而努力，只是为了自己心底喷涌的才华能开放如花，而不至埋没于杂草丛中。即使那花是在暗地里寂寞地盛放，但是毕竟是开放了，只要有一个眼神的欣赏，一切劳苦都不再沉重。

我们在这世界上，只是为了向世人证明我们的存在，用自己的一言一行，告诉这个世界我们来过，爱过。而要选择什么的人生，让世界记住曾经有这么一个人这样活过？这是对命运的提问，也是对自己的提问：选择像夏花一样绚烂开放，还是像秋水一样平静无波？

任何一个选择都要被尊重，因为烟火后漆黑的冰冷的天空，不是所有人都能承受。也正因如此，我更敬重那些不惜代价让生命刹那辉煌的人。比如贝多芬，这个与命运奋战并终于让自己的交响曲响彻了整个世界的人，为了自己心中的百合迎风绽放，最后付出了生命也无怨无悔。因为他的乐曲为世人所仰慕和欣赏，他证明了自己的才华，证明了自己并没有被平庸的生活淹没。

我们没有贝多芬那样的天才，但是我们心中都有属于自己的一朵花。如果不是艳若桃李注定要倾国倾城，那也要淡似茉莉清香袭人。只是你要选择让这朵花开放，还是让这朵花埋没于生活并最终成为杂草？命运与天份是不可选择的，但是努力是可以争取的。就算成为一个穿街走巷的卖油翁，也能让自己倒油的技术出神入化而让人击节。

一个人，不应该负疚于上天给予我们作为一个人的身份。在有生之年，要让自己心中的一朵花盛开，让自己活得是个人，而不是像一只宠物一样对生活摇尾乞食。

生，应当如夏花般绚烂。就算只是一朵不知名的野花，也应该对着生活展开自己的花瓣，让自己绽放，才无悔于生命的原野。

启发与借鉴：

1. 比喻新颖。以“夏花”为喻贯穿全文，力证一个人活在世上要能证明自己的价值。以理服人，内容充实，构思精巧，思路开阔。

2. 选材典型。例证与析理结合，掘出新意并紧扣话题。

3. 语言精练，有文采并富有哲理。如“命运与天分是不可选择的，但是努力是可以争取的”等。

同步训练：

1. 大学生马某，与同室同学打牌发生口角，一气之下杀死四名同学，自己畏罪潜逃，被公安部列为头号通缉犯，悬赏20万人民币。一句口角令五个年轻的生命消失了，也让五个家庭饱受“白发人送黑发人”的痛苦。这件事引起了你怎样的思考？请你以“人与生命”为话题写一篇不少于600字文章。

2. 生活中交流无处不在。父母与子女之间、老师与学生之间、单位与单位之间、民族与民族之间都离不开交流。中央电视台《交流》栏目有一句话：沟通和理解从交流开始。这句话道出了“交流”的重要性。请以“交流”为话题，写一篇不少于600字的文章。

3. 向日葵这种植物我们都见过。它一开花就张开笑脸，追随灿烂的阳光，太阳走向哪里，它就迎向哪里，充分享受阳光的抚爱与滋养，最后将丰硕的果实，献给辛勤的劳作者。请以“阳光与向日葵”为话题，联系生活，展开想象的翅膀，认真构思，完成一篇不少于600字的文章。

4. 人类从诞生的那一刻起，就始终未停止过探索。1903年莱特兄弟驾驶自己制造的飞机首次试飞成功；1969年人类登上月球；2003年中国神舟五号遨游太空；2004年元月4日“勇气”号火星探测器成功登陆火星……请以“探索”为话题，写一篇不少于600字的文章。

5. “梅雪争春未肯降，骚人搁笔费评章。梅须逊雪三分白，雪却输梅一段香。”这是一首绝妙的哲理诗。梅雪争春，不肯服输，于是诗人放下笔，细细评判，认为梅雪均佳，各具所长。不仅梅雪如此，每一种事物都有所长，各有所短，人也是如此。请以“准则”为话题写一篇不少于600字的文章。

6. 人类已迈入21世纪，科技的高度发展，为人类提供了丰富的物质财富。作为有血有肉有感情的人，在物质生活方面，日益注重自己的精神生活，如伦理道德、文章修养、亲情友情、文学艺术等。请以“守住自己的精神家园”为话题，写一篇不少于600字的文章。

7.哥伦布不满铅印的海图，才发现了大洋的彼岸；哥白尼不满神圣的《圣经》，才揭开了宇宙的奇观；开普勒不满“日心说”，才去发展真理；亚里士多德不满柏拉图，才能“青出于蓝”。以“不满”为话题，写一篇不少于600字的文章。

第五节　常备考题导写与拓展分析

一、欣赏类常备考题

（一）材料链接

1.干练是欣赏的魅力所在

《南方周刊》2010中国魅力50人之一的周瑛琦，是凤凰卫视《筑梦天下》主持人。她拥有理工科华丽教育背景，转而投身荧屏，并以清新优雅、充溢智慧的主持风格赢得赞许。她擅长多国语言，谈吐畅达，无论是艺术访谈，还是新闻播报，都形成了自己独特鲜明的范式；跨越多地的丰富人生经历，令她的主持兼有柔韵、干练、敏捷、庄重。她让很多人颠覆了对女主播“花瓶”的刻板成见，亦为女性的美丽诠释了一些新的元素：不扭捏造作、多元化、悟性和感染力。

点评：周瑛琦凭着干练的本领赢得了人们的欣赏，也改变了人们对女主播的陋见，塑造了女性美丽的多元化。被他人赏识的魅力实在是太大了。这也告诉人们，真正要获得他人的欣赏，就要有干练的作风，要有自己的真本领，要有复合型的知识和能力，要有自己的风格，形成自己独特的魅力。

2.赏识自己能成就梦想

“达人秀，凡人梦。”在2010年《中国达人秀》的舞台上，一个胖胖的小姑娘在演唱之前脱掉了自己拥有的第一双高跟鞋，她对评委说：“没有高跟鞋，我一样可以很漂亮。”台上的小姑娘就是蔡岫勍，网友们称她为“蔡胖妞”。脱掉高跟鞋后，蔡岫勍演唱了一首英文歌曲，所有人都被她美丽的声音所打动。在2010年10月10日《中国达人秀》的总决赛上，蔡岫勍放弃擅长的英文歌，选择了一首中文歌曲《海阔天空》，她说：“要把这首歌送给所有喜欢她的人。”其实，这首歌更应该送给她自己。小时候，蔡岫勍有一个关于唱歌的梦想——站在宽广的舞台上，面向全世界歌唱。现在，她把梦想变成了现实。

点评：蔡岫勍靠着一份自信，也是对自我的赏识，在《中国达人秀》的舞台上，充分地展示自己的才华。在总决赛上，更是凭着自信，凭着热情，凭着对他人的尊重，凭着对自己的欣赏，赢得了他人的赏识，从而实现了自己的梦想。

3.不同角度赏新剧

2011年元旦起，新版《水浒传》在各地方台陆续播出，纵观评价，可谓热闹：一方面，网友“狠拍”新版存在诸多事实不清，台词前卫颇为雷人；另一方面，人物、造型和情节多争执言论，也不乏赞扬。

首先是和史实不符。片花开头有云“北宋末年，宦官当道”，可是宦官一说到了明朝才有。其次和原著不同。新版《水浒传》就犯了这么一个大忌：把武松打虎用的哨棒，换成了匕首。但也有网友认为，相比老版对原著的大量删节，新版的“英雄谱”更全更立体。一位网友认为，新版的最大好处是剧情连贯，大部分人物都交代得有头有尾，“让人看着一气呵成”。在情节改编上，新版把宋江调到整剧一开头就出场，后面穿插讲述林冲、晁盖等人的故事，有观众表示这种叙事方式更像电影。

点评：“横看成岭侧成峰，远近高低各不同。”对任何事物的欣赏，人们认识的角度、水平不一样，也就有各自不同的看法。人们对新编名著电视剧《水浒传》的褒贬不一，可以看出观众欣赏的不同角度。

（二）常备考题

试题一：

有人说，欣赏是一种学习；有人说，欣赏是一种态度；有人说，欣赏是一种情怀；有人说，欣赏是一种力量；有人说，欣赏是一种精神……你认为欣赏是什么？

请以“话说欣赏”为题，写一篇不少于600字的文章。

话说欣赏◇阳至

夜空因为欣赏太阳，便说服月亮去反射太阳光，让自己的身躯上隐匿着太阳的风采；冬天因为欣赏绿色，于是挽留住松竹，让它们在冬天，在白色的雪景世界，也绿意盎然；野火因为欣赏小草，不忍心将它们一烧而尽，教会它们伪装，只要春风一到，就可大胆生长……

常听有人赞叹，“自然多美！”“世界多美！”哦，是吗？我喜欢大自然，我热爱世界，所以我的回答定然为“是”。可是，你去询问一个厌倦社会、讨厌世态的人，他一定强烈反对，然后对你说一堆一堆理由，你听着似乎很有道理，你会去想："我怎么没发现呢?"

朋友，一切事物都具有两面性的。想必《塞翁失马》这个故事大家已耳熟能详。塞翁只是从不同的角度去看待问题，才有了别人眼中的"料事如神"。一件好事往往有弊的一面，反之，坏事的背后可以蕴藏好的结局。

这是为什么？其实，"欣赏"尤其重要。同是那朵朵梅花，有人想到的是"待到山花烂漫时，她在丛中笑"的美好意象；有人想到的是"零落成泥碾作尘"，伤感而又凄凉。同是那一轮明月，有人想到的是"烟笼寒水月笼沙"的迷蒙与冷寂，有人想到的是"举头望明月，低头思故乡"的儿女情长。

不错的，欣赏的故事很美妙。管鲍之交，或许只因鲍叔牙对管仲的特别欣赏，而让这段友谊永存史册。有人会说，这一切都是因为鲍叔牙的宽容呀。可鲍叔牙为什么会一次又一次地宽容管仲？恐怕还是因为鲍叔牙的特别欣赏，而后才会有他的宽容吧!

欣赏还是人们情感的调色板，绽放美丽的芳香。苏轼在仕途失意之际，在看似普通的月色中，又一次用自己欣赏的双眸，记下了"庭下如积水空明，水中藻荇交横，盖竹柏影也"的奇特景致……何以不能说明这是因欣赏而绽放的芬芳的呢?

欣赏无处不在，无时不在。尽管，你会更多地说"喜欢"，喜欢一本书，喜欢一朵花，喜欢一支笔，其实在你的心底，是对它们的欣赏啊!

点评：本文以欣赏为线索，列举大量事例讲述着欣赏的故事。心态是一种欣赏，宽容是一种欣赏，情感是一种欣赏，欣赏无处不在。文中巧妙引用了大量的诗句和故事，为文章增色不少，彰显文化底蕴，使文章洋溢着浓浓的优雅与奔放的热情。散文般优美的语言也是文章的一大特色。

试题二：

请以"我为什么要欣赏你们"为题，写一篇不少于600字的文章。

我为什么要欣赏你们◇邢楠

我想，人生要有所欣赏，就如同有所爱一样。——题记

我为什么欣赏你——李白

我最欣赏你的诗："天生我材必有用，千金散尽还复来。"我在很多个世纪之后读到这句诗，便铭记于心。我虽不了解你全部的人生经历，但我知道你热爱山水，游过很多地方。我期待我也能有这样乐观豪迈的人生观，必定

能踏足远方。我相信心有多大，脚步就能迈得多远。

我为什么要欣赏你——Z

我们相识得很早，曾经争吵过、和好过，到现在彼此亲如姐妹，共同走过了八年的时光。

而我在心里欣赏你，是你所不知道的。你在生活中总是给我“成熟、明白事理”的印象，你总能井井有条地做着任何事，安慰、开导别人的时候，语气沉静而温暖，让人心安。而我有时与你相比，就像个别扭的小孩子。能交到你这样的朋友，有我所欣赏的、想要学会的处世态度，我觉得是我的福气。

我为什么要欣赏你们——80后

我在新闻上看到你们——80后。你们很多人举着五星红旗在法国大街上维护祖国的尊严，当我看见你们脸上隐含着愤怒和坚定的表情，听见你们用我所不懂的法语作演讲，那一刻，我发自内心地想为你们喝彩。

当我在奥运会赛事中瞟见你们作为“志愿者”忙碌的身影，我总是会生出抑制不住的敬慕之情感

你们是年轻一族的代表，是我们未来的代表，你们用自己的行动向全世界证明了中国的新生代力量。我欣赏你们，更希望自己有朝一日也能像你们一样，无论身在何方都可以坚定捍卫住祖国的尊严，为社会献出自己的一份力量。

有所欣赏，就如同有所爱一样。因为欣赏，会生出美好向上的希望，它们让我总能在平凡的生活中激动着，努力地奋斗，为了那不平凡的一天。

点评：欣赏他人，就要看到他人的优点，就要学习他人的优点。欣赏的对象体现了欣赏者的品位，体现了欣赏者的深度。李白的乐观自信，朋友的心心相印，80后的爱国情，深深地影响着作者。生活中难免遇到挫折，我们多么需要李白的乐观主义精神，也需要他那种对自己才华的自信。这是作者欣赏的内容，也是欣赏的原因。以第一人称与那些她欣赏的人对话，形式上有了创新。文章层次清晰，内容递进，结尾立意高远，令人感动。

试题三：

俞伯牙，善弹，却曲高和寡。遇樵夫钟子期，善听，能感悟伯牙心境。两人成为“高山流水”般知音，结为兄弟。第二年，子期病死，伯牙摔琴谢知音，不再抚琴。知音的故事流传数千年，已经成为“英雄识英雄”的典范。它向我们昭示，学会欣赏他人也是做人的一种至高境界，欣赏与被欣赏

同样是快乐的，成功的。

请以“我在欣赏中_____”为题，将题目补充完整，写一篇不少于600字的文章。

我在欣赏中得到快乐◇黄清露

又是一个明媚的春天，母亲牵着我的手，踏进了春风里。一缕橙色的阳光溜进了我们的心窝，轻柔地反射回来的是一颗会欣赏的心眼睛。

欣赏点1：柔嫩的小草，顽强的生命！

小草，或许没有多少人关注过你，你，确实没有牡丹那份骚艳，也的确没有大树那般挺拔，更没有腊梅那份高洁……但历代名篇名诗也有你的身影：

“野火烧不尽，春风吹又生。”

“天街小雨润如酥，草色遥看近却无。”

…………

然而，你，趁着东风，偷偷从土里钻出来，嫩嫩的，绿绿的，放眼望去，陡峭的山坡上，没有诗词中的那些雍容华贵，只有你的那份绿！柔弱的你，用你稚嫩的生命，超越了你头颅上的岩石而出！

我，真想，躺在你的身上，静静聆听你对生命绿色的阐释！

欣赏那缕生命的绿，我的快乐也在慢慢增长……

欣赏点2：温柔的煦风，甜蜜的絮语

“吹面不寒杨柳风”。不错的，像母亲的手轻轻抚摸着你。

“春风又绿江南岸，明月何时照我还？”

王安石的笔下，你是绿色的，“绿”，吹活了你的生命！

我说，你是彩色的。

你，抚摸着大地，母亲般亲吻着大地，像柳丝的飘拂，体贴万物，像细雨的滋润，这才草长、花开、莺飞……

你，甜丝丝的，清甜甜的，我正细细品尝，也在倾听你美的絮语……

欣赏点3：流水的旋律，童年的诗

春风吻过湖面，水花害羞地绽放，与俯身于湖面的阳光挑逗——

叮咚的流水，旋律的河。它，有小提琴般轻柔，有琵琶般的清脆，有大提琴般的厚重，还有铜管齐鸣般的雄浑磅礴……

它卷着冰心奶奶甜甜的诗句：

“浪花愈大，凝立的磐石，在沉默的操守里，快乐也愈大。”

水，裹着谢奶奶童年的笑声；水，是她心灵的一片港湾；水，诉说着她诗一般的童年生活……

我想，变成一条金鱼，躲进这样的水里，伴着流水的旋律，谛听着童年的诗……

欣赏着你，我的快乐也随着你流淌……

欣赏点4：母亲的手，不变的温度

始终，有这么一双手，牵着我幼小的手掌……

我用心，感受到她的温度，多少年了，始终没变。

一双柔情的手，抚摸着那躺在摇篮里的我。

一双温情的手，心疼地揉过我那冻得通红的手。

…………

这双手，还是那个温度。春光下，只是多了几条用心才能看到的岁月的皱纹……

那温度和进春风，飘拂飘拂，我的快乐好似也在飘摇……

点评：欣赏具有顽强生命的小草，欣赏甜蜜的煦风，欣赏流水，欣赏母亲温柔的手。身边的美好实在太多，只要你注意观察，学会欣赏，懂得欣赏，快乐就时时在你身边。文章采取小标题的形式，结构新颖，层次清晰。语言优美，有哲理。句式整齐，表现力强，充满生活气息。结尾抒情性强，明确主题。

（三）考题分析

欣赏，在生活中必不可少，它是一种心情。我们每个人都渴望被别人欣赏，同时要学会欣赏别人。欣赏与被欣赏是一种互动的力量之源。欣赏者必具有愉悦之心，仁爱之怀，能给被欣赏者以自尊之心，鼓励他奋发向上，因此，欣赏是一种做人的美德。

欣赏是一束温暖的阳光，可以化解人与人之间冰冷的距离。欣赏使人与人之间关系更和谐，使朋友之间的友谊更持久。我们欣赏他人时，第一个受益者正是我们自己，因为欣赏是一种流动的温暖感，当我们使用它的时候，自己的身心会先明亮起来。欣赏是神奇的力量，是幸福的源泉。

欣赏的内容涵盖生活的方方面面。如欣赏音乐，放松自己，灵魂张扬；欣赏文学，提升了修养和境界；欣赏大自然，觉得世间万物都美好……此话题历来受到中考命题者的重视。让学生受到高尚情操与趣味的熏陶，发展个性，丰富自己的精神世界，这是语文课程目标总目标的要求。而这正是当今我们青少年培养的重要内容。因此，今后中考作文这个话题不会减少，反而会有所增加。

写好此话题，首先要善于从自己生活中，结合自身成长，寻找自己喜欢的小的角度切入，避免千篇一律的雷同选材。其次是要在行文中展示独特的亮点。确定内容后，要巧妙运用一些扮靓文章的技巧。如语言运用、心理描写等，要真切生动，绘声绘色。

（四）考题拓展

试题一：

分享快乐——别人陷入困境或麻烦，我们常常会同情共鸣，分享他人痛苦，能结成患难之交。分享他人快乐，却往往是一种胸怀。分享快乐，是尊重他人的感受，是懂得欣赏他人的一种表现，也是提升自己的生活质量，善于享受人生的一种境界。

请以"分享快乐"为题，写一写你经历的分享快乐的人和事，表达你真切的人生体验，不少于600字。

试题二：

多了一份回味——因为欣赏，我们心中多了一份珍藏，生活就多了一份回味。生活中有了回味就多了一份美妙和精彩，多了一份浪漫和温馨，多了一份执著和期待。

请以"我心中的那份回味"为题，写一篇不少于600字的文章。

试题三：

因欣赏而陶醉——我们喜欢欣赏是因为欣赏能带给我们美好的感受，让我们陶醉。欣赏自然能赏心悦目，欣赏作品能挥动梦想的翅膀，欣赏他人能汲取精神力量。

请以"我陶醉在______中"将题目补充完整，写一篇不少于600字的文章。

分析：很多题目都与欣赏有关。有的直接相关，有的间接相关。如试题一和试题二，可以写其他话题，也可以写欣赏话题。试题一，可以写欣赏同学或朋友在某方面历经磨炼成功或收获的事。试题二，可以写自己因为赏识他人或自己被他人赏识。

二、风景类常备考题

（一）材料链接

1.天空出现“三个太阳”

2011年1月8日长春市民薄凯文目睹了天空中出现“三个太阳”的奇观。他是在午后休息时忽然抬头望了望天空，偶然发现这一奇观。他立即惊叹，并奔走相告。当日，许多长春市民也目睹了这一罕见的自然奇观。事实上，这一自然奇观名为“幻日”，是大气的一种光学折射现象。据有关专家介绍，这种自然现象和彩虹是类似的道理，由于冬季云层比较高且云层是由冰晶组成的，经过偶然的排列形成一种特殊形状的反射体，当阳光照射在这种反射体上产生折射，最终就会形成这种“三个太阳”的自然奇观。

点评：大自然处处有美景，常给我们带来欢乐和惊喜。我们生存的宇宙空间，无论地面、地下还是天上，足以让我们惊叹不已。长春市民薄凯文见到天空中出现的“三个太阳”，是天体运行出现的自然奇观，是难得的自然美景。

2.伞技已成民间艺术风景

伞技活动集杂技、舞蹈于一体，是中老年人愉悦精神、强身健体的群众性体育项目，是一种容易普及和推广的群众性娱乐活动。目前，方振南正在致力于这项活动的普及与推广，他将伞技活动推广到社区、公园，让更多的市民能有机会感受伞技活动的乐趣。近年来，在建瓯市公园里常常可以看到女子伞技队员身着艳丽的民族服装，转起花伞，舞动彩球，和着乐曲，翩翩起舞的场景，尤其是在重大喜庆活动中，伞技表演更是锦上添花。

点评：民间技艺本身就是传统的地方民族文化。伞技活动作为群众性体育活动的项目得到普及与推广，无论是平时的日常生活锻炼还是重大节日的活动表演，都是美丽的民间艺术风景，展示了地方的民俗风情。

3.亚运礼仪小姐成最美的风景线

2010年11月12日第十六届广州亚运会开幕，来自世界各地的运动员汇集羊城竞技。训练有素的亚运礼仪小姐成为亚运会上靓丽的风景线，她们举止端庄，风度翩翩。在亚运村内，靓女们高呼“一起来，更精彩”，为亚运会呐喊助威，吸引运动员包括记者合影拍照。广州无意将亚运会办成“选秀”大会，但实际上，精挑细选的大批年轻靓丽女子为亚运会服务，已令亚运会到处洋溢着“美意”。据介绍，“行云流水”礼仪小姐出镜前，光梳妆就得花上4

小时，一身高贵淡雅，充满云、水、龙、凤等中国元素。

点评：亚运会礼仪小姐成为本次亚运会一道靓丽的风景线，不仅因为她们高挑的身材、姣好的容貌、端庄的举止很容易吸引观众的眼光，更重要的是她们训练有素，以及那“行云流水”的礼服上体现的中国元素，这种高贵淡雅的服装文化、风情文化令人欣赏。

(二) 常备考题

试题一：

生活中有各种各样的景色，有愉快，有温馨，有美丽，有丑恶，还有不幸与悲壮。我们可不能在咒骂生活中的阴霾、欺骗和丑恶的同时，忘记了生活中的另一面——阳光、真情和善良。这些才是生活中永恒的风景。

请以“永恒的风景”为题，写一篇不少于600字的文章。

永恒的风景◇夏青

人生，恍如一场旅行，沿途花香馥郁。那些绽放，那些精彩，渐渐沉淀，定格成生命里永恒的风景……

明　媚

江南的古巷，细雨绵绵，雨丝间升腾起如梦青烟，哦，原来是阿婆忙着生煤炉的早晨，趁着饭还未熟透之际，她又拿出一大堆脏衣服，坐在雨帘遮挡晴光的檐下，用木头板子，一下一下地敲打起来，她洗得多卖力，树皮般苍老的双手，不停地搓洗，我不解地问道：“阿婆，你何必这么累呢？快歇歇吧。”她却一抹汗珠，笑着说：“不累不累。”阿婆笑得像朵盛开的菊，在这一刻，她是无比快乐的，也是我眼中最明媚的风景。

绚　丽

初秋，还残留着夏季的余热，操场上喧闹沸腾，一年一度的运动会正在举行，随着一声声的枪响，运动员们的身影在跑道上穿梭，如同脱缰的马儿，不好，有一名运动员被前面的人踢到了腿，他倏地倒在草地上，眼看其他人即将超过他，一旁观看比赛的同学都暗自为他感到惋惜，他有一秒的踌躇，随之，那种自信满满的神情回到他的脸上，他挣脱前来扶他的同学，毅然朝着终点进发。那一刻，世界仿佛寂静无声，这是独属于英雄的战场，他用顽强浇灌出一朵绚丽的花。

寂　然

寒冬的清晨，昏黄的灯光亮着，斑驳的树影都还打着哈欠，在那些生活富裕的人还与周公下棋之际，已有那么多人冒着风雪劳作起来。小区里有两三个女清洁工，裹着厚重的旧大衣，在小路上铲起雪来。风很烈，吹过脸庞，像刀扎一般，她们的脸颊通红，是与妈妈差不多的年纪，可那满脸皱纹，因为雪倘若没扫干净，那些开车的住户会抱怨起来，又不知会生出些什么事端。雪越下越大了，天地间苍茫一片。这些默默无闻的小人物是这个冬天最温暖人心、最寂然的风景。

昨日花开，风景犹在，永恒。

那些细碎的花瓣里，潜藏着的，是生命里最珍贵的点滴。

点评：在那些风光人物的背后，又有多少人能理解那些无名小卒的心思？作者用自己的慧眼去观察，去发现，去理解，用一串鲜明的比喻去书写他们的花季。生命中点滴是美好是精神，作者用细密的心思，别具一格的想法，在美好间打开了一扇窗，窗外便是作者最期盼的风景。全文紧扣文题，语言优美、流畅，结尾点明主旨，真的是一篇上好佳作。

试题二：

不管是生活在喧闹的都市，还是在宁静的乡村，每个人对大自然都有一份浓浓的向往和依恋之情，每个人心里都有一幅属于自己的自然图景，画面上也许有万顷碧波，也许有林间小路，也许有当空皓月。

请以“我向往的美景”为题，写一篇不少于600字的文章。

我向往的美景◇鲍书吉

抬头看看天空，调皮的太阳隐匿在云朵里，嘴角不禁上扬，喃喃自语：“真像个孩子！”碎碎的阳光从薄薄的云片缝隙中透出来，暖暖的。每两片云间的接缝处都有阳光透过，似一道光柱，这光柱欲将一大片云四分五裂，却没明白它的真正用意。其实天真的太阳只想将自己的快乐蔓延，那云间的光柱隐隐约约形成一个笑脸，如一个孩子的笑脸。

笑着将视线往下移，在纯净的天空之下，干净的草地上，一群孩子快乐地玩耍。草地很大，解放了的孩子们不顾家长的呼唤，在草地上自由奔跑，洒下一路欢笑。

孩子快乐的笑声，灿如花的笑靥，感染了每个人。

孩子的天真快乐勾起我的童心。抿嘴，用楚楚可怜的眼神望着爸爸，爸爸微微一笑，点点头，我马上惊呼“老爸万岁！”跑向孩子们。站在旁边的表哥成熟地问：“这样好吗？”爸爸羡慕地说：“其实我也想和他们玩耶！”妈妈则用一只手拍自己的脑门，然后怪叫一声："哦，天哪！"表哥无奈地推推眼镜，随即如孩童灿烂一笑。

这时的我，忘却了一切烦恼，在孩子们的眼里，我不再是他们的大姐姐，而是他们的玩伴，他们的一言一行，深深感染了我，掌心传来一股股暖流，他们小小的身躯里蕴含着青春的活力，小小的眼睛如一汪清澈的泉眼，纯洁透明。小小的脑袋里装着世上最美好的回忆，哪怕只是一场小雨，哪怕是全身湿透，天真的他们也伸出小小的手去接雨滴，去记住圆润的水滴划过掌心的清凉。哪怕只是从小小的手去感悟阳光的温暖，扬起脸，抬起头，用最纯真的笑容去回报那尽头的太阳，这就是孩子，这就是孩子的童心，超越了时间，超越了空间，超越了一切。

有这样一处美景，在纯净的蓝天下，干净的草地上，一群孩子解放天性，在草地上打滚、奔跑。你可以在他们清澈的眼瞳里清楚看见快乐的印记。乐得翻滚的微风轻拍孩子身上的草屑，似不想在纯洁的美景上，沾染一丝灰尘。

我向往这有童心的地方，向往这样的美景。

点评：文章从描绘大自然的美景着笔，表达对大自然的热爱之情。接着，重点描写在这一美景下的孩子快乐玩耍的情景。孩子们天真无邪的快乐童真，才是作者真正向往的美景。作者在爸爸的许可下也融入这美景之中。描写的亲人之间是真实的点滴，亦是最动人心弦的风景。文章描写如诗如画。那碎碎的阳光倾泻而下，染了淡妆的云朵，微风轻拍的草屑……一切，都宛如一场梦境。适当运用比喻等修辞手法，使文章增色不少。

试题三：

春天的朝气，夏天的执著，秋天的遐思，冬天的品格，只要用心聆听，就能体会到在千篇一律的时间里，四季所具有的神韵。

请以"品味_____（春、夏、秋、冬）韵"为题，从题目中任选一字，将题目补充完整，写一篇不少于600的文章。

品味秋韵◇黄妙玲

一场秋雨后，我总是喜欢踏于那略有些潮湿的小路上。静静地倾听那飘逸的秋风，似乎是一种美，一种宁静有声的美。

淅淅沥沥的秋雨带走了城市往日的喧闹，面对这般，我的心胸好似宽广了许多。

静静的脚步向前迈去，风儿裹着的桂花香挡住了我前行的步伐。那一抹抹的桂花香，像丝纱一般抚摸过我的脸庞，像水一般在我的心头汩汩流淌。我真切感觉这桂花香是金黄色的，应该是长时间阳光的堆积与哺育。

挨在一棵桂树旁，我的视线打在前方，望着千里之外的故乡。想必此时，故乡已被金色覆盖着。闭上眼睛，我似乎能闻到那丰收的甜味，那饱食稻香的镰刀正演奏着叮叮当当的歌谣，那白花花的棉花必然已经挺起了大肚皮，等待着农民的采摘。我想，应该是这样，那飘满我童年梦乡的果香的中间挤满了和我当初一样馋嘴的孩童，正品嚼着第一片丰收的甜蜜。那片热闹的果园中又多了一份秋意，秋的味道更浓厚了。

我的目光收到了现实中，与繁忙的农村相比，这大城市里早已显得冷清了。这里没有热闹的收获的声音。到了秋天，个别的树干凄凉了许多，一些叶片从树上纷纷地落下，依偎在大地的身上。其实，细细谛听这秋风，我会觉得这其中富有文采。他们用形象的语言阐释了“落红不是无情物，化作春泥更护花”的内涵。

我的脚步，又一次踏上了那条小道，前方的那团火红照亮了我的眼睛。一棵红枫树下，站着一对老年夫妻，他们，正处于生命中的秋天。秋风拂过他们经历无数风雨的肩上，他们拿起掉入他们手中的枫叶，细细看着枫叶上的纹路，相互以目示意，秋风之中，留下了他们的微笑，应该，这是一种满足，走了一辈子了，走到秋天，正如那枫叶上的清晰纹路，踏踏实实地走过了大半生。正处于生命春天的我，或许体会不了他们的秋天，但是我似乎能够读懂枫叶上的纹路，读懂他们生命秋天中的火红。他们秋天中的思索，秋风中的成熟，使这里的秋意更浓了。

我拾起一片秋叶，我的手心里着实热了起来，我对秋天的品味好似更深了。走进秋风中，我品味到了秋天的天，秋天的收获，秋风中的思考，秋风中的成熟。

我品味秋韵的脚步，还在向前……

点评：作者品味秋韵，感受着秋风、秋雨、秋声、秋香、秋叶等，领悟到秋味、秋意。更悟到人生的秋天。写法有虚有实，如作者由眼前美景想到千里之外的故乡的村庄之景。运用对比，把乡村和城市进行对比，引人思考。结尾富有哲理。

（三）考题分析

风景，我们离不开自然和社会，因此就离不开风景。风景是山水景物，是自然的恩赐，是人文景观，是社会现象，是审美与欣赏的景象，是心灵的感悟，是我们最想去的地方。踏遍千山，寻觅历史的脚印，倾听自然的心跳；寻访人文景观，饱览名胜风光的旖旎，享受人物风情的浪漫，人生因此丰满精彩；多一份梦想，青春因此绚烂；捕捉心灵的栖息地，生活便多了一份情感内涵；释放心灵的愿望，才是真实的自我；有了追寻，便多了一份执著与坚定；放飞心灵，去最想去的地方，那是诗意的人生追求。

风景是我们的成长环境，是我们赏心悦目的对象，我们心中向往的领地。这个话题易于表达我们的情感，我们每个人对成长追求有话可说，有情可抒。成长追求是中考作文命题的重点和热点。因此，中考作文对风景题材的关注不会减少，只会对命题的形式有所调整。

写好风景类作文，首先要选材新颖小巧。确定风景的对象，是自然的还是社会的，要选有特色的、能打动心灵的某一风景。其次是着力描绘最能打动人的“动情点”，如感人的语言、动作、眼神、事物、心理等。最后，扣“点”抒情，就是围绕“动情点”抒情，切忌夸夸其谈。

（四）考题拓展

试题一：

青春梦想——青春是热血，奔腾着数不清的浪漫情愫。我们总想把心灵的港湾建立在梦想的天地里，我们总想营造属于自己的美好世界。尽情寻找那么清纯，那么温馨，那么自由，那么富有诗意的一个地方。

请以“我的梦想之旅”为题，写一篇不少于600字的文章。

试题二：

故乡情缘——“月是故乡明”。故乡的山山水水哺育着我们，处处留下我们成长的足迹。哪怕是简陋却也充满了温馨，充满了思念与幸福的情愫，让我们亲爱到永远。

请以“故乡那_____”为题，将题目补充完整，写一篇不少于600字的文章。

试题三：

留住美丽风景——清风从水上掠过，留下了粼粼波纹；骆驼从沙漠走过，留下了深深蹄印；雨滴从林中飘过，留下了寸寸滋润。我们从时代的舞台走过，该留下点什么呢？

请以“留下_____”为题，将题目补充完整，写一篇不少于600字的文章。

分析：很多题目都与风景有关。有的直接相关，有的间接相关。如试题二和试题三，可以写其他话题，也可以写风景话题。如试题二，可以写家乡门前的小河，山后的土公鸡，土特产，家乡的人、事，家乡的民俗风情……它们都和你结下不解之缘，是烙在你心底的美景。试题三，可以写留在记忆中的美好的人、事、景、物、情，可以写自己，也可以写别人，可以写自然界的也可以写社会的，可以写有生命的，也可以写无生命的。

三、读书类常备考题

（一）材料链接

1.韩寒的影响力

早在2009年年底，韩寒便透露自己主编的一本杂志即将面市，然而杂志面市的事情一拖再拖，吊足了网友们的胃口，原本2010年7月1日面市再次延后。7月6日，这本定位为青年先锋文艺的杂志《独唱团》在千呼万唤中终于要与读者见面。然刚面市就被抢购一空，不到半年时间，只出版一期的《独唱团》成为绝唱。更有人赋予杂志很高的期许——能够再带来一次思想的启蒙？杂志本身的内容吸引还是主编韩寒的号召力？对于社会的期许，《独唱团》能否担当？韩寒杂志被抢购一空，这背后有一个饥渴营销。

点评：因为网络时代的到来，一本杂志未必能启蒙一个时代，但杂志为什么能引起热销，这不仅仅是杂志的内容，其背后当然是因为主编韩寒个人的影响力。韩寒的魅力在于他能把赛车冠军、畅销书作家、叛逆小子和即兴讽刺者等多重角色结合，并能在种种诱惑面前保持警惕。

2.2010年全球排名第一的畅销书

《不抱怨的世界》是畅销全球的世界级励志书。《不抱怨的世界》作者提出的神奇“不抱怨”运动，正是我们现代人最需要的。我们可以这样看，天下只有三种事：我的事，他的事，老天的事。抱怨自己的人，应该试着学习接纳自己；抱怨他人的人，应该试着把抱怨转成请求；抱怨老天的人，请试着用祈祷的方式来诉求你的愿望。这样一来，你的生活会有想象不到的大转变，你的人生也会更加美好、圆满。

点评：读一本好书，就如同许多高尚的人谈话。书能改变命运，书能改变人生。《不抱怨的世界》是一本伟大的心灵励志书。任何人或团队要想成功，就永远不要抱怨，因为抱怨不如改变，要有接纳批评的包容心，以及解决问题的行动力！

3.汉语/汉字排名中国文化符号后选位置首位

中国一份“文化符号调查报告”出炉，孔子、毛泽东、邓小平等都入选。最具代表性的前10项分别是：汉语（汉字）、孔子、书法、长城、五星红旗、中医、毛泽东、故宫、邓小平、兵马俑。所谓“中国文化符号”，就是能代表中国文化的突出而具有高度影响力的象征形式系统。调查报告显示，当代文化符号的被认可度普遍落后于传统文化符号。

点评：汉语/汉字排名在中国文化符号后选位置首位，足见大学生对传统古文化的厚爱和认可。文化软实力正是通过文化符号表现出来，通过文化符号观来把握、感知中国形象。

（二）备考题

试题一：

好奇心是我们的天性。沉重的课业负担，单调的活动空间，抑制了我们的天性。我们有选择适合自己心理需求的强烈阅读期待。漫画、卡通、科幻、武侠等类书，满足了我们的愿望。阅读这些书，让我们感到轻松，负荷的心理得到释放。同时内容的搞笑、冒险让我们感到刺激、有趣，也培养了我们的探险精神、科学精神和想象力。

请以“书中_____”为题，将题目补充完整，写一篇不少于600字的文章。

书中真世界◇宁童

《哈利·波特》，这是魔幻小说史上的一个奇迹；《哈利·波特》，它是国际图书界的一次震撼；《哈利·波特》，它给爱书者带来一段魔幻之旅！

——序言

《哈利·波特》不得不爱！

这真是一部迷人的魔幻小说！它的到来，刮起一场超震撼的魔幻风暴；它的问世，引发了阵容庞大的“哈迷家族”浪潮，它的内容惊险而精彩，看了第一部，你就会迫不及待地拿起第二部。

佩服J.K.罗琳阿姨的精妙文笔，一口气读完《哈利·波特》的前六部，仿佛真的和哈利在魔法世界经历了一场魔幻之旅，可还嫌不过瘾。于是，便也无可自拔地成了一名十足的“哈迷”，忠诚而急切地盼望着第七部快点到来。

这是一段不可思议的魔幻之旅，乘坐着在九又四分之三站台上车的霍格沃茨特快列车，穿梭于现实世界与魔法世界之间。勇敢坚强的哈利，永远的朋友罗恩、赫敏，伟大的邓不利多校长，时好时坏的斯内普教授，可怕的黑魔头，卑鄙的食死徒……一个个形象鲜明的人物角色，构成了这精彩的故事内容。

在魔法世界里，一切的不可能成为可能。在神秘的霍格沃茨校园，有快乐的学习生活，喝下吐真剂，你绝对说不了谎话；穿上隐身衣，你可以真正“消失”；使用幻影移形，你能够瞬间转移……怎么样，够魅力，够吸引人吧？

然而，在这般魔幻之旅里，有更多的惊心动魄。当你看到弱小的哈利背负着杀死父母的血仇和整个魔法世界的未来与黑魔头勇敢地挑战，你会打心底里感到震撼；当你看到好不容易洗清几十年冤屈的“小天狼星”为了保护哈利而战死，你真的会有彻骨地伤心；当你看到已经年老的邓不利多校长为了哈利也为了魔法世界而坚强冷静地死去，你无法止住奔涌的泪水……

我佩服哈利的坚强与勇敢，然而我更敬佩更喜欢的是霍格沃茨的邓不利多校长。邓不利多校长是伟大的，他的法力最强大，连可怕的黑魔头也惧他三分。在敌人面前，他镇定地微笑，那份自信早已压倒一切，在不论多恐怖的事情面前，他总能最镇静最快速地拿出正确抉择，也许在我的心里，伟大的邓不利多校长更像是一位慈爱的爷爷吧。在危急关头，总是他给予哈利最大的帮助和保护，在每个人都冤枉哈利时，是他坚定不移地相信并鼓励哈利，对待曾经是食死徒的斯内普教授，人人都认为是不可饶恕的，唯有他选择信任……一切的一切，都让我深深地敬佩和喜爱着这位伟大而慈爱的邓不利多校长，可是在《哈利·波特》的第六部结尾，J·K罗琳终究让这位伟大而慈爱的老人永远地离开了，现在每每想起邓不利多校长在死前所受的那份折磨，我仍然会泣不成声。

看《哈利·波特》吧，不要错过了这场奇妙而刺激的魔幻之旅！

点评：作者将《哈利·波特》系列丛书中第1部、第5部、第6部内容整合，紧扣“魔幻之旅”来组织材料，突出小说的惊险、精彩、奇妙、刺激的特点。这才是自己喜欢的书中真世界。联系自己感受小说中人物的坚强勇敢，从而表达自己的喜爱之情。写出了自己的真实感受。文章详略得当，排比手法增强了气势。

试题二：

阅读课外书是我们的共同爱好，但常常遭到家长甚至有些老师的反对。这是应试教育带来的负面影响。有时候为了看我们喜欢的课外书，不得不和家长、老师们周旋。生活中，我们不得已的“藏书”“偷书”却也别有一番情趣。

请以“藏书之趣”为话题，写一篇不少于600字的文章。

藏书乐◇汪海霞

嘿，朋友，你读过《皮皮鲁和鲁西西》吗？如果你读过，那我们可真是知己呀！正所谓“人生难得一知己”，就让我谈谈我们共同喜欢的话题吧。

这话还得从几年前谈起，我和《皮皮鲁和鲁西西》相遇在茫茫书海驿站——新华书店。面对那么多书，我的目光定格在《皮皮鲁和鲁西西》身上——天蓝色的外套上，一个天真的小男孩（皮皮鲁）和一个纯洁的小女孩（鲁西西）嬉笑追逐……封面上的情景似曾相识……噢！对了！我和哥哥经常就这样玩耍呀！一种莫名的“冲动”促使我毫不犹豫地买下了这本书。

回到家，我翻开了崭新的第一页，便深深地喜欢上了皮皮鲁，或许是因为他的童真童趣，或许是因为他的搞怪事迹，又或许是因为他和我哥有着相似之处吧！

天有不测风云。妈妈发现了我读这小说，极力地反对！对我说，看小说会使孩子陷于迷茫之中，成绩会一落千丈……我双耳听不进妈妈的话，继续畅游在书画之中。妈妈知道明争不过我，只好来暗争了！于是，一场战斗便展开了……

妈妈的战术——藏

她藏，她藏，她藏藏藏。妈妈怕我沉迷于小说之中，便采取了藏的方法，将《皮皮鲁和鲁西西》藏了起来，并得意地说：“没有书，你能怎么看呢?”

我的战术——偷

我偷，我偷，我偷偷偷。俗话说：“道高一尺，魔高一丈。”没有《皮皮鲁和鲁西西》，我可怎么办呢？竟然妈妈都使出杀手锏了，那我只好奉陪了！接招吧！

贼招一：因为妈妈藏得比较隐蔽，所以要花费大部分时间来寻找。为了我心爱的《皮皮鲁和鲁西西》，妈妈的前脚刚踏出家门，我便开始“作案”了：在家中翻箱倒柜，只求找到《皮皮鲁和鲁西西》！家的每一个角落，我都了如指掌，即使是墙角里的母老鼠生了几只小老鼠，都难不倒！（因为我家根本就没老鼠）！所以，我每次都能准确无误地找到《皮皮鲁和鲁西西》。

贼招二：光找到《皮皮鲁和鲁西西》那是不行的，还得偷着看。通常，我都是偷偷地在被窝里看，导致现在我的双眼和眼镜成了密不可分的好朋友。请各位别学我呀！

其实，说实话，我并不想和妈妈战斗在没有硝烟的战场上，可是妈妈总是不理解我。我觉得看《皮皮鲁和鲁西西》并没有什么负面影响呀！而且它还是老少皆宜的好书呢！

唉！到底哪一天，才不需要和妈妈藏来藏去，能安安心心地读到心爱的《皮皮鲁和鲁西西》呢？

点评：因为一本书的搞笑、有趣，合自己的口味，不惜和妈妈对着干。作者没有把笔力集中在书的内容上而是在“藏”书和“贼招”上。构思新颖，全文洋溢着童真童趣。“贼招”体现了小作者的机灵，可见爱书程度之深。结尾发人深省：家长什么时候才能让孩子看课外书呢？文中处处体现了作者的心声。

试题三：

读有所思，读有所悟。就你喜欢的一本书，写一篇读后感，要有自己的个性理解，不少于600字。

君子——读《论语》有感◇江文婷

一个温和的冬日里，伴随着淡淡的阳光的味道，跪坐在落地窗的前面。茶几上摆的纯白的瓷杯里装着的是那香叶，嫩芽冒着热气的清茶，还有《论语》。我抱着无比虔诚的心去体味着，这半本便可治天下的书。

泱泱大国，礼仪之邦。自我华夏五千年来，一直有一种人羽衣谪仙，傲然于世。他们即使贫困潦倒，也不为五斗米折腰；他们即使面对匪徒，也会从容不迫与之搏斗；他们即使往事不堪，也会及时地改过……他们有着铮铮铁骨，他们有着惊世韬略，他们有着仁者之心，他们有安邦之策……他们便是君子。

君子不邪。子曰：“《诗》三百，一言以蔽之，曰：思无邪。”我以为真正的君子也可以用“思无邪”这三个字来概括。君子是纯真的人，“纯”是发自内心，“真”是真情对人。他们在幼年的时候便能学会谦让，少年的时候便认真地学习，中年的时候便有本事去真心地造福人民，老年的时候严谨地治学，教育出新一代高尚的人：君子。

君子不傻。我在《论语》中找到了一句被误解了很久的话——以德报怨。其实，孔子说的是："以德报怨，何以报德？以直报怨，以德报德。"孔夫子认为以德报怨是对德的滥用，也是对宽恕的滥用。你说，如果以德报怨，那么用什么来报答恩德呢？好人坏人一视同仁，那不是太傻了？释迦牟尼会以身饲虎，而孔子不会。君子不是你好我好大家都好的好好先生，是在于他们有勇气有正义有智慧有能力有知识有文化有教养的实话实说。

君子不器。直译过来便是君子不是东西。而我的个人理解是：君子不应该被装在器皿里，不应该被世俗所禁锢。"众人皆醉我独醒，举世皆浊我独清。"那是怎样的傲然与凄凉，从不抛弃自己的信念，宁为玉碎不为瓦全的君子呵！老子曰："上善若水"。君子如同水一样，清白，纯洁，不染一丝纤尘。他们有时如水一样被困在一个个"杯具"里，不得一展才华。

君子，纯真的君子，无邪的君子，可爱的君子，谪仙的君子……他们执著追求，终于得到了他们所追求的。在几千年后的我们还能读到他们学习时的喜悦，对小人的愤怒，难遇伯乐的哀叹，真心为百姓做事的快乐……是他们之德，更是我们之幸。

茶已尽，叶已凉。我跪坐的腿微微发麻，阳光渐渐褪去了点点余热，我轻轻地合上了书，《论语》封面的墨蓝色却愈发神秘。

点评：走进文字，读出自己，才能真正让读者读有所悟。文章立意新颖。小作者读《论语》，读出的只有两个字：君子。这一感悟实在新颖。围绕"君子"，作者悟出：君子不邪，不傻，不器。这才是纯真的君子。最后得出：是他们之德，更是我们之幸。文章思路清晰，论证严密。三个排比段一目了然，文笔优美，措辞颇有气势。可见，小作者文化底蕴深厚。

（三）考题分析

读书，让我们得以明净如水，开阔视野，丰富阅历，益于人生。书籍就是望远镜，书籍就是一盏明灯，让我们看得更远、更清晰。读书提升我们的生活内涵，古人就有"博百家所长，为我所用"的读书情怀。读书是一种生活态度，一种存在方式，一种审美情趣，一种精神追求，一种生命寄托，一种人生境界。

读书是时代赋予学生天职，是学生成长的良好途径。关键是读什么样的书，读书要有选择。因此，就读书这个话题，学生有话可说，有情可抒。根据新课标的理念，中考作文的命题不可能减少对读书类题材的关注，有可能对命题形式有所调整。

纵观近几年全国各地中考作文命题，我们可以看到，很多话题与读书密切相关。所以，我们必须写好读书类作文题。读书类作文题贴近我们自身生活，易于表达真情实感。然而，近年来很多中考作文言之无物，无病呻吟，散文化的作文泛滥，令人乏味。写好读书类作文首先要做到立意深刻，读了什么，有没有情味情趣，由此悟了什么。其次是思路要开阔，不能仅仅停留在读书上，要呈现自己读书过程中的感悟、收获。

（四）考题拓展

试题一：

与文学相伴——文学是人学，是人生的感悟，人情的流露，人格的展现，人文精神的载体。文学相伴我们成长。

请以"文学伴我成长"为题，写一篇不少于600字的文章。

试题二：

开阔视野——站得高才能看得远，视野的宽阔与否决定着对世界的认识程度，影响着个人的胸怀与志向，最终支配了个人一生的命运，人生的欢乐与痛苦就是由其所站立的思想高度决定的。开阔的视野尤其重要。

请以"开阔自己的视野"为话题，自拟题目，写一篇不少于600字的文章。

试题三：

触摸经典——阅读名家名篇，不仅可以受到文学艺术的熏陶，更重要的是会不自觉地沉醉其间，让文学艺术的修养与青春的生命一同融融成长。阅读经典，牵手名家，可观赏文化殿堂的美妙奇异，感悟名家对生活自然的理解，用名家的光芒照亮成长之路，个性解读，让经典成为生命的营养。

请以"也谈______"为题，在空白处填上一名家或名篇或你喜欢的某一经典作品中人物的名字，把题目补充完整，写一篇议论文或读后感或评论，不少于600字。

分析：很多题目都与读书有关。有的直接相关，有的间接相关。如试题一和试题二，可以写其他话题，也可以写读书话题。如试题一，可以写自己享受文学作品的熏陶而成长的故事，也可以写校园文学如文学社团活动、班级活动、黑板报、文学兴趣小组等。试题二，可以写通过阅读增长知识，开阔了视野，也可以写自己读山、读水、读人，提升了境界。把阅读由书本延伸到自然、社会、人生，由课内延伸到课外。

四、智慧类常备考题

（一）材料链接

1.中国人用智慧打造“地上飞机”

中国高速铁路的速度“一提再提”。2007年4月18日，中国高速铁路实施了第6次大提速，最高运行时速首次达到250公里；2008年8月1日，京津城际高速铁路开通运营，最高运行时速350公里；2009年2月26日，武广高铁投入运营，最高运行时速350公里；2010年9月28日，沪杭高铁试运行最高时速达到416.6公里，创下世界铁路运营试验最高速。

科技部发布的报告指出，2011年底前后，中国新一代高速列车将投入京沪高铁运营，全程1 320公里，最高运行时速380公里，最高试验时速420公里以上。

点评：因为智慧，我们中国人让高速铁路一再提速，创下世界营运时速最高的纪录，超过了一些客运飞机的飞行时速，实现地上飞行，打造了“地上飞机”。人的智慧能创造奇迹，智慧加速人类科技发展，智慧给人们带来方便，带来美好。

2.突破传统认识是少林人的智慧

2011年1月8日，嵩山少林寺方丈释永信透露说，少林寺在伦敦、柏林等地直接办了40多家公司，另外还间接办了一些公司。在北京大学文化产业研究院举行的“第八届文化产业新年论坛”上发表演讲时，释永信表示，少林寺目前发展的重点是在海外，“在国内没有做太多，重点主要在海外，我们的武僧和法师都用英语、德语、西班牙语在当地传播，海外发展壮大了，才能在国内有话语权”。但释永信也解释说，少林寺最初在海外的发展都是先花几万美元在当地租房子，收徒弟，最多的场地能收到几千人次，“有点钱就希望在那里按揭买房，再有点钱就买地建房子，我们就是要融入海外，这也不能算少林寺资产”。

点评：少林人冲破世俗的成见，把发展的重点放在海外，这不仅是扩大少林人在海外的影响，更为少林自身的发展提供了广阔的前景，同时对中国佛教文化和文化产业的发展也会产生深远的影响。这是少林人的睿智之举。

3.广州亚运，智慧的结晶

2010年11月12日晚上，万众期待的广州亚运会开幕式在海心沙惊艳亮相，水、火、光、声浑然一体，交相辉映，营造了一场听觉和视觉盛宴，大大超乎人们的预期和想象。事实上，为了能够走出北京奥运会和多哈亚运会的光环，广州亚运会开幕式创作团队进行了大胆的创意尝试，十大创新如选址海心沙、8面超大高科技电子屏、海洋与大陆文化的碰撞、水涨水退制造绚丽幻觉、采集文明之水汇聚广州、高空威亚节目创造纪录、45条花船演绎珠江巡游、为各代表团特制幻灯片、代表团入场牌凸显文化、各团分4路出席开幕式，是智慧的结晶，确保开幕式圆满成功。

点评：广州亚运开幕式，因其独特的创新令世人瞩目。其十大创新，体现了十大特色，体现了胆略，更体现了智慧。创新是集体智慧的结晶，创新的智慧总是出人意料，让人难忘。

（二）常备考题

试题一：

一个人并不是富有就会快乐，也不是努力就能成功，真正决定我们幸福与成败的是“智慧”，智慧能指导我们转败为胜，由弱而强，能引发我们过着创造性及自由自在的生活。人只要拥有了智慧，就会产生魅力。智慧的魅力是一种永恒的愉悦。

请以“智慧的魅力”为题，写一篇不少于600字的文章。

智慧的魅力◇姚伟

见证智慧的时刻，就是彰显才能的时刻；彰显才能的时刻，就是大展身手的时刻。——题记

智慧与聪明是棵并蒂莲，只有聪明才能拥有智慧，只有拥有智慧才能聪明。许多聪明人都有他们各自的智慧。这些智慧的力量是强大的，是威力无穷的，是前途无量的。智慧，既像白天太阳，给人希望和力量；又像夜里星光，给人遐想和向往。

我认为最富有智慧的人就是老师和外交家了。老师要有智慧是因为得教学生；外交家是为了维护国家尊严和内外和平。春秋战国时期，各国之间长年钩心斗角，尔虞我诈，于是就出现一些有智慧的使者。苏秦佩六国相印，绝不是靠运气；张仪破“合纵”，成“连横”，需要何等智慧！

《晏子使楚》里晏子充分地把他的智慧表现了出来。面对楚王咄咄相逼，他以“橘生淮南则为橘，生于淮北则为枳”来反驳，既维护了国家的尊严，又不失一个外交家的礼节。

曾看过一篇阅读：一个人带着一筐菜、一只羊和一只狼要过河，但船很

小，这个人每次只能带一种过去。这个人想：如果我把菜带过去，羊就会被狼吃掉；如果我把狼带过去，羊就会吃掉菜。那么，我该怎么过河才能使他们都能安然无恙地过去呢？终于，他想出了一个好主意。他先把羊带过去，再划回来把菜带过去，菜带过去后再把羊接过来，然后再把狼带过去，最后再返回一趟把羊接过去。虽然有点麻烦，但巧妙地解决了难题。

我曾见到一个古希腊流传的有趣的哲学故事。一个母亲把她的孩子不小心弄掉到水里，鳄鱼正好接住了，它没有立刻吃，也没有还给那位母亲，而是对她说："你说一句话，是真的我就放了这个孩子，是假的我就吃了他。"母亲这时说了一句话："你要吃我的孩子。"鳄鱼愣住了，只好放了孩子。这个母亲运用自己的智慧，一句话救了自己的孩子。

这就是智慧的魅力，这种魅力散发出的能量是强大的，是威力无穷的。

点评：智慧的魅力在于它散发出的能量，可以让人在危急关头灵光一闪，顺利化险为夷；可以让人在他人的歧视、漠视中维护自己和民族的尊严，重新站起来；可以让人解决困惑已久的问题，迎刃而解，拔开阴霾，重见灿烂阳光。文章以流畅、深刻的语言描写了几个故事，说明智慧的能量之大、之强。

试题二：

苏格拉底说：美德即智慧。基督说：正义就是智慧，爱就是智慧。

请以"智慧是_____"为题，将题目补充完整，写一篇不少于600字的文章。

智慧是永恒的◇束佑涵

白色·纯洁·胸襟

当福布斯全球富豪排行榜发布，墨西哥的电信老板卡洛斯·斯利姆·赫鲁，以533亿美元的身价登上首富宝座，而连续13次登首富宝座的比尔·盖茨以530亿美元身居第二。

当记者蜂拥而至赫鲁先生的豪宅时，提出五花八门的问题时，赫鲁先生回答："真正的首富不是我，而是比尔·盖茨先生！因为在过去五年里，比尔·盖茨先生一共向社会捐出240亿美元的个人财富。要不然，他的财富会远远超过我。然而，这次被评为新的首富，只能说明我为大家做得还不够，对此，我感到十分遗憾！"

这是新富豪的一种胸襟，更是一种智慧。

正如那洁白如雪的满天星，依稀闪烁出智慧的光芒，即便是在漆黑的夜晚。

黄色·永恒·拼搏

1984年，在东京国际马拉松邀请赛中，名不见经传的日本选手山田本一意外地夺得世界冠军。

面对记者的访问，他说了一句话“凭智慧战胜对手”。

或许有人不理解，或许有人认为他故弄玄虚。

两年后，在意大利国际马拉松邀请赛中，山田本一代表日本来参赛。这一次，他又获得了世界的冠军。

面对再次的访问，他还是那句话“用智慧战胜对手。”

这一次，记者没有挖苦他，但对他所谓的“智慧”感到不解。

10年后，这个谜底被解开了，他在自传中说：“每次在比赛前，我都要乘车把线路仔细看一遍，把醒目的标志画下来，一直画到比赛终点。比赛开始后，我百米速度到第一个目标，再用相同速度向第二个目标冲去，渐渐地，40多公里被分成几个小项目，轻松被我跑完了。”

这是赛场最公正的智慧。

这是被汗水所浇灌的智慧。

永远的满天星

没错，满天星，它象征智慧。无论黑夜的星星再怎么少，智慧的满天星，仍能照亮整个星空。

星光下，满天星，摇晃着，闪烁着……

点评：读完此文，总觉得那星光闪烁的景象还在脑海中，挥之不去。作者运用新奇的比喻将智慧融入绚丽的色彩之中，两位在各自领域成为佼佼者的经历，诠释了智慧的含义。作者在文末点出自己独到的观点，正如其所言，那种爱与智慧永恒，如满天星照亮天空，是永远的满天星。三个小标题，使文章条理清晰，句式整齐。

试题三：

亚当和夏娃开始在伊甸园中快乐地生活着。他们尝遍园中的各种果实，只是从不敢去碰智慧之树与生命之树的果实。一天，聪明而狡猾的蛇来到夏娃身旁，对夏娃说：“吃掉智慧之果，你不会死掉，你会变得像耶和华一样聪明，他是怕你们吃了之后便能分辨是非善恶，充满智慧啊！”听了蛇的话，夏娃禁不住摘下一个咬了下去，又将剩下的递给亚当吃了。顿时，二人都觉得心明眼亮，他们低头看着自己，又望望对方，都感到很羞耻。于是，摘下附近的无花果树的叶子，编结好系在腰间。当耶和华再来巡视伊甸园时，已懂得羞耻的亚当和夏娃，慌忙躲进树林里。

读了这个故事，你有何感想？又有哪些联想？请以“追寻智慧的_____”为题，将题目补充完整，写一篇不少于600字的文章。

追寻智慧的足迹◇夏青

人生的行走，如那一捧沙。细细软软的沙砾，堆砌成我们一生的光景。我在其间，奔跑不停。只为追寻，这片浅滩里属于智慧的足迹。

是秋，有着微微的凉意。天上飘浮着几朵白云，风一吹，四散开来，薄薄的满天都是。独自在空荡的街头，听叶子奏响的沙沙声。倏然，一片落叶，悄然而至，它落在我的发梢，又飘下，手提着金色的裙摆，在空中宛转舞动，划出一道道美丽的痕迹。伸出手，看叶子落入掌心，细细的暗纹里，铭刻着岁月的秘密。叶子宛若金色的水彩，在手心里映出生命的绚丽。叶子，你这样美丽，为何如此之傻，甘心飘落，湮灭成泥？回答我的是风里树叶的轻响。

这一片落叶又开始舞动了，它挣脱了桎梏，徐徐而下，浮尘之上，满是金灿灿的落叶。它们没有离别前的哀愁，却是笑着笑着，静待季节的交替。那一刻，世界笼罩在一片金色的安宁里，宛如十八世纪的油画。

我看着风里的那些笑脸轻轻地笑开，原来，真正傻的是自己。

一片落叶，一场轮回。

它告诉我：真正的智慧不在于想方设法展现自己的美丽，而是明白生命的价值，人生的意义。

这便足矣。

雨后的城市，湛蓝的天空好像被漂洗过的白色染布，覆盖着整个视野。我正在窗边欣赏这不加雕饰的自然之景时，一只调皮的小麻雀从窗台跳到我的书桌上。它踩着桌上细碎的阳光，那些明亮的光斑映在它身上，一晃一晃，我没有逗弄它，只是静静地观望。它也许觉察到有些不对了，开始摆动翅膀，在屋内盘旋几圈，忽然向窗外飞去，却撞到玻璃上，无力地滑落下来。可令我出乎意料的是，它竟没有停歇，而是一次次地向窗外飞去，一次次撞击。

有那么一刹那，我抛开了尘世的繁杂，注视着这只撞了南墙也不回头的

"笨"鸟，心头丝丝缕缕的感觉缠绕在一起。

终于，它找到了那个出口，摇摆着伤痕累累的身体，逆着阳光，义无反顾地飞向了远方。

一只鸟儿，一次努力。

它告诉我：真正的智慧不在乎知难而退，而是明白只有一次次尝试，一次次拼搏，才能寻回属于自己的那片蔚蓝天际。

蓦然回望，浅握双手。

那些掩埋的印记涌动在生命的河床上，闪着耀眼的光彩。

我想我找到了智慧的足迹。

点评：作者善于去捕捉生活中一丝丝智慧的真谛。一片落叶，一只鸟儿，仿佛是作者人生的使者，引领作者追寻智慧的足迹。文章如水，细腻；文章如诗，优美。在作者眼里，智慧人生一点一滴的美好，智慧是奋斗，是追寻……文章透着淡淡忧伤，在字眼间永生。文章思路清晰，语言深刻、简练，就像文章中说的"闪着耀眼的光彩"。

（三）考题分析

智慧是什么？智慧就是创造，是化腐朽为神奇的力量，智慧是奇迹的另一种诠释。智慧是人类对知识、常识、聪明、经验的观察、实践、感悟而形成的创造力。智慧让人善于运用知识，透过表面现象看到实质。智慧是指人所具有的产生新思想的思维能力。智慧是力量，智慧是懂得自己，懂得生活。智慧是一种生活的状态，是智商，是情商，是生活的态度。真正的智者宠辱不惊：坐看亭前花开花落，笑望天边云卷云舒。

生活离不开智慧。善于运用知识的人就是有智慧的人。智慧是创造，是培养创新能力。当代青少年要成为有创新能力的新一代，就要在生活中磨炼。"智慧"这一话题，学生有话可说，这也是新课程改革的重要内容。因此，中考作文命题将会越来越关注此类话题。

写好这类话题首先要选准题目涉及的智慧内容，如小小的发明，偶然的发现或灵感，学习上的技巧，与父母、与老师、与同学和谐相处等。其次是多角度思考。不同角度均可，体现在哪些细节上，刻画好这些细节。

（四）考题拓展

试题一：

小小创意——学习之余，我们常有自己的小制作、小发明，这些都是小创造。联欢会的创意策划等，都体现了你的才智。

请以“我的小策划”为题，写一篇不少于600字的文章。

试题二：

自我反省——我们常常在反省中进步。反省是对自己的严格要求，是高尚的生活态度。生活中最需要自我反省，倘若你在取得一点成绩之后自我反省一下，那么你将取得更多的成绩，可是自我反省往往是不容易做到的。

请以“我在反省中______”为题，将题目补充完整，写一篇不少于600字文章。

试题三：

心有诀窍——成功的背后，除了汗水，还有方法。我们在学习中常常遇到难题，如背诵古文和单词要很久才能记住，有一天，你突然找到了诀窍，原来半个小时才能背会，现在只要几分钟就行了。和老师、和父母、和同学有时会闹点摩擦，如何巧妙地解决这些矛盾，让彼此关系和谐呢？你学会了待人处事的本领，这也是智慧。

请以“成功背后的故事”为话题，写一篇不少于600字的文章。

分析：很多题目都与智慧有关。有的直接相关，有的间接相关。如试题一和试题二，可以写其他话题，也可以写智慧话题。试题一，如教师节，父母生日等，自己制作小卡片表达心中的爱，为班级设计主题班报的插图，或者为一期板报做一个总的策划。还有班级召开的主题活动策划、自己的假日策划、平时的作息安排都有科学性，这些都可体现你的智慧。试题二，做错事要反省，到底要反省那些事呢？我们可以从日常生活的一些小事中去发现。像平常时待人是否亲切有礼，做事是否脚踏实地，求学是否认真上进等。善于自我反省，能认识到自己的错误并改正它，就是最大的智慧。生活中经常反省，就会有更多的收获和成功，写出自己的故事，也就是你的智慧故事。

五、心态类常备考题

有个谜语：你对它笑，它就对你笑，你对它哭，它就对你哭。这是什么？

人们都猜：这是镜子！我的朋友却不动声色地回了一句：这是生活。

举座皆惊！他却来了句妙侃：“愁眉苦脸地看生活，生活肯定愁眉不展；爽朗乐观地看生活，生活肯定阳光灿烂！”

阅读上面文字，你联想到了什么？你有何体验感悟？请以“追寻阳光心态”为题写作，不少于600字。

青少年健康成长问题是永恒的话题。独生子女心理健康问题日益突出，令教育工作者担忧和不安，也影响到社会的和谐。当下青少年不良心态突出地表现为：我行我素，唯我独尊；心态脆弱，遇难而退；怕苦怕累，厌恶学习；情绪低落，自卑失望；心理逆反，憎恨仇视等。保持良好的心态才会在逆境中崛起；保持良好的心态才能取得成功。为什么拿破仑能够顶住压力而叱咤风云？为什么海伦·凯勒在双目失明的情况下，心中依然有光明之梦？这都是健康心态所起的作用！心态是我们真正的驱动者，它能使我们成功，也能使我们失败。同一件事由具有两种不同心态的人去做，其结果可能截然不同。心态改变人的命运，成功永远属于那些抱有积极心态并付诸行动的人。如何保持良好的心态，积极面对人生，这是重大的人生课题，也是命题的原因所在。

要写好“心态”题，首先要理解心态对成长、对人生、对生活、对事业的影响和作用。你是如何看待心态的？美好的人生需要良好的心态，即使命运不公，良好的心态也会使生活充满阳光。心态失衡会导致人生走向偏废。相信自己，相信未来，用健康的心态拥抱生活。其次，要扣住“阳光”来立意。阳光的心态是我们应该选择的心态。倘若心为物役，患得患失，就只会被悲观、绝望窒息心智，人生的路途注定如负重登山、举步维艰了。

为何要追求阳光心态呢？因为阳光豁达的心态能成就事业。阳光心态能让人长寿。阳光心态能让人乐观面对死亡。反之，心态不好很难成功。执迷不悟的心态更不可取，甚至愚蠢之极。

追寻阳光心态◇陈蕾如

泰戈尔说：“生如夏花般灿烂”。

心池被这般优雅而蓬勃的文字扰乱，漾开一圈圈诗意的涟漪。我笃定这夏花定是向日葵罢！那样明媚而灿烂的花，用生命书写温暖，追寻阳光的步伐，用恣然肆意的姿态，描摹生活的爽朗。向日葵将每一个晴天都当成一种恩赐，用蜜色的花盘仰望太阳，用力汲取一丝一缕的温暖。所以它的生活是美好的，充盈着阳光的味道，张扬着生命的活力，用纯粹的金黄渲染一种生命的态度。于是它永远是灿烂的，勃发的，温暖的。

卢梭说：“芦苇用秸秆背负起这个世界给它的重量。”

看到这般简单而温暖的文字时，我笑了。小小的葭苇，用孱弱的躯干诠释力量，用永不低头的姿态宣誓着小小的自信，于是，生活自此变得有些坚定，有些幸福。小如蒲草般的幸福，源于那份对待生命的韧性。用手拂下绒秆，它重新在掌间鲜活直立起来，用昂扬的态度，不卑不亢地直面世人的审视。我想，这样柔软而坚韧的力量便是它对生命的信仰罢。

轻轻合上装帧精美的书，回味着哲人的箴言。凝视着阳光在窗台前跳跃的步伐，感受着细腻的温暖倾洒在睫羽之间，细小的灰尘在阳光中翻舞跳跃。在祥和静谧的氛围中，心灵浅浅摇曳着优雅的弧度，醉了，醉了。在阳光中，有股莫名的力量潜滋暗长，哲人告诉我那是生活的力量。

妈妈说像向日葵一样，笑对生活，用阳光的心态去直视漫漫前程。

爷爷说：坦然背负起生活给予你的压力，用阳光的心态去书画你未来的人生蓝图。

我笑着颔首，将这箴言存于时间的沙漏之中。未来的道路如何曲折蜿蜒，谁能知晓？用阳光的心态去捕获生活中点点滴滴，用阳光的心态去品析人生中的波澜起伏，此已足矣。因为生命已被镀上了阳光的颜色，即使艰难，也蕴含着别样璀璨的光华。

一花一草一菩提，一人一生一世情。阳光的韶华隐于生命细微的角落，拥有它，便有了直面生活的勇气与力量，前程再坎坷如何，你都有一样的坚定。信仰阳光的人生，总归会温暖一点。

追寻阳光，如上古的夸父逐日，如此，便凝刻成了一种生命的信仰。

点评：

内容：文章由泰戈尔、卢梭的名言，引出自己的个人思考，表达自己对生命的独特理解：追寻阳光，像向日葵一样，生命灿烂温暖；追寻阳光，像芦苇的秸秆一样，生活充满潜滋暗长的柔软而坚韧的力量。妈妈和爷爷的话宛如谆谆教诲，让我明白一个人生箴言：信仰阳光人生，总归会温暖一点。结尾“追寻阳光，如上古的夸父逐日，如此，便凝刻成了一种生命的信仰”，这不仅是自己的独特感悟，更是作者的立意所在。本文立意深刻，体验独特，思想、情感健康向上。

结构：文章的结构不复杂，由名言或家人言语分别引出自己的个性理解、感悟，由名人名言到亲人的告诫。先分后总，脉络清晰，结构严谨。

语言：语言流畅，富含哲理意蕴。小作者的文化底蕴深厚。

创新：主要运用名言素材引发自己的个性思考，表达自己对阳光心态的感悟，从而表达对生活、对人生的一种积极态度，追寻生命的信仰。构思不算新颖，但立意是深刻高远的。

拓展分析：

心态，就是我们如何看待事情。世间万事万物，你可用两种观念去看它，一个是正的、积极的，另一个是负的、消极的。积极的心态可使人快乐、进取，有朝气，有精神；消极的心态则使人沮丧，难过，没有主动性。一位艺术家说："你不能延长生命的长度，但你可以扩展它的宽度；你不能改变天气，但你可以左右自己的心情；你不可以控制环境，但你可以调整自己的心态。"由此看来，我们可以把"自信""宽容""把握自我"等话题迁移到"心态"话题上来。

从心态对个人事业成败的影响来看，心态是人生的本钱，心态决定人生。一位哲人说过："你的心态就是你的主人。"在现实生活中，我们不能控制自己的遭遇，却可以控制自己的心态；我们不能改变别人，却可以改变自己。其实，人与人之间并无太大的区别，真正的区别在于心态。所以，一个人成功与否，主要取决于他的心态。每个人的一生，难免都会遭受挫折和失败，所不同的是失败者总是把挫折当失败，成功者则是从不言败。在这个层面上，"勇气""磨难""骄与馁""面对挫折""成功的秘诀"等话题都可以迁移到"心态"话题上来。

从心态与心情密切相关的角度看，要永保一颗平常之心。人生不可能一帆风顺，有成功，也有失败；有开心，也有失落。如果我们把生活中的这些起起落落看得太重，那么生活对于我们来说永远都不会坦然，永远都没有欢笑。人生应该有所追求，暂时得不到的并不会阻碍日常生活的幸福，因此，拥有一颗平常心，是人生必不可少的润滑剂。在这个层面上，"心境""情操""幸福""平和释然""笑口常开"等话题都可以迁移到"心态"话题上来。

从如何保持良好心态这一角度看，要学会取舍。适时放弃是一种智慧。它会让你更加清醒地审视自身内在的潜力和外界的因素，会让你疲惫的身心得到调整，成为一个快乐明智的人。盲目的坚持不如理智的放弃。什么也舍不得放弃的人，往往会失去更加珍贵的东西。在这个层面上，"坚守""得与弃""智慧""选择""审视自我"等话题都可以迁移到"心态"话题上来。

从避免消极心态的角度看，要学会善待自我，给心灵放假。学会给心灵松绑，就是要给自己营造一个温馨的港湾。在现实生活中，终日烦恼的人，实际上并不是遭遇了太多的不幸，而是根源于烦恼者的内心世界。因此，当烦恼降临的时候，要学会给心灵松绑，从心理上调适自己。在这个层面上，

“反省”“磨炼”“心声”“烦恼”“期盼”“善待”“自我激励”等话题都可以迁移到“心态”话题上来。

六、快乐类常备考题

阅读下面的文字，按要求作文。

一个富翁拥有许多的金银财宝，却总是感到自己不快乐。他想快乐也许在别处，于是决定去寻找快乐。临行之前，他没忘记背上许多金银财宝。可是走了很多地方，他依然没有寻到快乐，就沮丧地坐在山道边。这时一个农夫唱着歌从山上走下来了。富翁问农夫：“我有很多的钱，别人都羡慕我，可我为什么不快乐呢?”农夫放下柴草，一边擦汗，一边笑眯眯地说：“快乐很简单，放下就是快乐!”富翁恍然大悟，自己背着那么多的金银财富，老怕别人抢去，还担心遭人暗算，所以整天忧心忡忡，快乐从何而来呢?

请以“快乐之源来自_____”为题，将题目补充完整，写一篇不少于600字的文章。

有生活就有快乐，快乐无处不在。随着物质生活水平的提高，人们越来越向往精神生活的愉悦。人们在紧张快乐的工作之余，开始追求丰富多彩的文化生活。从满足衣食住行到追逐时尚享受，从参加不同层次的联欢会、歌舞会到欣赏电视节目，从游览观光到休闲度假……人们消费观念的改变，早已向快乐蔓延。初中生课业负担重，多半是苦中作乐，很多学生尤其是初三学生睡眠质量不高，作息时间没有规律，学习和考试的心理压力大。长期睡眠不足还会导致免疫力降低，对学生最直接的反应就是出现记忆力减退、反应能力下降、上课打瞌睡等诸多问题，极易降低学习效率。让学生快乐地学习，健康地成长，培养他们高尚的情操和审美情趣，是新课标的要求。如何发现快乐，寻求快乐，这是青少年面临的重大问题，也是命题的初衷。

写好“快乐”题，首先要正确理解快乐，快乐是一种心理感受，是一种心理上的满足。我们要追求积极向上的愉悦感受。课堂上的恶作剧，哗众取宠，同学之间恶语伤人，侮辱他人人格而乐等，是一种不尊重他人的低级趣味的快乐。这些不能作为我们追寻的快乐进入作文里面的。其次要扣住“之源”，要问一问：为什么快乐？为什么不快乐？这快乐是怎么来的？获得了快乐又会怎么样感受呢？弄清了快乐内涵本质，就可以在此基础上立意选材补题了。如“快乐之源来自跳动的音符”“快乐之源来自绽放自我”“快乐之源来自心灵的选择”等。

写作此题，可以采用由此及彼的联想法来拓宽思路。可以由快乐话题联想到相似的或相反的，由现象到本质，由表现到结果……如由快乐联想到痛苦，想想快乐和痛苦的关系，人们对两者的态度。如以“快乐之源来自成长的苦涩”为题，通过写自己在成长中亲历的种种挫折、痛苦，因长相或某一习惯被同学私下起绰号而带来的烦恼，被他人误解的无奈，失去友情的失落等，最终通过拼搏获得成功，凭着实力赢得自尊的喜悦等。正是成长中的这些苦涩味，让自己明白：“蝴蝶不经历蜕变的痛苦，就没有翩翩起舞的快乐”“流星不划过天际，就不会有灿烂的摩擦，更不会有它绽放时的快乐”。

快乐之源来自低处的宁静◇卢慧敏

人往高处走，是人生追求；人往低处走，是追求人生。

古人云：“静中念虑澄澈，见心之真体；闲中气象从容，识心之真机；谈中意趣冲夷，得心之真味。观心论道，无如此三者！”天地的玄机在于一个“悟”字，自我的玄机在于一个“静”字。往低处走，才能让自己心静如水，不在高处的浮华中迷失，永葆孩提时的纯朴与自然，才能让这低处的宁静成为永久的快乐之源。

低处的宁静是一种执著。无论花开花落，云卷云舒，都要顶得住干扰，耐得住寂寞，经得起诱惑，永远保持一份内心的祥和与快乐。

低处的宁静是一种悟性。天地间真滋味，唯静者能尝得出；人世间真玄机，唯静者能看得透。

低处的宁静更是一种成熟。懂得守护低处宁静的人，从容不迫，纵然一贫如洗，身处困境，在艰难险阻中，他依然是平和，坚忍而快乐的，犹如一株银杉，拔节挺劲，不枝不蔓，在世俗中能始终保持超凡的力量，植根于这个尘世却不为风雨沧桑所动，能包容万物，宽容万象，守护着内心深处一颗慈忍博爱之心，放射出人格与操守的灼人光华，成为别人心中的快乐源泉。

守住低处的宁静，不是为了逃离现实，而是在历经沧桑后的平和与豁达，是对生命大彻大悟后的睿智与淡定。越是经历了风雨的人，越懂得守住宁静与快乐；越是不谙世事的人，越张牙舞爪。

守住低处的宁静，就是坚守信念，不越雷池半步。在离群索居中能探幽析微，集腋成裘，忙人之所闲，得人之所无；能不计回报地付出，享受内心的快乐与安宁。

守住低处的宁静，就是以一种淡泊如水的人生态度去看待生活，以一种自由不羁的生存方式去抒写人生。以平淡的态度对待生活中的繁华与诱惑，让自己的灵魂安然如命。

在繁芜的劳作之余，你可以观月上树梢，你可以览湖光山水，你可放飞心绪。总之，往低处走，守住自己的宁静，守住自己的快乐之源！

点评：

内容：题目就很有新意，开篇直奔主题，直接指出“人往低处走，是追求人生”，再用古语引出“天地之悟”，引出“往低处走，才能让自己心静如水”，“才能让这低处的宁静成为永久的快乐之源”，之后用简短的三段阐述了“低处的宁静是什么”，再用精炼的三段解释出“为什么要守住低处的宁静”，最后发出“往低处走，守住自己的宁静，守住自己的快乐之源！”的呼号。在作者看来，快乐之源来自地处的宁静，通篇富含佛教文化中“悟”“静”思想精髓，这实际上是一种高尚的人生境界。文章思想深刻，整体内容蕴含哲理，见解新颖，内容耐人寻味。

结构：文章在引出“低处的宁静”这一概念后，用三个排比段“低处的宁静是……”对其内涵进行阐述。接着又分别以“守住低处的宁静”三个排比段，分别指出这是守住“宁静与快乐”“享受内心的快乐与安宁”“让自己的灵魂安然如命”，最后归结。排比富有气势，结构是由总到分、再到总。

语言：文笔细腻，读起来富有韵味。读完后引发人们的深思与联想。语言精练、干净，充分展现了小作者的语言功底，文章富有文采，文化底蕴深厚。

创新：文章观点新颖，围绕“低处的宁静”和“守住低处的宁静”，得出自己对快乐之源的种种个性理解，新颖而有意蕴。

分析：

快乐就是觉得幸福与满足。只要心灵有所满足，做自己喜欢的事情，和自己喜欢的人交往，就是快乐的。懂得快乐、善于快乐是一种智慧、一种气度、一种气魄。在沙漠中艰行而久渴的人，只要看到一丝绿意，就会感到快乐；在逆境中挣扎而伤痕累累的人，只要听到半句鼓励的言辞，快乐感便油然而生。荆棘划伤了手指，可幸的是没有伤着眼睛；登山时不小心，金表落下了悬崖，可幸的是没有危及性命。这些不幸之中的大幸，只要仔细去品味，就会感觉到它们像拨动着你快乐的心弦。在这个角度，快乐可以和“动力”“渴望”“力量”“满足”“幸运”“换个角度”等话题相连。

从浅层次的快乐看，率性生活。如与伙伴朋友们分食一袋话梅，一袋果冻；和朋友一起喝酒聊天，然后再出去疯狂大叫；瞒着爸妈偷偷打了一场游戏，辛苦五天后双休日睡个懒觉；终于理解父母是怎样疼爱我；走在路上口渴难受，然后看到一家冷饮商店；拼搏之后的成功；为人正直所感受到的坦然……在这个角度，快乐可以和“分享”“沟通”“和谐”“信念”“坦然”“历练后”“为自己做主”等话题相连。

从深层次的快乐看，心系祖国和人民，如欧阳修与民同乐，范仲淹先忧后乐，上海世博会和广州亚运会成功举办，嫦娥2号卫星搭载中国的探月梦想和民族自豪感发射升空……在这个角度，快乐可以和“爱国”“脊梁”“梦想”“忧乐观”“民族魂”等话题相连。

从多角度认识生活看，快乐的内容深广。劳动是快乐的，因为你在创造财富；助人是快乐的，因为你在奉献爱心，赠人玫瑰，手有余香；宽容是快乐的，原谅别人的缺点，给别人一个改正的机会，也给自己心灵一个自由的空间；合作是快乐的，因为和别人的沟通交流中共同创造着价值；知足是快乐的，因为你拥有的一切都是弥足珍贵的，如亲情、友情，是生活给你的丰厚的馈赠，要怀感恩之心；进取是快乐的，因为无限风光在险峰；学习是快乐的，因为知识的养分净化了你的心灵。在这个角度，快乐和“勤劳”“奉献”“宽容”“合作”“回报”“进取”“求知”“知足常乐”等话题相联系。

从人生的“秘诀”看，要追求生命的质量。人生的“五大秘诀”是：多点付出，少些要求，释放憎恨，避免忧虑，活得简单。多些付出，就必须有体力、智力和拼搏的能力；少些要求，必须学会理解；释放憎恨，必须学会宽容；避免忧虑，必须有自制力；简单生活，必须有“放下”的能力。品味着生命百态，快乐的秘诀就是找到内心的安宁。当你在锱铢必较得失的时候，快乐就从你掐算的指间溜走；当你不顾一切地攀爬高峰的时候，快乐就在你毫不流连的沿途中遗失了。心中无我、完善大我、直面小我，留一方净土，存些许纯真，这才是快乐的源泉和动力。在这个角度，快乐和“付出”“放下”“自制力”“平和”“和谐”“小我与大我”等话题相联系。

七、珍藏类常备考题

清风从水上掠过，留下了粼粼波纹；骆驼从沙漠走过，留下了深深蹄印；雨滴从林中飘过，留下了寸寸滋润；岁月从树林走过，留下了圈圈年轮。朋友，我们从时代的舞台走过，该留下点什么呢？

请以“留点____”为题，将题目补充完整，写一篇不少于600字的文章。

成长中，我们留下了很多的印记。到处有你我他一起走过的足迹，值得珍藏的东西有很多。成长中历经的酸甜苦辣，无论是自己还是他人，都有值得回味的，该牢牢记住的美景。那人，那物，那景，那情，留在自己心中的，是永远抹不去的。它见证了我们历经的风风雨雨，花开花落，云卷云舒，也必将成为最美好的回忆。在丰衣足食的今天，我们并不觉得温饱的可贵；在宽敞明亮的教室读书，并不觉得学习的可贵；在朋友知心的话语中，并不觉得伙伴的可贵；当我们仍在追求时尚的时候，并不觉得青春的可贵；当父母无微不至地关怀我们的时候，并不觉得被爱也很可贵。一旦失去这一切，才知道这一切的可贵。我们应该学会拥有，珍惜现在，不留遗憾，留点值得回味的风景。这就是命题的初衷。

写作本题，首先要清楚留点什么，可写留点具体的物质，如留点物品，留点鸡汤；可写抽象精神的，如留点美丽，留点诗意，留点善良，留点希望；可写情感上的，如留点感谢，留点温暖，留点感恩，留点感动，留点真情；可写不足的，如留点教诲，留点遗憾，留点冲动，留点自尊，留点骄傲……

留点最清纯的眼泪◇束念飞

那一次，我流泪了，是第一次真正流泪。

那是最清纯的泪。

自以为人缘还不错的我，班上的确有许许多多的死党，关系融洽得很，基本上我是没有为她们哭过的。不过那一次，朋友骂我骂得很凶，当场，我的眼泪就不争气地流了下来。

我以为，我为一个人流过泪，她对我来说，是极为重要的。但我后来明白，那样的泪不真实，那样的泪太浑浊。

一个普通的下午，与朋友们尽兴之后，仍然兴致勃勃的我，回到了座位。在教室的一角，趴在桌上的瑶，引起我注意，她仿佛睡着了一般，一动不动。于是，我转过身子，坐在她的对面，仿着她那样趴在桌上，问了一句：“怎么了？”她抬起头，眼神中闪过一丝难过与无奈。

“你知道吗？我有个哥哥，上高中了，今年高考时，落榜了，现在他在补习，比往日用功好多，好刻苦。”瑶将投射在我脸上的目光转移到了远处，“我觉得我现在整天都在混，我怕连一中都考不上。”顿时，我想起了自己，整天与朋友们嘻嘻哈哈，时间就这么过去了，人就这么一天天在长大，可总是醒悟不过来。

“那我们一起努力啊，一起考一中。”我只是无意说了一句。“嗯，一起努力，一起考一中。”她的语气中，有了点自信，有了点依靠。“你一定要考上啊！而且要分在一个班！”

在无人注视的角落，没有人会知道，两个女孩的心中，讲下一个梦想的承诺。

我流泪了。

一滴清晰的眼泪滴在我的手背上，凉丝丝的，那一刻，我感到了前所未有的满足。

“嗯，我们一起考一中，一起努力啊”！“你一定要考上啊，而且要分在一个班。”声音回荡在心中很甜，很甜。

是谁乘舟将欲行，才闻岸上踏歌声，桃花潭水深千尺，也不及那一颗清纯的泪的分量。

想去好好留下那一颗泪，好好地去实现那个两个人的愿望。

点评：

内容：作者将这个真实而动人的故事娓娓道来，直抵人内心深处最柔软的地方。文章内容简单，读后感到没什么新奇之处，记叙的是同学之间发生的平平常常的事情。内容简单朴实真实，思想健康向上。

结构：以泪为线索，突出友情的珍贵。条理清晰，简单明了。

语言：简洁流畅。对话描写符合人物身份，对泪的描写，饱含深情。多处运用照应的手法，如“第一次真正流泪”“那是最清纯的泪”“我流泪了”“好好留下那一颗泪”，既是反复点题扣题，又深化文章中心。

创新：描写、叙事、抒情相结合，表达同学之间的情谊和共同的心愿。

分析：

珍藏是珍贵地收藏。也是有价值的收藏。珍藏种类繁多，有看得见的，有看不见的，有实物的，有精神的，有情感的。只要是有价值的都可以珍藏，如珍藏旧币，那是有纪念意义的；珍藏不同时期的笔墨，那是反映了改革开放的成果；珍藏父亲用过的铁锹、扁担，那是对父亲的尊敬，也包含着对亲情的回忆；珍藏照片，那是照片的背后，有着一段温馨的故事，或许这照片有你童年的情趣，有你游览天下美景的欢乐；珍藏影星的签名，那是这签名里有你的崇拜激情，你的追星梦想；珍藏那句话，那是这句话改变了你的人生。在这个层面上看，“惦记”“回味”“触动”“痕迹”“难以割舍”“我的小故事”“心中的美景”“心灵深处的记忆”等话题都可以迁移到“珍藏”话题上来。

从珍藏的原因看，珍藏的对象打动了你的心灵，如珍藏手织的毛衣，因为这毛衣是母亲在病榻上为自己织的最后一件暖衣，这不仅浸含母亲的汗水和爱，也含着你对母亲的追念，对自己不懂事的追悔；珍藏那个不倒翁葫芦娃，因为在我八岁那年生日，它是我收到的唯一礼物，让我那个生日过得很开心；珍藏那份满分数学试卷，不是因为自己考了满分，而是因为自己考试时偷看邻桌的答案，改了三个选择题才获得如此“殊荣”，这是唯一让我缺憾的满分，我要让自己面对自己的羞愧，永远记住要做一个诚实的人。在这个层面看，“缺憾”“追悔”“殊荣”“羞愧”“特殊礼物”等话题都可以迁移到“珍藏”话题上来。

从珍藏的方式看，可以把东西珍藏在鲜为人知的某个角落，如只有自己能打开的保险柜里；可以珍藏在自己的卧室里，如摆在房间自己每天都能看到的地方；可以珍藏在家中都能看到却意想不到的地方，如藏在你最喜爱的某本书里；可以珍藏在你的日记里，用文字来记录你每天的思念和牵挂；可以珍藏在你的心底里，让它成为永恒的秘密……在这个层面上，“秘密”“心思”“寻觅”“心锁”“悠悠往事”“记忆中的美景”等话题都可以迁移到“珍藏“话题上来。

从珍藏的影响看，珍藏成了我的乐趣，如珍藏邮票；珍藏让我懂得友情的珍贵，如那个秋千让我们度过了纯真无邪的童年时代；珍藏让我走向成熟，如因我踢那个足球的狂热劲让我最好的朋友左眼至今不能完全复明，我懂得了歉疚，明白了冲动的危害等。在这个层面上，“爱好”“情趣”“不想长大”“成长雨季”“走向成熟”等话题都可以迁移到“珍藏”话题上来。

八、感恩类常备考题

“受人滴水之恩，当涌泉相报”，“人敬我一尺，我敬人一丈”。感恩是我们中华民族的传统美德。感恩增强了人与人之间的友谊，能促进社会的和谐。我们应该拥有一颗感恩的心，去发现生活中的真诚和美丽，去体验成长中的活力与快乐。

阅读上述材料，任选一题作文，不少于600字：

那一刻，我懂得了感恩

感恩，应该从点滴做起

部分青少年越来越注重自我感受，强调自我中心，不懂得感激、尊重、回报和付出，缺乏对自己、对家庭、对社会的责任感，被称为“冷漠的一代”。如有的青少年大把大把花钱，不体会父母挣钱不易；有的青少年精神缺失，不懂得感恩、惜福，意志力薄弱，在灾难、困难面前很脆弱，出现了一些割脉、上吊、跳楼等事件。受社会环境影响，网瘾少年对父母持敌视态度，他们更多的是想从社会、从他人那里攫取，甚至将之视为理所当然，而不是想着如何给予或回报。不感恩的现象遏制了良知的萌发，破坏社会的和谐。学会如何感恩父母、社会和他人，是青少年必须面对的重大命题，这就是命题的初衷所在。

“感恩”是什么?感恩是一种心态，是一种生活态度，是一种精神境界，更是一个人的世界观。感恩，体现了人与人之间交往的准则，也是人与人之间一种凝聚力的内核。在生活中，我们要感恩父母、感恩亲人、感恩老师，感恩朋友，感恩他人，感恩社会，感恩自然，感恩地球。怀揣感恩之心是一种高尚的品德，无论感恩哪一方面，感恩谁，都要回答“为什么感恩?”“感恩的具体表现有哪些?”这两个问题。

写作“那一刻，我懂得了感恩”这个题目，要抓住题目中的“那一刻”，要对“那一刻”进行细致的心理刻画。你由不懂得感恩到懂得感恩，这一变化过程是怎么来了，这一点必须突出，要通过生活中的细节体现出来。

写作“感恩，应该从点滴做起”这个题目，可以从感恩父母、感恩老师、感恩同伴、感恩他人分别应该怎么做，写出具体生活细节。运用排比段的形式，导出你对感恩具体做法的理解，就是一篇好文章。

那一刻，我懂得了感恩◇杨洋

那一刻，是我人生中智慧的结晶；那一刻，是我人生中耀眼的光芒；那一刻，是我人生中璀璨的明珠……

是她，让我懂得了感恩。她，是我的“启蒙老师”，她让我知道了人世间的美好，人世间的真情传递。

那一年冬天，大雪纷飞，她清早起来，冒着风雪，顶着寒冷，去菜市场买菜。在菜市场回来时，她已成了一个“圣诞老太太”，头发上、眉毛上，都覆盖白雪。回家后，她不顾休息，又开始洗衣。中午，我放学回家，一碗热气腾腾的美味佳肴出炉了，可她仍在厨房里忙来忙去，望着她头上的汗珠，我的心酸涩极了，我心疼地走过去，对着她说："妈，让我来帮你?""好了，快好了，你去吃饭吧!"妈妈边说边烧出我平时最喜欢吃的大虾。我禁不住大虾的诱惑，左右为难。"快点，快点。"听到她催促而又嘶哑的声音，我真是于心不忍。我端着菜到桌子上去，望着这盘让我"魂牵梦绕"的大虾，我拿着筷子吃，可是，又停住了，望着妈妈忙碌的身影，我把口水咽了下去，安静地等待妈妈的到来，可妈妈久久不来，我烦躁极了。

我目不转睛地盯着她，终于，妈妈上桌了。

"开饭了。"妈妈一声喊，仿佛勾起了我的馋瘾，我拿起筷子，直向大虾"进攻"，我吃下了一口大虾，"嗯，大虾的味道相当好!"

我夹大虾时，瞅了一下妈妈，只见她的筷子像长了眼睛似的，只去夹蔬菜。那一刻，我震住了，明白了我的过错，心酸愧疚地也去夹蔬菜，然后一口一口把饭咽下去，我的心里很不是滋味，您辛辛苦苦烧给我们吃，可您呢？默默地在那里吃蔬菜，为了我们，您为我们操碎了心，头发都白了。我夹一块大虾放在您的碗里，可您说牙疼，不吃。又夹给弟弟吃。"妈妈，对不起，我对不起您，您的养育之恩我终身难报。"我的泪珠在眼眶里打转，只在心里默默地想着。

您不仅让我知道您在省给我们吃，更重要的是，您教我上了一堂无声的"感恩课"。

您，是我心目中的大树，是我心目中的海洋，是我心目中的天使。

是您，妈妈，我最要感恩的人是您，至今，我已无话可说，但您的每一个动作，每一个神情，都牢牢印在我的心底里，脑海里。我由衷地敬佩您。

点评：

内容：开篇运用排比的手法表达"那一刻"的不同凡响。接着引出"是她，让我懂得了感恩"，然后细致地描写了妈妈顶风冒雪为自己购买喜欢吃的菜，并亲自做好美味可口的自己爱吃的大虾。但是妈妈自己不肯尝一口，妈妈的行为、举动和神情，在饭桌的刹那间深深打动了"我"，那一刻，"我"泪珠在眼眶打转，懂得了感恩，默默地想着回报。

结构：由排比引出妈妈是我要感恩的人，接着记叙描写妈妈让我感恩的具体事例，结尾议论抒情也是水到渠成。

语言：简洁、流畅、幽默，对话描写符合人物身分，心理描写突出了主题。运用排比、比喻、夸张手法。

创新：主要是借助心理和语言描写，记叙、描写、议论、抒情相结合，感情真挚，生活味较浓。

分析：

感恩是一种对恩惠心存感激的表示，是每一位不忘他人恩情的人萦绕心间的情感，是一种生活态度。比如，我们要感恩父母带给我们生命，在生活中给予我们点点滴滴的关爱与照顾；感恩朋友带给我们真挚的友情，在生活中给予我们关心和鼓励；感恩生活让挫折磨炼我们的意志，让苦难锤炼我们的品质，使我们更深刻地理解生活；感恩社会，感谢它孕育了一个个相像而又不尽相同的个体，组成了一个丰富多彩的大千世界；感恩大自然，岁荣岁枯，春夏秋冬，山水相映，鸟语花香；感恩于洒在我们身上的每一缕阳光，感恩于路人投来的每一个微笑，感恩这一切的存在让我们体验到了真实的美好。在这个层面上，“馈赠”“感激”“情感”“挫折”“自然”“阳光”等话题都可以迁移到“感恩”话题上来。

从感恩对个人成长的作用角度看，感恩，是中华民族的优良传统美德，也是对一个人起码的道德要求。感恩，是一个人心灵成长的营养剂，是一种责任意识、自立和自尊意识，更是一种精神境界的追求。感恩，不仅仅是一种美德的要求，更是构成生命的一个基本要素。从某种意义上说，对于家庭养育之情、社会培育之恩的回报，正是社会责任感和爱国之心的体现。而如今发生在青少年身上的感恩缺失现象屡见不鲜：某些学生把家长满足其要求看成是天经地义的事，即使要求得到满足也认为是理所当然，根本无感恩之心可言；一些家长为了供子女上学，省吃俭用，而有些学生要手机、要名牌服装，花父母的血汗钱一点也不心疼，一旦这些要求得不到满足，便不依不饶，对父母心存敌意甚至与父母对抗。在这个层面上，“美德”“心灵”“责任”“自立”“境界”“追求”“生命”等话题都可以迁移到“感恩”话题上来。

从感恩对社会影响的角度看，感恩缺失已经造成青少年道德和人格的缺陷，成为我们的社会不容忽视的问题。感恩是爱和善的基础，当有恩不报的现象越来越多时，“谁帮人谁就是傻子”“硬起心肠来做人”就会成为一种文化，社会就会失去最起码的良心。在这个层面上，“个性”“良心”“谴责”“善待”“缺失”“和谐”等话题都可以迁移到“感恩”话题上来。

从教育青少年如何感恩的角度看，家庭、学校和社会都应注意教育和引导青少年树立感恩意识，并且教会他们如何学会感恩。尤其是父母，应用实际行动来影响、感染孩子，加强正面引导，帮助孩子树立良好的道德风尚，教会他们乐于助人，学会对别人报以微笑，帮助孩子塑造一颗善于感恩的心，从而在受恩于人之后，常怀报恩之心，并能力所能及地回报他人，回报社会。在这个层面上，“教育”“风尚”“回报”“微笑”“助人为乐”“善待他人”等话题都可以迁移到“感恩”话题上来。

九、准则类常备考题

网络文学作家慕容雪村以“卧底”的形式冒险潜入传销团伙搜集素材，创作而成《中国，少了一味药》。这引发的讨论成为盘点2010年文学创作难以绕开的一个现象。慕容雪村冒险搜集素材，作家“卧底写作”，该不该提倡？一种观点认为，在深入生活中强调实践性，也就意味着作家以一种自省的精神净化自己的灵魂，追求至善的境界。只有这样，才能拓展和丰富文学的精神内涵，应该提倡。另一种观点认为，“卧底写作”即使成立，也是和虚构性小说区别更大的一种“异类”，它有可能随着“卧底”资源的枯竭和读者好奇心的下降而趋于衰退，成为文坛倏然而逝的一颗流星，不该提倡。生活中，人们说话做事都要有自己的准则，说了不该说的话会惹来是非，引起麻烦，做了不该做的事会引起争议，甚至要承担后果。

请以“不该_____”为题，将题目补充完整，写一篇不少于600字的文章。

青少年时期，由于心理的发展与之不相适应，思维的偏激性很大。当下不少青少年做事喜欢盲目地行动，一事当前，无论其正确与否，都盲目地加以抵制，甚至反其道而行之；凡事，无论可行还是不可行，只要他想干，就干，随心所欲，不考虑后果，遇事好感情用事，缺乏冷静的思考。从本能地任性胡来、我行我素，到不辨是非、不识好歹、以暴力抗拒家人管教。做了错事，不认真查找自我的原因，却爱找出种种借口为自己开脱，自我感觉总是“良好”的，有的人听到批评意见便要怒目而视。如何正确地把握自己的言行，树立正确的是非观念，培养健康的心理，这是人生的重大课题，也是命题的初衷。

应该明白，这是一个选材范围广泛，补题十分灵活的半命题作文。我们可以从身边生活取材，以不良行为习惯为内容，补题为“不该追逐打闹”“不该随地吐痰”“不该课上讲小话”“不该抄作业”“不该辱骂老师”“不该和爸爸顶嘴”“不该看的书”“不该进网吧”“不该哭泣”“不该抽烟”等。也可以从社会现象等来补题，如“不该炒房”“不该偷菜”等。这样的补题，容易入笔，但缺乏新意。要想胜人一筹，必须在写作的内容下工夫，要运用多种写作手段，让内容出彩。如采用悬念手法，把追逐打闹的过程写得引人入胜，通过细致的刻画，把渲染打闹场景和因此造成的负面影响表现出来。如何在补题上出新呢？不妨采用反向立意的手法来补题，如“不该合作”“不该助人为乐”“不该挺起胸膛”，这样的补题能吸引人眼球，为什么不该合作？为什么不该助人为乐？为什么不该挺起胸膛？原来是同学之间因为互相合作抄作业，结果害了自己也害了别人，这实在不可取。为了义气，帮助同学打架，结果造成对方骨折致残，这样的“助人为乐”是不该啊！因为缺乏修养，喜欢吹胡子瞪眼睛挺起胸膛，盛气凌人，父母老师的教诲听不进去，结果有一次和社会“小混混”争执，挺起胸膛，被打得鼻青脸肿。看来，有时真是不该挺胸啊！因此，本题的立意是取胜的关键所在。

写作本题，还可以通过提问打开思路来补题立意，什么不该？为什么不该?这两个问题必须搞清楚。还要更深入一层，弄清楚该与不该的关系，通过你的写作，让读者明白“应该怎么样”这个问题。

不该学梁山好汉◇蔡熏夏

做得太过分了。

连我也觉得如此。

不记得从哪天开始，教室里弥漫着一阵不属于这儿的味道，类似于香水，但低于香水的等次，还刺鼻得很。

我懒得去寻找它的真相，但实在不巧，真相，它那是拼了命地想张开双臂给我看哪!

你会看到一部餐具（惨剧），接着它会送你一套杯具（悲剧），我想，此时此刻我只能用“内牛满面”（泪流满面）来形容我的心情。

“你给我擦掉，不擦就别给我回去。”那是一种800分贝也抵挡不住的怒吼。

不用看就知道琦又惹着敏了，老远就感觉到了敏的超凡气波。随声望去，瞟见一辆黑蓝相间的自行车，陌生而又有些熟悉。天！这是敏的车啊！再后来，结自然也就开了——车上的是一种一次性的染发剂，班级里莫名其妙的味儿大概也是它了。

不好意思在大庭广众之下“施暴”于他人，敏强压着心中的火，琦才“逃过一劫”。

路上，敏骑着那辆被“摧残”的小自行车，一脸的愤愤不平向我诉说着："今天下午，要带胶水和墨水，看我整不死他！你可要帮我。"带着一种可怜、请求、仇恨的感情色彩，我不禁发冷。"好，一定一定。"我小鸡啄米般点头，这时，敏奸笑了一声，笑得我心里很毛，仿佛正有个鬼魅在阴阴地作笑。

下午，计划照旧。

体育课，趁着抄黑板报的空当，准备帮敏"替天行道"。

一手拿着胶水，一手拿着墨水，站在琦的桌前的我，顿了顿，只觉得我仿佛是梁山中一百零八位好汉中最蛮的李逵，双手拿着大斧，磨灭着一个个不干净的生灵。

如和凡也来看热闹，或许也是感觉到我的"气场"，也想替那些平日被欺负的姐妹们出一口恶气吧。她俩将胶水和餐巾纸粘在琦的书上，再用蓝墨水，刷上一层，书就像敏的车一样，被摧残了。

我心中感到就像李逵脚踢坏人那样爽气。

可是，爽气之后还是要受"班纪制裁"。

我被告发了。很快，我也到"老班"那儿过了一趟。

领过失卡，写情况说明书……

我想说，其实，梁山好汉不是好当的。

点评：

内容：文章巧妙地将自己比作是《水浒》中的梁山好汉，在开篇采用倒叙的手法吸引了读者的眼球，"做得太过分了""连我也觉得如此"，为下文设下悬念。连作者都觉得过分的事是什么呢？往后看才恍然，原来是班级里老是欺负女生的琦，又惹怒了同伴好友敏，"我"在敏的央求下，决定为同伴敏出口气，做了一件"爽气"的"报仇"之事。小作者将"作案"的过程生动细腻地描写出来，使人不禁发笑，文末用调侃的语气，实则是反省"梁山好汉不是好当的"。

结构：文章的标题就是悬念，开篇则采用倒叙悬念法。随着悬念的解疑，真相大白。

语言：语言幽默，并多处运用流行语言。运用比喻、夸张等修辞手法，语言、动作描写生动传神。

创新：选取同学之间调皮男生欺负女生，遭到同样恶作剧的回击一事，反映学生生活真实的一面。选材小巧新颖，生活味浓。

分析：

准则就是言论、行动、思想等所依据的原则。它是人的行为或道德所遵循的标准或是行为准则。

准则不仅指国家政府规定的法律法令制度和规定，也包括群体或个人间的约定俗成，是人们公认的道理和规律。如交通规则，学生守则、校规校纪、班级公约就是我们在校学习期间的行为准则。一个人不管有多聪明，多能干，条件有多好，如果他不懂得如何做人，那他的结局肯定是失败的。做人的基本准则到底是什么，这是因人而异的，但必须符合社会道德和职业道德的基本规范。有人说，做人基本准则是诚实、善良，有人说要自尊、自爱、自信等。我给学生一个做人的准则就是：谦虚诚实，正直顽强。还有生活准则等。在这个层面上，“美德”“规范”“遵从”“坚守”“约定”“承诺”“超越”“正直”“变通”等话题都可以迁移到“准则”话题上来。

从准则的限制性特点来看，我们的言论、行动、思想必须在准则范围内。这就要求我们平时的言行举止、为人处世等，都必须在准则的范围内。这就像游戏，要在规则的范围内进行，否则就要出局。如“八荣八耻”就是新时期公民基本的道德行为准则，违反了这个准则，就是不道德的。没有规矩，不成方圆。我们说话做事情，总得有个准则，有个约束。在这个层面上，“错误”“遗憾”“反省”“越轨”等话题都可以迁移到“准则”话题上来。

从准则对人成长的作用来看，准则让我们健康成长，完成人生的自我修行。有什么样的准则就会培养出什么样的人。如诚实、善良，自尊、自爱、自信，谦虚、诚实，正直、顽强等这些做人准则，能让我们成为有道德、有修养的文化人，让我们成为堂堂正正的人、健康发展的人，成就事业的辉煌。在这个角度，“成长”“风雨”“自信”“成功”“修行”“境界”等话题都可以迁移到“准则”话题上来。

从怎样对待准则来看，既然是准则，就要严格遵守，如果不遵守准则，那准则就成了儿戏。有些准则不遵守就要受到惩罚。如交通规则，违反了，轻则罚款，重则造成家破人亡。一个不遵守准则的人，通常是一个不守信用的不可信之人。“严于律己，宽以待人”，这里的“严于律己”就是严格要求自己，就是严守准则。但我们不容忽视的一个现象，生活中，有一些人就是不爱守规矩，做事常常“出格”，这种人往往个性张扬，富有创造力，他们有自己的行为准则，但他们的准则与社会准则相差很远。无论怎样，个人行为准则不能背离道德航线，否则定会自食其果。在这个层面上，“诚信”“另类”“创新”“叛逆”“自我”等话题都可以迁移到“准则”话题上来。

十、课间类常备考题

下课铃声响起，安静的校园瞬间沸腾，同学们冲出教室，与同伴谈论轻松幽默的话题，享受短暂的课间时光。从课间点心的不合胃口到互相攀比搜集的动画卡，从哪个体育明星更帅争论到哪个歌唱组合更酷……精彩课间，活力四射。

请以“____的课间”为题，将题目补充完整，写一篇不少于600字的文章。

当下，应试教育让中学生的课业负担变得十分沉重，片面追求升学率的现象仍然普遍存在。课间十分钟是学生难得的放松时间。由于课间休息时间短，很多学校又没有足够的宽敞的娱乐场所，教室、走廊、楼道、楼下草坪场地都成了学生的乐园。说说笑笑，尖叫，捶桌，掰手腕，恶作剧，做游戏的，砸粉笔的，甩书的，用脚蹬墙壁的，追逐打闹的，拥抱的……真是“八仙过海，各显神通”。课间热闹非凡成了校园的一道风景，但课间也存在安全隐患。课间生活是我们在校学习生活的一部分，是我们每天都经历的，贴近我们的生活。细心观察课间生活，每天都会有新的发现。如何发现课间生活的美点，提高我们的观察力、审美力，这是命题的目的所在。

写好这道“课间”题，首先要补好前面的限定词，这个限定词，确定了课间的范围，也就确定了选材的方向和范围。课间也是学生发展的最好空间，应从课间生活的细节或情趣入手来确定选材范围补题。如“花样的课间”“曲调的课间”“怀古的课间”等。其次要刻画好课间的生动场景，可以分列标题，最好是镜头组合的形式来呈现课间的群体景象。也可以展现你个人在课间的表现，从而表达你个人对课间的看法，认为课间是个什么样的课间。

“疯神”演义的课间◇王若尘

下课前一分钟，班中安静得出奇，“咚咚”的心跳声十分清晰。一个个眼巴巴等着下课的模样让老师充满疑惑，前几分钟的噪音，似乎一下就停了。

下课前十秒钟，学生正紧张地对表，正式进入倒计时：“十、九、八、七、六、五、四、三、二、一！”悠扬的下课铃声响起，几乎在同一时间，巨响震动了教学楼，震动了学校，震动了所有人的心。

正式进入“疯神”时代。

同学们四散开来，立刻凝聚成一个个群体。千变万化，不可捉摸。

位于“疯神”之首的，当属小Z一派。该派分为两帮，小Z一帮身强力壮，小W一派却弱不禁风。一句话挑开争端，小Z正式“入侵”小W，小W英勇抗战，一群聚合为统一战线，联合对抗力壮的小Z，双拳难敌四手，小Z败退。一会儿，小Z集结“五大高手”全面进攻，小W见敌方势力强大，化整为零，各自逃逸，小Z也分散进攻，自己独追小W，小W有备，扔出三颗“炮弹”（粉笔）与一发火箭（卷起的书），均为小Z躲开，小Z抄起小W的“炮弹”向他扔出，一声惨叫之后，小W英勇牺牲……

“疯神”之次位，属小丫之派，该派在一起聚集于一隅，世说新语，时时爆发惊人笑声，虽说不疯狂，却十分无厘头。领头小丫正讲述《大话李云龙》：“话说李云龙身跨赤兔马，头戴防暴头盔，肩负黄金AK，手持加特林，左手阿富汗军刀，腰插沙漠之鹰率独立团疾驰而去，大有一副刀在手，天下我独有的豪迈气概……”他唾沫飞扬，手脚并用，说得有声有色，其他观众笑声不断……

左手单提迷彩重狙，右手反腕别阿富汗军刀。

还有食派、作业派与单挑派，班级似乎是热闹的菜市，笑声与叫声并存。

时间来得快去得也快，当悠扬的上课铃声再次响起，小Z停止了群殴小W，小丫停止了“世说新语”，老班的大驾光临，将疯狂的“疯神”时代彻底冻结。“疯神”演义暂告结束，小“疯神”们默默等待着下一个“疯神”时代的到来……

点评：

内容：开篇就向我们展示了同学们迫不及待地等着下课的情景。接着，宣布“疯神”时代的到来。重点描写了小Z一派和小丫派。小Z一派分为两帮，描写了“身强力壮”对抗“弱不禁风”的对打场面。小丫一派则是擅长无厘头的惊人说笑，如自我杜撰的“世说新语”《大话李云龙》，说得有声有色，引来笑声不断。课间还有笑声与叫声并存的“食派”“作业派”“单挑派”。最后，描写了上课铃声响起，各派“疯神”归位的表现。内容新颖，充满浓郁的生活情趣。

结构：按时间顺序记叙描写，结构上按照总、分、总。承接自然，条理清晰。

语言：幽默风趣，场面、动作描写生动传神。各派人物的形象刻画栩栩如生。夸张、比喻、拟人手法的运用，恰到好处。

创新：文题就很有新意，吸引读者眼球。把同学们课间的表现称为“疯神演义”，真是巧妙啊。运用描写手段刻画课间各大“疯神”疯狂的精彩表现，给读者留下深刻印象。贴近自身生活的新颖选材也是本文的一大亮点。

分析：

课间，是指两节课之间的休息时间，一般学校有10分钟。在紧张的课堂学习后，休息一下，活动活动，解除身心疲劳，有益身心健康，这对同学们来说实在是难能可贵的时间。课间是同学们的快乐时光。这10分钟内，我们可以做自己想做的事情，与老师、与同学可以随意交流，聊天，谈心，做游戏，只要是不违反校规班纪，你的课间你做主。课间是最能体现同学们个性的时间，可以是群体的活动，也可以是单一的活动，课间的内容丰富多彩。在这个层面上，“自由”“空间”“活动”“瞬间”“娱乐”“向往”“率真”“张扬”“情感纽带”等话题都可以迁移到“课间”话题上来。

从课间活动的群体看，课间活动的主体是学生，除此之外，还有老师。在课间休息活动时，我们会看到很多班主任不休息，他们要么做学生的思想工作，要么在校园里，教室走廊外来回巡视，防止出现口角、打架等意外现象发生，为学生的安全保驾护航。授课教师，则是为自己的下节课做准备，有时还要解答学生的疑问，有时还要接待课代表和学生。这期间，教师是忙碌的。在这个层面上，“约束”“规范”“老师”“奉献”“责任”“我爱我班”“校园美景”“师生之间”等话题都可以迁移到“课间”这个话题上来。

从课间活动的方式看，课间的活动一般没有统一安排，让学生自由活动，学生的个性容易得到很好的发展。不管是独自一人，还是两人三人，还是结伴成群。也不管在什么地方，教室内，教室外，走廊，操场，厕所……也不管在干什么，看书，聊天，游戏，恶作剧，小制作，发泄情感，你追我赶……只要预备铃声一响，都得有秩序地进入教室，静静等待老师的到来，准备学习下节课的内容了。在这个层面上，“秩序”“个性空间”“喧嚣时刻”“发现”“灵感”“情谊”等话题都可以迁移到“课间”话题上来。

从课间活动的要求看，在课间，学生的活动是自由的，但也得有纪律约束。课间不准打闹，不准追逐，这几乎是每个学校都有这样的规定，谁来落实这个规定？当然除了学生自我约束，班干值日，同学间互相监督，还有就是班主任的监管了。因为我们都是未成年人，好冲动，缺乏自我保护意识，课间活动必须在确保学生安全的基础上进行。在这个层面上，“呵护”“人性”“大爱”“珍爱生命”等话题都可以迁移到这个话题上来。

十一、民俗类常备考题

民俗文化，是指民间民众的风俗生活文化的统称。它具有普遍性、传承性和变异性。民俗文化因其核心要素民俗是集体遵从的、反复演示的、不断实行的，所以具有增强民族认同、强化民族精神、塑造民族品格的功能。主要包括民俗工艺文化、民俗装饰文化、民俗饮食文化、民俗节日文化、民俗戏曲文化、民俗歌舞文化、民俗绘画文化、民俗音乐文化、民俗制作文化等。故乡的风土人情，是故乡民俗文化的体现。在我们脑海里早已烙下深深的印记。

请以“我心中的故乡风情”为题，写一篇不少于600字的文章。

民风民俗是特定社会文化区域内历代人们共同遵守的行为模式或规范。传承中华文化，创新中华文化，是语文学习的大方向。如春节吃饺子，正月十五吃元宵，中秋吃月饼，端午吃粽子等，这些是饮食民俗。端午吃粽子已经成为一个文化符号，好比中秋吃月饼、元宵吃汤圆一样，能让人感受到传统文化的浓浓底蕴。因为吃粽子，大家都记住了端午是一个纪念爱国诗人屈原的节日。制作粽子的过程和分送给亲朋好友都体现了中国人传统的亲情观。许多人一提到粽子，会想起母亲包的粽子，想起母亲包的粽子的特有味道。可以说，只要有家在，有亲情在，端午节那种希望亲人平安吉祥的内涵就不会改变。如何看待故乡的民俗风情，让民俗风情发扬光大，这是命题的初衷。

写作“风情”题，首先要弄清“风情”的含义。地方风情是一个民族、一个区域有别于其他民族、其他区域的最直接的文化特征。地方风情由自然和人文两部分组成。其中自然的部分是基础，它包括地理环境、气候环境、生活环境等。要通过查阅相关资料，结合调查，了解家乡的民俗风情，探究这些民风民俗的来历及其文化背景，从而表现鲜明的地方特色和浓郁的乡土风味，歌颂热爱生活、纯真可爱的父老乡亲。其次，要审清写作范围。扣住题目中的限定成分“我心中的”是“我”，不是别人的，是“心中的”，说明是喜欢的，值得记住的、赞颂的。还有，“风情”是故乡的，不是别处的。

我心中的故乡风情◇凌寒

爆竹声中一岁除，春风送暖入屠苏。

世上没有一模一样的树叶，没有一模一样的雪花，即使在相同的国家，也不一定有着相同的故乡风情。

在我的家乡——庐江，我印象最深刻的是春节中的前一天，除夕。

除夕这天与北方不同的就是没有水饺，但有香甜的年夜饭。不会有作业，不会有爸爸妈妈布置的任务，这一天是清闲的。

在这一天，我会安安分分地等待着除夕夜的来临，但安静的背后，总会不禁地流露出激动与喜悦。

时间不再像“白驹过隙”那样，反而变得有点“度日如年”的感觉。

傍晚，一声又一声的爆竹响起，它们预示着一项活动的来临——给祖宗烧纸钱。

每到这个时候，我总是最积极的一个，我也不知道为什么，本是一桩严肃的仪式，在我看来，仿佛一场游戏，一场火焰的洗礼。

将纸钱分为一份又一份，这个过程我总是不耐烦，但不可缺。

每每打火机上场的时候，便是最激动的时刻，火焰从纸堆上燃起，火红火红，脸颊被它映得发烫，但是觉得很惬意。黑黑的天空不仅仅会有星星闪耀，在这一天，它会包裹一个又一个有不同美好心愿的火焰，很美很美。

每当有风吹来时，总会带出沾着火的碎纸，仿佛火的精灵，急促想带着人们的祝福去天上祈祷。

回家了，心情很满足，甚至还有那种按捺不住的躁动……

年夜饭早早摆上桌，烛火摇曳，凳子整整齐齐的。这时，奶奶会打开门来迎接祖先，并且告诫我，不要碰了椅子，老祖宗会晕的。这个确实有点好笑，但我总会听奶奶的话，小心翼翼，生怕踩到地雷似的，从桌边走过。

浓浓的故乡风情，一点儿也不像一颗种子，像蒲公英，犹如小伞似的蒲公英花瓣刚一碰着心头的薄膜，便插下根来，将整个心包裹起来。

有些迷信、有点特殊的故乡风情在我心里扎下深深的根。我爱这些风情。

点评：

内容：小作者回忆了家乡儿时过年的习俗。做年夜饭，这天孩子可以自由支配时间，不做作业，除夕之夜降临，放爆竹，祭祖，重点写了自己祭祖的过程、规矩。通过自己的细致观察和深切感受，展现鲜明的地方特色和浓郁的乡土风味，表现了家乡人淳朴的民俗风情——纪念祖先、祈求好运。

结构：开篇描写自己对家乡过年除夕这个节日的热爱和期盼，接着描写了故乡除夕之夜里自己亲历的几个习俗，而这正是自己的所爱，最后指出这是扎根在自己心中的故乡风情。

语言：简洁流畅，情景交融，比喻的修辞手法很好地表达了自己的情感。

创新：主要运用描写来表达情感，突出年味和风情是除夕之夜的习俗，详略得当。选材没什么新奇之处，但感情真挚。

分析：

“民俗文化”是指反映地方风俗民情的文化，有浓厚的地方特色。具体的如节日、红白喜事、民间诗会、歌舞、休闲等。要写出这种民间风俗的内涵、情趣，揭示家乡的风貌，赞美家乡的民俗文化，表达对家乡和家乡人民的热爱。如民间认为农历二月二是苍龙“登天”之日，俗称“龙抬头”，我国沿海一带地区都会在这一天举行盛大的祭海仪式。仪式的壮观场面，引人入胜，表达沿海人民对“国泰民安，风调雨顺”的期盼。在这个层面上，“心愿”“情趣”“风景”“乡风”等话题都可与“民俗”话题勾连。

从民俗内容角度看，安徽人的绝技绝活如芜湖铁画、徽州三雕、万安罗盘，合肥四大名点、芜湖傻子瓜子，凤阳花鼓、淮北大鼓、界首渔鼓、潜山弹腔等都是安徽地方民俗文化的代表。在这个层面上，“技艺”“绝活”“小吃”“祈祷”“书画”“绝唱”等话题都与“民俗”话题勾连。

从民俗文化的演变角度看，西周时期在中原形成的婚仪“六礼”，逐步演化为提亲、定礼、迎娶等固定婚俗，并延续至今。与生产生活密切相关的岁时风俗，如春节祭灶、守岁、吃饺子、拜年，正月十五闹元宵，三月祭祖扫墓，五月端午节插艾叶，八月中秋赏月，九月重阳登高，等等，大多起源于中原，并通行全国。中原民俗还创造了民间的生活形态和艺术品，太昊陵庙会、洛阳花会、信阳茶叶节、马街书会、开封夜市等民间节会至今不衰，开封的盘鼓和汴绣、朱仙镇木版年画、南阳玉雕、濮阳和周口的杂技等民间艺术享誉中外。在这个层面上，“变迁”“根”“传承”“发展”“乡韵”等话题都可与“民俗”话题勾连。

从区域民俗文化特色和影响角度看，中原地区民俗文化特色鲜明，斑斓多姿，集中体现在饮食、服饰、日常起居、生产活动、礼仪、信仰、节令、集会等各个方面。中原因其“中天下而立”，民俗文化广泛影响了周边地区乃至华夏和世界华人族群。比如饮食方面，广东人在豆腐上挖个洞，填满肉馅，蒸熟后食用，其实就是客家人从中原带去的吃饺子风俗的变异。在这个层面上，“特色”“渗透”“变异”“古韵风采”“借鉴”“融合”等话题都可与“民俗”话题勾连。

第六节　中考备考题导写

备考题一

广州宝业路曾发生了感人的一幕，一名妇女晕倒在路边，围观的路人正在拨打120的时候，一辆蓝色的保时捷跑车在路边停下来，一名十三四岁的少女从车里快速向晕倒妇女走去。女孩想将妇女抱到车上，可力气不够。见路人只是围观却无人帮忙，她又叫出开车男子，两人一起将妇女抬上车，送往医院。这原本是件好事，而事后在众人议论里变得似乎面目全非。有人说“这是最美的小女孩”，有人说这是富二代的作秀，有人说可能这小女孩家里钱多，不怕被敲诈。类似言论给小女孩带来了很大的精神压力和烦恼，甚至情绪低落一度不想上学。她不能理解看到旁人晕倒，过去帮个忙，这最正常不过的事情，为什么会一下子如此复杂?

阅读以上材料，以“______的烦恼”为题目写作，作文前请先补全题目；除诗歌外文体不限，不少于600字。

都说“少年不识愁滋味，为赋新词强说愁”，其实随着社会节奏的加快，各种信息的多通道强势进入，很多传统的观念都在承受新时代的考验，中学生同样无法绝缘。富二代的负面新闻喧嚣尘上，助人为乐时常遭遇被人怀疑别有企图，另外似乎还总有些让人暖心的义举……正处在身心发展时期的青少年，面对自身及周遭的种种变化，怎么会没有困惑烦恼或是渴望理解？切入他们的生活实际，关注他们主观感受，更易走进他们的内心世界。如江苏镇江卷《理解是一个慢慢的过程》、辽宁大连《这样做值得》都与此发生关联。关注学生心理品质、精神状态、生命境界等体现命题者的人文关怀，这一趋势将持续贯穿今后的命题之中。

烦恼是一种情绪，一种心里的感受，当内心期待和现实之间产生出入、矛盾，当自己的理解和他人看法产生冲撞一时无法化解，烦恼也就随之而来。可以说没有人敢说从没与它相遇过。只是烦恼既有共性又有个性的区别，既有浅层次的又有深层次的差异。烦恼谈不上好坏，有些具体问题而引起的可能只是在你的生活中多了些需要你去解决的麻烦，而有些深层次的烦恼很可能孕育着使你成长的契机。如何去接受，如何去化解，才是重点。

我们可以写生活中大部分人都有的烦恼，如：在学校与周围同学差异过大的高矮胖瘦，也可以写在家里同父母的言语不和代沟存在，还可以写对社会上一些问题的普遍看法和你内心理解上的差异和困惑。

我们还可以写大部人可能很少有的烦恼，如：作为班干部为及时收取作业而夹在老师和同学之间两难的烦恼，因为漂亮可爱而经常收到男生小纸条的困扰，因为成绩总是位于前列而对考试名次过于在意的烦恼等。

写作本题一定要注意不要泛泛而谈。首先是怎样的烦恼；其次它是如何困扰着你的，把我们的烦恼经历、表现和心底的感受写出来，能写出自己对烦恼的个性体验，就能给人以启迪，就显得新颖独到；最后经过一些历练你是如何重新看待它的。

长高的烦恼◇徐志瑶

“某某增高产品见效快，在短短一个月内，您就高人一等……”真讨厌，电视里又在推销增高产品，五花八门的，那些广告商为了把产品卖出去，把产品吹得天花乱坠。要问我为什么“痛恨”增高——唉，真是一言难尽啊！

我今年十四岁，初中一年级，却有一米六五的身高。对个子较矮的同学说话，我得低着头，他们要仰着脸“恭听”，那样子跟大人教训小孩子差不多，可真羞啊。又比方说吧，我和妈妈上街闲逛，遇到妈妈的熟人，人家第一句话总是：真像姐妹俩。妈妈听了，马上扯开话题。等把熟人应付走了，妈妈就虎着脸说：“下回不和你逛街了。”我只好不吭声。这怪谁呢？难道怪妈妈矮吗？当然不是，只能怨我太高了。

上六年级的时候，我个子高，只能坐在教室后面。可老天不公平，偏偏给了我一双近视眼。妈妈又不许我配眼镜，老师抄了一大黑板题目，别的同学看一下黑板抄一题，我呢，脖子伸得老长，像只长颈鹿。身体向前倾，都快和课桌粘在一起了，眼睛眯成了一条缝，都快看不见了，从远处看过来，还以为我坐着打瞌睡哩。这种怪异的动作，我至少要持续十秒钟，然后才能慢吞吞提笔抄题。如此一来，我的课堂作业往往要拖到课间十分钟“奋笔疾书”。看着别人在外面活蹦乱跳的，我的心像被猫抓一样。我曾向老师申请换座位，可老师苦笑了一下，说：“你这么高，坐在前面不挡了后面的同学?”一句话问得我哑口无言。没办法，只有继续过“高人一等”的生活。身高不仅给我学习上添乱子，在我玩的时候竟也不松口气歇歇，想到那事我就气不打一处来。

一个星期天下午，我和同学去吃“肯德基”，站在他们中间，我高她们一个头，“独树一帜”的，像大姐姐带着小妹妹们一样，真别扭。

来到餐厅，一位阿姨热情地问我：“小姐，要点什么?”快嘴的李佳立刻尖叫起来："什么'小姐'？她才六年级呀！"这一叫可好，整个餐厅的目光都"射"了过来，随之全场爆笑，阿姨也弄得不知所措。我呀，头快埋到地上了，脸上像被开水烫了一般，火辣辣，手不停地搓着衣角。真是"奇耻大辱"！打那以后，朋友们有事没事地老挖苦我，我多不好意思啊。

"长高"啊，你不要再"折磨"我了，呜呼——

点评：

本文亮点：

题目新颖有趣，个子高本是好事却成了作者的烦恼之源。开篇由广告语引入，幽默风趣。语言俏皮。

选材典型颇具匠心。选取几则个高惹烦恼的典型事例：与同学说话要弯腰，与妈妈逛街被视为姐妹，出门吃饭被呼小姐，这真是搁谁谁不头疼，无奈与苦恼之情赫然纸上。

备考题二

先后创建5个网站，带领11人团队开发销售电脑软件，几个月时间内盈利三万余元，这些让成年人看来尚有一定难度的事情却发生在一名年仅12岁的小学生田众和身上。他从三年级开始接触电脑，自学相关知识，通过QQ语音视频招募团队，创办了时代软件工作室，从事电脑软件开发销售业务，成为一名12岁的CEO。能运用勤劳与智慧赚钱是可贵的，而一路上的奋斗、钻研、执著岂不更为珍贵？

还有个女孩叫何平，人们称她为"向日葵女孩"。无论经历怎样的生活困境，她都选择向着阳光绽放。当看到一则新闻里说一个男孩准备辍学打工救治重病的妈妈时，何平感同身受。拿出给爸爸治病时剩下的一半存款，亲自送到男孩家里。她说："路——走好脚下的，不忘来时的，看准前方的。"

路似乎总会有宽阔平坦，也会有崎岖坎坷。亲爱的同学们，你会怎样去穿越属于你的那条路呢？阅读以上材料，以"我的路上"为题目写作，除诗歌外文体不限，不少于600字。

近年来社会上对财富、成功的追捧更加低龄化了，涌现了众多神童。他们似乎生来就是精英，让人望尘莫及。其实当我们仰慕其成就之时，更应关注他们背后付出的努力，也让更多渴望成功的人觉得有努力的空间和希望。对于那些虽普通却能勇敢面对，以辛劳和智慧想办法解决的人给予更多掌声，因为他们代表的群体更广泛。这对于我们正处于身体已长大而心理尚未成熟的中学生来说，是更为切实的引导。每个人都有自己的独特之处，不用盲目模仿。山东威海《美在路上》、四川攀枝花《带着______，一路前行》显然都做了有益探索。引领他们向善，真正关爱他们的成长，这样的主题势必依然会成为今后中考的热点。

“路上”首先要意识到它的本义和比喻义的存在，既可指具体实在的道路，可指抽象的学习、人生之路。“我的路上”作为命题作文则直接明确了写的是自己的某段过程中的经历、体验和感受。

我们可以写“我”在某条具体的路上演绎的欢笑与泪水，悲欢与离合。如在路的开端结识了好朋友，随着毕业的临近又不得不在路的岔口与之相别。

我们还可以写一条抽象的路，如“我”的业余爱好之路，一路上的点点滴滴，一路上的坚持与追求。

还可以写内心的情感之路，在“我”的心灵深处如何面对失意，面对烦恼，面对成功，面对挫折，一步步如何穿越迎来今天成熟的“我”。

写作本命题应该注意这样几点：

不要单纯理解为只是讲述某条具体的道路，那就与出题者本意相差甚远了，即便写和朋友在路上的相识相别，其侧重点也是相伴一路的友情而不是产生友情的中介“路”。

无论对“路”选择其本义还是比喻义，都要能点出它的连续性，是一个过程，而不是一瞬间的事情。

题目定为“我的路上”即写作者本人的经历、体验、感受应有很强的个体性，不应人云亦云，应精心选择素材。

我的路上◇高楠

在我的路上，尽头便是梦想的终点，抬头便可看见梦想化作的星辰。

一路前进中，希望的风逐渐吹散了成长中的忧愁。

上小学时搬家，与人生中第一次珍贵的友谊挥手再见。走得太过匆匆，也许只是最后淡淡地打了声招呼，从此，小院中扮家家酒、夏日里钓龙虾、月光下看邻家男生挥舞竹杆的身影便永远存于记忆之中。无数次怀念起稚嫩的过往，时光的浪却争先恐后地拍向彼岸，将那些人、那些事留在遥远的那头，成了视线中渺小的一点。

“你是不是故意的……”六年级上学期，江老师失望之中颇含怒意的话像一把冰霜洒在我的心上。是的，数学竞赛向来名列前茅的我那次考得相当差。他跟我说了很多我永远也不会忘记的话："谁不努力，谁就会被甩下去；付出像分子，目标是分母，付出的越多，实现的可能性就越大。"我没有多说什么，那个寒假，我每天都在做奥数题，直至做完了一整本，在小学最后一次数学竞赛中拿到第一名。

我常常想，成绩到底意味着什么，是为了向别人证明自己吗？是为了成为常人眼中就应该一直优秀的自己吗？很长时间，我走不出自己设下的疑问圈。

后来，爱上看书、写作，到接触到小四的作品，看他写他曾经的奋斗与挣扎，看他如今以一个成功者的姿态对我们说："在冰冷的海水中，蜕化成万人景仰的传奇。"在那一刻，我终于觉得从前我对文字所有的热爱都成为坚定的信仰。珍惜友情，但时光总能轻而易举地带走它；努力学习，但名次与分数不是能使你真正开心的理由。当我对文字产生深深的眷恋而心潮澎湃时，我知道这一生有了可以让我去追逐和奋斗的梦想。或许如今我们都还是学生，必须也应该学习，拿到可观的分数，但每当我疲惫时，只要想到"梦想"二字，就如永不枯竭的泉眼，汩汩流淌出清澈的泉水化为我前进的动力。我知道自己将踏上一条与文学相关的道路，执著前进。而学习，是必经的路途。

柏拉图说："有理想在的地方，地狱就是天堂。"在我的路上，无论世界怎样，梦想的路标矗立在道路沿岸，在我的心上永恒存在。

点评：

本文的亮点在于作者一直留给我们一个悬念：是啊，我们为什么要走在这条路上？作者通过写对往事的无比怀念与求学路上的一次失利，生动地展示出了成长中所出现的烦恼。之后，作者着重写看过"小四"作品后带来的感受，并且完全释放了自己的感受，使人们品评过后，心情久久不能平静下来，产生共鸣。抒写自己的真实心路历程，感情真挚，充满了坚定、乐观、向上的情调。

备考题三

据华声在线播报，北大硕士毕业、公务员廖某对远从湖南赶来照顾媳妇和孙子的父母实施家暴，引起社会关注。年近六旬的父亲和儿子发生冲突，衣服被儿子撕破，身体多处受伤，左肩膀上被儿子用牙齿咬得鲜血直流。对此有人说："家家有本难念的经，往往越是亲人越容易争吵并忽视对方的感受。廖某这么做，肯定有自己的苦衷。”也有人说：“即使两代人之间再有代沟，但他们始终是你的父母，怎么可以这般不孝，动手打父母呢？这样的人读北大有何用?当公务员又如何服务人民?”但不管怎么说，亲人间原本该是相扶相携的，家更该是个暖意融融之地，唯有这样才能抵御外界严寒。

阅读以上材料，以“我的阳光地带”为题目写作，除诗歌外文体不限，不少于600字。

家理当成为每个人身心休憩的港湾，而当我们看到这样的新闻，你还会觉得它是安全温暖的所在吗？从一个反面素材引入让他们更加懂得和谐家庭的珍贵，更加珍惜亲人间点点滴滴的付出与努力，更加懂得每个人生活其中都有经营它的责任和义务。这应是考生最熟悉又最易忽略的，提醒会让他们更加懂得体悟，如何去热爱生活。如山东潍坊《我心中的太阳》、山东济南《阳光灿烂的日子》这些题目均可与此产生联系。这当是久盛不衰的考题。

“我的阳光地带”很明显是个有温度的题目，也是个比喻色彩鲜明的题目，很强调小作者内心的感受。“阳光”是带给人温暖和希望的，“地带”则是指某个空间领域，里面被阳光所沐浴。显然这里的“阳光”除其本义更多指的是它的比喻义，细心周到的照顾，被众人误解时那一个理解信任的眼神，孤独无助时那一双有力的臂膀……这些都能带给我们暖融融的感觉。

我们可以写家人的和睦欢悦，就像阳光倾泻之地。如兄弟姐妹的嬉闹，父母对子女的疼爱，等等。

我们也可以写在外受到委屈时家人给予的拥抱、理解和支持。如考试失利，父母的体谅和鼓励；和同学发生矛盾，家人的安慰、循循善诱、指点。

我们还可以写在校园班集体等一些家庭之外感受到的温暖亲切。

写这个命题时要注意：

文章的感情色彩应该是温暖、积极向上的，在选材时尤其要注意来自你的独特体验。

讲述时应明确到底怎样的事情带给了温暖如阳的感受，这里通常会有个进入“阳光地带”前后的对比展示。

这类题目不易写出新意，应精心构思如短暂失去后再失而复得而带来的强烈感受。

我的阳光地带◇束佑涵

早晨，睁开眼睛，一束束阳光轻轻地抚过我的眼眸。

姑姑是我记忆里最强烈、最温暖的阳光。她是我的阳光地带。

在我的家谱里，除了表哥表姐，姑姑也算是与我年龄相差最小的了。从小到大，我与姑姑是最亲的，有时甚至超过了妈妈。

小时候，我印象中的朋友不多，每次从幼儿园回来，我总是缠绕她给我讲故事，或是让她陪我玩游戏，姑姑总是不厌其烦地陪我，仿佛她是五岁大小的孩子。

当我到了上学的年龄，姑姑也去外地上大学了，那时候，我才觉得，不知为什么，心里好空。我知道，我不可能再有往日那么长时间与姑姑相处了，于是，往后，等她暑假回来，我便过分地列出一张清单给她，说是对她的惩罚，但我心里不是滋味。

再到大一点，我便试着不去想她。当她回来的时候，我总会去拉着她去麻辣烫。一次，我们去吃的时候，我点的有点多，姑姑怕我吃不消，关切地说了一句话："你能吃这么多?"这时，好心的店主说了一句："吃不了，你妈妈帮你吃。"这句话，我笑了，姑姑却急，忙和店主解释。我在想，我有像姑姑这样的妈妈多好，至少，在别人眼里，我是她女儿呢。

有时，与她一起看电视，谈起今天的明星，我们是谈得津津有味，十分投机。

姑姑就像我的知心朋友，有开心的事与她一起分享，有了烦恼，我们共同承担。她像每天早晨我眼前的阳光，还没有享受够，却已经夕阳西下，令人期待第二天从窗口射进的那一种温暖的感觉。

如今姑姑已经在合肥工作了，回家的次数也少了。

风轻轻，吹起了我记忆中的风帆；雨沙沙，滋润着我对她的思念。

在我的内心深处，有这么个地方，那是姑姑留给我的阳光地带。

点评：

文章抓住姑姑是我的"阳光地带"来写，写出了姑姑对我的影响以及我对姑姑的思念之情。姑姑给我讲故事，陪我玩游戏，陪我吃麻辣烫，和我投机交谈。这些小事，不惊天动地，却是我生活的组成部分，给我留下不可磨灭的印记。

叙述语言朴素，但字里行间情深，娓娓道来，似与知心朋友交谈。结构严谨。以阳光始，以阳光结尾，中间写自己成长。

备考题四

法网赛李娜，成为第一位夺得大满贯单打冠军的中国选手。法网官网大赞李娜的冷静和战术，并称她配得上这个冠军！她的胜利将为网球在中国的流行创造奇迹。胜利的那一刻，李娜倒在了地上，即便是球衣沾满了泥土，“娜”样激动也难以阻挡！赛前在接受记者访问时，距大满贯尚有一步的李娜掷地有声地答道：“我一直都为自己所做的感到骄傲。不过，你有时打得好，有时也会打得不好，但并不用因此而厌恶自己，因为你一直都在为自己努力。”梦想、奋斗、拼搏、超越还有享受，这就是运动的魅力吧！

阅读以上材料，以“奔跑中的感觉”为题写作，除诗歌外文体不限，不少于600字。

李娜的名字随着法网赛的结束就像“娜”一阵风一样吹遍世界。生命在于运动，运动不仅让身体处在健康鲜活的状态，也可让心灵感受到快乐满足。奔跑该是最熟悉不过的运动体验，百米冲刺从起步、加速到冲刺是那么扣人心弦，没有比运动更让人直观地感受到奋斗、拼搏的形象了。中学生天性好动。切入他们熟悉的生活的命题，容易引起他们的共鸣和写作的热情。《让自己奔跑起来》就对这方面做了捕捉，其实又何止运动中有奔跑，努力、前进、拼搏等不都是奔跑的状态吗？

奔跑是大家最熟悉不过的运动，而作为作文的命题则不能简单理解为只是运动项目。“奔跑中的感觉”，“奔跑中”即正在进行着，“感觉”就是一种体会感受。前者是限定词，在怎样的状态里，后者则是文题的关键语，这种状态下的独特体会。“奔跑”在这里既可以理解为运动本身，可以理解为某种前进的状态，如不断地努力、拼搏、奋斗等。既是具体的又可以是抽象的。

我们可以写某次运动会或体育课上具体的奔跑，耳旁呼啸而过的风，看台上同学的呼叫，自己身心在极力奔跑中的感受等。

也可以写在学习中奋勇前进地奔跑，如何克服一个个难题，如何战胜一次次失败，向着心中的目标迈进，这也算是一种奔跑的体验。

我们还可以写如何克服自身的一些心理或性格上的缺点，在这样的自我奔跑中一切看似无形，一切其实更加不易，因为他的对手就是自己，坚持与懈怠的角逐，优点与缺点的冲刺。

写这个作文题时要注意：

须明确选择的是奔跑的本义还是比喻义，如果是后者要在文中清晰交代到底用什么来比作奔跑，两者的相似点是什么。

奔跑的感觉是重点表达所在。

奔跑中的感觉◇赵宇

小时候很喜欢跑，速度奇快，用成语形容就叫风驰电掣，那种感觉让人感到人不在了世上，是存在于奔跑的世界，周围的景物一点点向后退去，只有你存在，那时你感到我已长大了。

速度改变一切，这句话现在终于对了，你无穷尽地跑动，思想也无穷极地隐藏，跑动时一切思想也没有了，只有脚对大地的支撑和眼前的目标。当时想放弃一切，又想夺回一切，所以你只有跑到相对意义上的终点，理论上的跑动就结束了。

可你仍停留在那种精神跑动的感觉，只有真正的领路奔跑的人才可能感受得到，那种目无一切的能力和必需的责任，迫使你喜欢上了奔跑的感觉。

那可是在时间长河中陡然停留的一个漩涡呀！深不见底，只有不停运动才可脱离，但其中的奥秘只有个中人才懂的。

长时间的跑动最痛苦，那是一种等待，也是脱茧成蝶的无奈，漫无目标地跑，终点在眼前，可真正离它还有两周，双腿不再自如地挥洒，只能本能拖动它们向前迈进，一直到精神终于支持不住了，才宣告迟来的失败。

中等距离的跑最可怕，你要有短跑的速度，长跑的耐心，才会得到中长跑的胜利。你仍看得到终点，不再遥不可及，但仍抓摸不到，此时提速，可能增加下一次换气的痛苦。

三种跑动，三种感觉，一个人生，一个人。不同的感觉：最潇洒的短跑，最无奈的长跑，最耐心的中长跑，唉！奔跑到底是什么感觉？最正确的回答：快！

点评：

这篇文章题目虽十分普通，构思却很别致，文中对“奔跑”虚实结合的处理很见功底。文章语言简练，流畅易懂，用奔跑中最常见的三种形式表示了三种不同的感觉，其实也就是变相地将三个不同的人生态度描写出来。篇幅较短，却蕴含了人生中的哲理。

备考题五

周云蓬是一个盲人，也是一个民谣歌手、行吟诗人。凭其失恋期间写下的诗歌——《不会说话的爱情》获人民文学奖。他的诗歌语言非常简单朴素，没有刻意的技巧，同时充满一股生命的力量，这种纯粹的力量能打动人心。在当日的颁奖礼上，他抱着吉他还将这首歌弹唱了出来。写作和唱歌是他生命中两条并重的线，或者说也成了他生活的陪伴。我们常常会为某首歌或手舞足蹈或沉默忧伤，因为它们常能与我们的某根心弦共鸣，似乎发自我们自己的内心深处。

阅读以上材料，请以“与我相伴的一首歌”为题写作，除诗歌外文体不限，不少于600字。

音乐是一门无需教学的世界语，因为它是来自心灵的声音。开心时它告诉你如何抒发激情，忧伤时它则轻轻吟唱给你最温柔的抚慰。它也许只是某支旋律就让你心生共鸣，也可能因为某句歌词而让你相伴一生，它一直就是这么神奇。中学生在青春期这个阶段常与父母有了距离，因为他们需要证实自己的成熟，又离不开某些精神上的陪伴，于是歌曲在这时与他们走得更近。如山东烟台《总想为你唱支歌》、浙江绍兴《微笑着，去唱生活的歌谣》、新疆乌鲁木齐《我愿为你歌唱》，这些命题者显然都懂得倾听他们的心音。贴近学生实际，让他们学会合作、交流、倾诉，这不正是新课标的要求吗？

唱歌是件愉快的事情，因为它与心灵靠得很近。为一首歌而流连忘返，通常是因为它的旋律或歌词唱出了你的心音。“与我相伴的一首歌”，这首歌曲势必见证了我的一段生活，或是抚慰了我某方面情感的缺失，从而在心灵深处引起了深深的共鸣。

我们可以写那是怎样的一首歌，而它又与自己的生活有着怎样的紧密联系，如何体现人与歌的相伴应是表述重点所在。因为歌曲表现可以是生活的方方面面，因而选择一首怎样的歌曲来展现你特别想表达的事情或情感就是很重要的一个契合点了。

在写作这个文题时要注意：歌曲和表现的生活之间的密切联系点要在文中交代清楚。歌曲是如何影响自己的身心的应是讲述的重点，体现“相伴”二字。

与我相伴的一首歌◇欧阳昳兰

喜欢是一首歌。恰似喜欢一片田野，满眼的翠绿，满鼻子的泥香，一种清新，一种欣喜。

其实无需多言，就是喜欢《旋木》。

王菲有点慵懒颓废的感觉，婉转中的小资情调与无拘束的心情，令人陶醉。

“只为了满天儿时的梦想。”

第一次听到王菲唱这首歌，是在一个娱乐节目，王菲化了一个另类的妆，蓬乱的长发，站在舞台上，在那一时刻，全世界就在此刻安静了下来，所有的人都在王菲听似平淡中变化的歌调里找到自己忘记的忧伤。那时的我，听到这首歌不禁觉得那样赏心悦目，立即将这首歌下载，经常反复地听，洗礼自己心灵。

也是《旋木》的出现满足了无止境的空白纸页与悲伤。

“在这个供应欢笑的天堂，音乐停下来我将离场，你也只能这样。”

对，我们每天随着将会离去欢笑的天堂，狂热的意识，偶尔失智的言语，却依旧喜欢，我害怕失去此时拥有的一切幸福，我会很无奈，很害怕，在这时，王菲的歌触及了我内心那片柔软的地方，因为心灵是个极潮湿又温暖的地方，适合所有的东西生长，因而这首歌紧贴着心灵，没有距离，那样亲，那样近。

“旋转的木马，让你忘了伤。”

正值伤心，童年的木马让我忘了伤，心中那份至高无上得不到任何逻辑条理的支撑，只是盲目地喜欢。每一个字眼，每一个音符，深深刻在我心里，闭着眼，静着心，让歌声冲走积在我心中存在已久的伤与痛。

幸福感充积，膨胀，一点点变大，充满了自己。心中的一股力量一点点变强，温存在心中。

当歌声与心声相识，当音符与心灵相知，当整个歌曲与心灵结合，在那一刻，沉浸在激动中，犹如走入天堂，幸福之感回归于心中，那么惊喜，那么特别。

心中那份感觉，心中这种近乎狂热的喜欢，看似平静，真实完好，没有虚假。

幸福转木，幸福旋转着的木马。

幸福的听觉享受，幸福的味道。

点评：

这篇文章通过王菲《旋木》这首歌，从以往的心情过渡到现在，让“我”对这首歌的感情逐步增加，在听歌过程中，幸福在心中蔓延。通过听觉的感受，让自己有更多的想象空间，在听这首歌时，会让“我”的心灵与歌声相伴，不愧是触动心灵的一首歌。作者把听歌时的幸福感描摹得淋漓尽致。

备考题六

辣奢族来自英文“luxury”，意思是奢侈、豪华。如同乐活族、月光族一样是新新族群。辣奢族对品牌时尚奢侈品有着常人难以理解的痴狂。一条漂亮的裙子，一根时髦的领带，不管价格怎样，只要看上了，就算把卡刷爆也要捧回家，得之而后快，否则心里就像被辣椒辣过一样抓狂。他们的成长环境和思维方式直接导致了他们的消费特点，出手阔绰，甚至一掷千金，不考虑父母经济承受能力，喜欢尝试新鲜的事物，崇尚新奇消费、超前消费等。如果说70后是辣奢族主体，那么80后、90后无疑是急先锋。中学生们因其好奇，敢于尝试，很容易追随潮流。

阅读以上材料，请以“咱班的_____风”为题写作，作文前请先补全题目；除诗歌外文体不限，不少于600字。

不得不承认中学生是最跟得上时代潮流的，他们充满了生命的活力和激情。当我们还不理解周杰伦那“哼哼哈哈”的双节棍到底唱的是啥的时候，他们早已把偶像的照片天天背在身上了。随着网络的流行这种追慕风，时尚流更是越刮越猛，越流越快。江苏常州《我班的个性》、安徽“在我们这个年龄”都大胆地向他们提供了一个展示自我展示个性的平台。对中学生审美的引导，对追慕时尚的择优劣汰，是历年来中考作文命题的热点所在。

“咱班的______风”怎么看也应是中学生倍感亲切的一个话题，写的就是身边的事情，身边的人，张三李四怎么着也是再熟悉不过的。然而越是熟悉却越容易犯熟视无睹的毛病，所以写这类材料首先得具体化，在回忆里使之逐渐清晰。并且还得把一大把熟悉琐碎的材料在“______风”下归类整合，使之条分缕析，抓住特点，展示个性。

我们可以采用我们擅长的方式如镜头组合、分列标题、日记、书信等来展开情节。也可以对某一个“风向”浓墨重彩，知道这股风绝不是从其他任何一个班级刮过来，只能是“咱班”经过众兄弟姐妹齐心协力方才成功。

在写这个命题时，要注意：不能真如一阵风一样不留痕迹，应尝试点面结合的方式让人真切感受到，既有典型人物典型场景，又能看到成功培育的土壤到底如何。展现班级积极向上又富有这个年龄人的特有的精神风貌是立意所在。

咱班的时尚风◇徐志琴

班级就像一个浓缩的小社会，放大的小家庭。老师，也是我们的家长。也许，这个当家长的思想太传统。无数阵“时尚”之风在老师的眼皮底下在班上刮起。

笑猫之风

《笑猫日记》是杨红樱阿姨的著作。这本该在我们眼里是一种幼稚的书，却在咱班风靡了一时。说起来，真是无巧不成书，在生物课上，某位同学看《笑猫日记》忍笑不禁。被“顺风耳”的老师听到。没办法，归公。当老师收上来一看，班上同学都发出一声：切。这种幼稚的书也看。在这位同学被老师请去“喝茶”之后，同桌拿出书来看有什么吸引人之处。没想到，同桌一看就上瘾了。接下来便是一个接着一个看。一个星期全集的《笑猫日记》在班上随处可见。看完后，再派一个人去书店看有没有新出的。两个星期后，“笑猫之风”就过去了。

疯语之风

疯语是疯狂语言的简称，但不应该理解为疯疯癫癫的语言，再简单点就是网络语言。

前几天，不知谁说了一句话，“你昨晚怎么又偷我的菜”。乍一听，啊，咱班怎么有偷菜大盗，这可是一个了不得的问题。但仔细一听，原来是在电脑上偷菜。再听，又有一次，“你这个菜鸟，种了菜又不收，不偷你的偷谁的”。网络之风随之掀起。

请看这一场景：

组长A拿着作业本去有着熊猫眼的B同学那里。A：“快，把你菜交给我。”B：“虾米，我已经卖了，你OUT了。”A：“菜鸟，给你一个菜刀。”B：“拜托，我不要菜刀，我要米饭。”A：“好啊，撑死你。”B：“不要紧，我已经升了3级，已有不死之身了。”倒！这样疯狂的语言对话竟在班上随处可见。

但最后，不知哪个在老师面前说了一句，被老师发现了，下了一道死命令，不准再说网络语言，违者必惩。

就这样，这阵风吹过去了。

咱们班的时尚风，一阵阵吹过，轻轻地吹过。但最让人难忘的时尚之风是运动员在运动场上的跑如风。希望这阵风永远刮下去，最好是十级大风。

点评:

本文展示了一群中学生“阳光”“可爱”的形象，充满着对新鲜事物的好奇心，尤其对时尚的东西特别敏感。从一定层面上反映了当代初中生的精神风貌，充满时代气息。能否从所谓“时尚”中探骊得珠，得到美好的东西，小作者有自己审视的眼光：最让人难忘的时尚之风是运动员在运动场上的跑如风。希望这阵风永远刮下去，最好是十级大风。只要能够让咱班“积极、健康、向上”的时尚风，就永远刮下去，寓意深刻。

文章结构很美：“总—分—总”，采用小标题的形式。语言富于个性，对话诙谐，具有想象力。

备考题七

乔布斯是个天才，他的“苹果”让“果粉”们无比痴狂。他是苹果产品的最终仲裁者，然而他关心的是与产品有关的细节及其带给用户的体验。他穷尽一生告诉我们，细节决定了创新，把每一个细节做到极致就是创新。他告诉人们：“你的时间有限，所以不要为别人而活。”勇敢地做自己，大胆去创新。想想那些在富士康封闭的工厂里加班加点的劳工们，再看看为买苹果产品排队等到天明的消费狂热景象，这些人到底在为谁而活着？崇拜乔布斯的人们，其实是最不能理解乔布斯精神的。有网民说，中国创业者应从乔布斯传奇的一生中汲取有益的经验，推动中国创新奇迹的诞生。

阅读以上材料，请以“关注”为题写作，除诗歌外文体不限，不少于600字。

乔布斯的一个“苹果”改变了世界，也缔造了属于自己的IT帝国。很多人都会去关注他完美的科技与艺术融合的“苹果”产品，去关注他对整个世界的影响和推动。这些当然值得崇拜，不过“苹果”背后所展现的对细节的极致追求，对创新的大胆与狂热，对于产品的专注度和一丝不苟的品质，更值得关注。同样的问题或事件，不同的思考角度展现出不同的理解和思考层次。注重理性思辨，引导深度思考，是近年来很多命题的新走向，意在引导考生写出对成长的深度认识与思考。如河南卷的命题作文《逆耳忠言助我行》、广东湛江《总有离开的时候》都展现出一定的思维深度。

关注即认真地留心，给予了观察和思考，它表现出一定的选择性和责任意识。即我们开始比较严肃而认真地让哪些事情正式进入我们的视野。这样的话题无疑开始表现出一定程度的深入思考和思维的思辨性。作为初中生我们可以表现出一定的成人意识了，对人对事可以有自己的看法和思索。

我们可以这样写同学对分数的追求，而关注思考的是当所有人一味追求分数时，是教育之喜吗?

我们可以写父母对孩子的无微不至地照顾，而当一个个生活低能儿在很多大学校园里出现，这是疼爱的初衷吗?我们是否也可以对此关注。

当“苹果”成为时尚，我们是否只应该关注它的简约、科技与艺术的完美结合，而弃它的“核”即乔布斯对细节近乎极致的苛求于一边?

写作此命题时，一定要注意：你选择什么作为你的关注对象，这个对象身上寄托了你怎样的思考。也可以是和别人一样的关注对象，但却可以有不同的关注角度和关注的层次。总而言之，这类作文应在行文里表现出由现象到本质的思考。

关　注◇蔡玲

爸爸常常会喜欢看新闻，以至于在单位里不会被OUT；妈妈常常关注一些关于英语的栏目，这样便能学到一些新知识。我呢?——题记

美国总统会被人关注，街头乞丐也会被人关注。大街小巷，无奇不有，无时无刻，都会引来人们关注的目光。

我，喜欢恐怖刺激的女孩，在网上，我会关注一些稀奇古怪的图，奇文异事，但有时，也会被某些事感动。

曾在网上看到过，一个流浪汉，只有一个很破很破的小屋子。一个下午，他听见路边有孩子的哭声，走近一看，是一个被遗弃的女婴。

汉子不敢将她抱走，因为他知道，他自己也是泥菩萨过河——自身难保，更何况，再上一个负担。汉子想了又想，来了又走，终于，决心要养孩子成人。

从此，他省吃俭用，努力赚钱，孩子也十分懂事，成绩是全班最好的。

可就当他们过得还算幸福的时候，灾难悄悄来临，就在小女孩上学要毕业时，不幸得了血癌。

钱全花光了，汉子只有向社会求助，记者发布消息，这一对毫无血缘的父女，得到了不少人的关注，获得不少捐助。

但悲哀的是，幸运女神迟迟不肯来帮助这可怜的女孩。

时间慢慢过去，女孩知道自己快不行了，于是写了封遗书交给记者，上面说，捐助的那笔钱去帮助别的可怜孩子，还让爸爸不要为她而伤心。信的

结尾写着这么一句感人的话："我走了，但我还曾来过。"

多么懂事的孩子！

我希望，关注那些需要帮助的可怜孩子，因为，他们比那些奇文异事更应值得我们的关注。

点评：

本文看似行文随意，却匠心巧运。精彩之处有两点值得借鉴：

巧妙引出自己的关注。在多重比较中凸显自己的关注：父母是为了生活更稳定而对工作学习的关注；总统是作为当权者自然受到别人的仰慕而被关注；乞丐身形皆暴于外不注意到也难；我的关注则分前后两个阶段。

立意不断深入。我的关注不再只是奇闻轶事，而是对他人的关爱，面对弱者生存状态的关注。

备考题八

黄海海面上，有一座小岛叫开山岛，面积仅0.013平方公里，岛上长期无电、无淡水，除去几排空荡荡的营房，只剩下满山的野草和呼啸的海风。王继才夫妇从1986年7月接任至今，独守孤岛整整25年。对他们来说，白天还可以开荒种地巡逻查滩，可一到晚上，满岛漆黑，除了天空的星星，便只有夫妻二人对望……整整25年，夫妻俩听坏了19个收音机。虽然很辛苦，但夫妻俩始终执著地对待工作。回首这些年的生活，王继才说："不是每个人都能成为英雄，但是每个人都应该安于工作，并把工作做好。"

阅读以上材料，以"拥有______"为题写作，作文前请先补全题目；除诗歌外文体不限，不少于600字。

舍与得，拥有与失去，好像一直都是相悖的，总难兼顾。现实中似乎人们往往更多强调没有的，而很少对拥有的表现出满足。0.013平方公里的小岛，伴随着长期无电、无淡水，除去几排空荡荡的营房，只剩下满山的野草和呼啸的海风。你说当代的中学生们坐在宽敞教室里安然学习知识，回到家好衣好食伺候着，节假日三五成群地街上溜达着，相比之下，王继才夫妇拥有的又是什么？这个命题显然带有一定的提醒性，带有一定的思辨性，我们如何看待舍与得，拥有与失去。如辽宁大连《这样做值得》、四川成都《拥抱》都与此类命题相联系。

"拥有______"作为一个半命题作文，首先提醒我们关照自己的生活，我们拥有哪些美好的有价值的，横线上填的内容可以是客观的也可以是主观的，但应该是自己珍视的。其次在时间上可以是一开始没有意识到的，后来方体会明白的。

我们可以写“拥有一件珍贵的毛衣”。写自己在怎样的情况下得到，它带给了自己怎样的情感体会。

我们可以写“拥有一方月景”。描写月下的美景，讲述它带给自己的怡悦美好，写出对景色独特体悟。

我们可以写“拥有他的信任”。讲述在怎样的情景之下拥有信任，他的信任带给了自己怎样的身心感受。

写作本命题时，要注意这几个方面：“拥有”该是一种满足的甚至带有自豪的体验，横线上所填应是美好的有价值的。“拥有”可以是一直明白知道自己有的，也可以是明明自己有却尚未发觉后来才重新认识到的。

拥有四分之一的海◇孙小涵

我是一只平凡的蜗牛，但我有着不平凡的梦想，那就是去看海。

——题记

方 向

一路上，虽然我前进的速度很慢，但我一直有一个方向，一个目标。

一路上，我问很多动物。“嘿，兔子小姐，你能告诉我海在哪儿吗?”“哦，还是别去那儿了，恐怖着呢!”“哦，谢谢。”“山羊大叔，你知道海吗?”“当然知道，我亲爱的小蜗牛，在很远很远的地方，你去东海吧，这儿离东海是最近的。”“谢谢，再见。”……

一路上，我得到的消息，乱如麻线，有的说不知道，有的嘲笑我，有的鼓励我，有的告诉我假地址……千奇百怪的动物，五花八门的答案，我还是没有找到海的方向，我不会放弃寻找海的路。

远 方

我相信山羊大叔说的，我向东走了很长时间。

好像我已不再是以往的我，由于变大了，成熟了，我知道，我长大了。

一天，我看到一块白乎乎的东西，它还会说话，很长时间才知道它原来是一只受伤的海鸥。它说它遇到鹰的追击，到了这儿，由于没有掌握好平衡，跌了下来。

我知道，我不能违背良心，于是，我留下来，照顾它。我每天到不远的地方拖几片止血草给海鸥，好让它早点康复。

海鸥一天比一天好……

希　望

当它全部好起来的时候，它问我："你有什么愿望，看看我能不能帮你实现。"我把我的想法告诉它，它告诉我要带我去看海，并让我爬上它的脖颈。

我照做了。

时间一分一秒过去，我能感到与海的距离越来越近。

尾　声

我看到海了。

激动的心情使我颤抖。

原来，当我有坚定信念的时候，我就已经拥有了四分之一的海。

点评：

我们从这充满温馨的童话里体味到：蜗牛的坚定信念。如果不敢尝试，岂不是连四分之一的海都没有？本文思路清晰，层次分明，作者用一支轻灵的笔，用一颗童真坚定的心，塑造一只有坚定信念的蜗牛，令人回味无穷。

第七节　初中生作文十大话题

话题一　烦　恼

【文题展示】

全国妇联开展了全国未成年人家庭教育状况抽样调查。调查报告说，学生在每天紧张的学校生活之外，仍要花大量时间学习，包括完成学校作业和家长布置的课外补习作业、上补习班和兴趣特长班等。学业压力沉重使学生娱乐、游戏、玩耍和睡眠的时间减少，造成部分学生的负面心理情绪。

报告说，有97.5%的学生每天放学回家后，要用一定的时间完成学校布置的家庭作业；有66.1%的学生每天要用一定的时间完成家长布置的课外补习作业；30.4%的学生上补习班，21.7%的学生上兴趣特长班。

报告称，53.4%的城镇中小学生和53.8%的农村中小学生自述，他们"最大的烦恼"是"学习压力"。

请以"我最大的烦恼"为话题，写一篇不少于600字的文章。

【范文示例】

球，你怎么不进筐◇束义顺

九　岁

上三年级时，我转学了，转进了我们这最好的学校，这儿有全县一流的师资，也有全县一流的体育设施。来校后的第一眼，就聚在了教学楼旁边的篮球场。几个星期了，我对一切都很陌生，对老师，对课堂，对同学……但在体育课上我变得生龙活虎。

我的个子在那时很矮，全班都是倒数，每次受到同学们的歧视，我都觉得很烦恼。体育课上，每当我拿了篮球，他们会愈加地嘲讽我。他们的讥讽使我的脸变红了，红得都不知道怎么与他们据理力争。我每次都会把球抱到篮下，然后用极不标准的姿势把球送入篮筐上，但球始终不会进入篮筐，后来我估计，一节课下来，我一般投进一两个球就比较幸运了。其实，那时的烦恼也就由于个子矮，投球时球怎么也进不了篮筐。当然也就是：球进不了篮筐成了我的最大烦恼。

十二岁

随着年龄的增长，我已上了六年级。此时，我们班喜爱打篮球的人也越来越多，体育课上，我们已是“三对三”的进行比赛了，我也会在那里打。

其实他们并不乐意让我参加他们的行列，但在我的极力央求之下，他们最终还让我打了。比赛时，每次我的几个好朋友也会传球给我，但每次我都会把球运到罚球线，在那里投篮。看见我投篮，他们都会笑，他们笑的有两点：一是我矮小的身躯和投篮姿势不相融合，二是我肯定会投不进。

连我自己也有和他们一样的想法，投的不是三不沾就是砸筐而出，每当我看见篮球在篮筐上转悠时，我就会产生一种烦恼，一种为投不进篮球而产生的烦恼，一种为球破筐而出的烦恼！

十五岁

如今的我上了初三，小时候的“爱球风”至今还在，现在我在球场上已把难度放到了三分线。

“三分”是一个很难投进的球，它要的不仅是力量，还有弧线圈，只有这样才会进球。在场上，我依然延续着我一贯的作风——“十投九不中”。在场上不进球成了我习惯了的一种风格。

“红色的三分线，每次只站着我一个人”，在那儿，投着三分球。不进球依然是我最大的烦恼。

“人在江湖飘，谁能不挨刀呀！人在世上走，谁能没烦恼呢?”“球，你怎么还不进筐呢?”这是我最大烦恼，是我最揪心的烦恼，是令我最恼怒的烦恼！

【拓展训练】

“烦恼”话题可以拓展到一个巨大的话题因子——成长。

每一个人在成长的过程中，都会遇到各种各样的“烦恼”，我们写作时只需要把“成长中的烦恼”加一个限制，比如：“分数给我的烦恼”“痘痘的烦恼”“朦胧的爱情的烦恼”“爸爸妈妈施加给我的烦恼”……这些限制其实就一个原因，一个成长过程遇到的烦恼，虽然有许多层面，许多情况，但总体上看就是一个原因，就是要告诉读者：“我为什么烦恼”，写作时只要把这个原因有条理、有步骤的写出来，文章就可以得高分了。重要的是，这个原因一定要有特色、有体验，而不是望文生义，编造一通。

【思维激活】

1.以“把青春写在脸上”为题，写一篇不少于600字的文章。

思维路径：可写曾经烦恼的事情是什么，由于对成长不够理解，通过一段时间的思考，终于恍然大悟，可以把青春写在脸上，告诉读者：其实青春的烦恼、成长的烦恼并不可怕，要学会面对，学会克服。张扬青春，彰显个性。

2.路不是别人给的，是自己走出来的。一个人必须知道自己的目标和理想是什么，知道自己是否有能力，能否吃苦付出代价来实现这个理想。如果你不能控制自己专心读书,就必须接受将来的现实。想成功就必须养成读书和思考的习惯，所有很成功的人无论是什么学历，都必然是喜欢读书爱思考的。

请以“自己的路靠自己走”为题，写一篇不少于600字的文章。

思维路径：“路不是别人给的，是自己走出来的”，可立刻联想到“成长”话题，以自我成长为思维点，把“路”的概念解释清楚，什么路——就是成长的道路，成长的道路不是一帆风顺的，要靠自己去走。本题还可推广到“生命的旅程”“成长的脚印”“路”“成长回眸”“经历”“花季·雨季”“靠”“执著”等话题。

3.请以“精彩的瞬间”或“精彩的时刻”为题，写一篇不少于600字的文章。

思维路径："精彩的瞬间"或"精彩的时刻"都可以与"成长"挂钩，建立联系。因为成长本身是多彩的、多面的、多感受的。或选一个色彩、或取一个面、或谈某种感受，就可以完成话题的表述。本题还可推广到"美的瞬间""留住美丽""彩虹""风景""难忘""烙印""收藏"等话题。

话题二　心　声

【文题展示】

守住一方净土，留取自由空间。面对现实的不如意，打造梦想的领地，表达心底的渴望。经营自己的乐土，收获富有的果实。让心灵在神往之地驰骋。年少的我们渴望长大，年轻的我们编织着梦想，总想让心底的愿望实现，总想把美妙的人生描画。

请以"心中的渴望"为话题，发挥想象，抒发真情，写一篇不少于600字的文章。

【范文示例】

彼时的原野◇江文婷

盼是一种理想，期是一种遥远。每个人都有所期盼。"人心不足蛇吞象"。那期盼太多太多。"等待着下课，等待着放学，迷迷糊糊的童年……"心中的那份期盼好似已融成了一个透明晶亮的整体，那般令人神往，它的名字叫彼时的原野……那里藏着太多的梦，太多的期盼了……

水晶碎片之NO.1：倾国的容颜，明丽的汉服

"爱美之心，人皆有之。"谁希望自己长得丑？少女的粉色情怀，倾国倾城的容颜。原野上有佳人，不论男女，都向往不已。汉服是中国的传统服饰，它的一丝一毫都向人们显示着中华的魅力。心中的汉服是火的化身，有着熊熊的斗志。领子上有着金色的丝，那是高贵，那是非凡。

场景假想：一个倾国的女子，有着一头乌黑亮丽的头发，如水的眸子，长着黑的睫毛，两条柳杏眉，一张可爱的樱桃小嘴。她的身上是一套华美的红色的汉服。微风拂面，罗裙轻摆，那红色的罗裳仿佛与她融为一体，那般美丽，宛若一只浴火重生的凤凰。

水晶碎片NO.2：如诗如画的风景

现在的污染很是严重，昔日的原野不曾找到，那山坡上没有了欣欣向荣的小草，河水被污染，失去了它完美的肌肤。没有污染的地方越来越少，因为人们的贪心。心中有一片嫩绿的草地，粉色、白色、黄色等的花，蜜蜂、蝴蝶在飞舞着。远处，一条清澈的小溪流动着。

场景假想：这是一片漂亮的草地。点点的小碎花好似大自然的点缀，把绿色的地毯变得色彩斑斓。呵！蝴蝶、蜜蜂快乐地飞着。少女跑到一条小溪前，那溪水映出了她唯美的容颜。小溪清澈照人，少女很开心地在溪边找水。

水晶碎片之No3：快乐的心情

“笑一笑，十年少。”快乐是人生中必不可少的良药。没有了快乐，那么你生活下来就毫无意义。谁又可以快乐每一天呢？生活中，遇到困难笑着面对，你的生活变得色彩斑斓。

场景假想：这里的一切是大自然最好的恩赐呀！我很快乐，吹着徐徐的微风，忘记了一次的烦恼。累了，躺在那片草地上，闭上双眼，暖暖的阳光照在身上，好不舒畅。火红的罗裳映衬着绿色的草地，真是别有一番风味，在这片仙境里，没有伤愁，没有郁闷。你的所有思绪全部融化于景物中，那般高兴。

我心中的那片原野，那份盼望，仅此而已。但这些真得有些遥远，但我相信这不会总是期盼。我想把它变成现实，也许吧！很远。但心中的那片原野不会变。愿我可以进入这些如诗如画的原野吧！

【拓展训练】

“心里话”是一个巨大的话题因子，可以分解出许许多多的子话题。每个人心里都有想告诉别人的心里话，以“心里话”为思维基点，其实是非常好的表达自己、书写自我的角度。写“心里话”这样的话题，就是要说明白这样几个问题：心里话是什么？为什么要说出来？能不能引起别人的共鸣？心里话跟什么事件有关系？跟什么人有关系？回答了这几个问题，写起来就会非常轻松。

【思维激活】

1.请以“心愿”为题，写一篇不少于600字的文章。

思维路径：“心愿”就是心里的愿望，把这个愿望说出来就是心里话。本题还可推广到“梦想”“期盼”“渴望”“心事”“敞开心扉”“希望”等话题。

2.青春生活充满了期盼，充满了叛逆。我们期盼着老师的理解，父母的宽宥，朋友的温馨，集体的和谐。成长中，叛逆的我们期盼快快长大，期盼少一份责骂，多一份微笑；期盼阳光，期盼心灵的抚慰；期盼想说就说，想唱就唱的自由……

请以“我只想对你说”为题，写一篇不少于600字的文章。

思维路径：“我只想对你说”就是心里话。不过，这个心里话有一个确定的对象：你。写好这个话题，要告诉读者“你”是谁。如果思维足够宽阔，“你”可以是人，也可以是物，甚至可以是一个概念、范围，比如“数学”。本题还可推广到“理解”“交流”“代沟”“呼唤”“心灯”“心灵的距离”等话题。

3.我们习惯于让爱从身边悄悄离去，面对父母之爱，同学之情，师生之谊……不知珍爱享受，“身在福中不知福”。生活往往是这样：失去了才知道珍惜，失去了才知道宝贵，失去了才知道后悔。

请以“那一次，我真______”为题，将题目补充完整，写一篇不少于600字的文章。

思维路径：不管填一个什么样的词语，都是要写心里话。不过要注意的是，所填的词语要跟所讲的事件有关。回答一个主要问题：为什么有这样的感受？本题可推广到“珍惜”“感动”“后悔”“得失”“难舍”“情谊”等话题。

4.青春季节是充满梦想与浪漫的季节。每个人的心中都有属于自己的图画，都有自己心中向往去的世界。

请以“向往”为话题，写一篇不少于600字的文章。

思维路径：“向往”话题与“心愿”话题一致。要回答“为什么向往”这个主要的问题。本题可推广到“飞翔”“理想”“我喜欢”“我最想”“心灵神往之地”“描画”“我心中的”等话题。

话题三　牵　挂

【文题展示】

有人说，牵挂是春天奇艳无比的鲜花；有人说，牵挂是夏日凉爽无比的微风；有人说，牵挂是秋天沉甸甸的果实；有人说，牵挂是冬夜漫天飞舞的雪花…… 牵挂是人生的缩写，牵挂是心灵的释怀。拥有牵挂，便拥有了人生的喜怒哀乐、无怨无悔的似水年华。

请以“牵挂”为题或话题，写一篇不少于600字的文章。

【范文示例】

月 思◇孙梦琪

在那个灰色夏天之前，一切都是那么美好，和外公住在一起的日子是最快乐的时光。每天，外公都会在晨练之际，穿过繁忙的街道，他那微胖的身躯拼命挤进人群，只仅仅为了给他的孙女买一根热腾腾的火腿。然后，兴冲冲地回来，摇摇手中的袋子，叫我起床，看着我甜美地吃着早餐，露出幸福的笑容。在这之后，为我买早餐成了外公每天必做的事，无论阴晴或是风雨。那日，由于晚上失眠，我恶狠狠地将早餐扔在地上，大发脾气：天天吃，不会烦吗？外公很吃力的弯下腰，捡起袋子，走出门。很快，外公提着一大包食物走回来，乐呵呵地说：这儿有很多好吃的，随便挑。外公胖，心脏不好，走一点路就会气喘。我无意间瞥见外公额角的汗珠和外公发紫的嘴唇，泪水氤氲在眼眶。我扶着外公，替他擦拭汗水。外公夸我贴心，他哪里明白我那时心里有多内疚。

和外公在一起，幸福和快乐是如此简单：饭桌前的晏晏谈笑，柴米油盐的琐碎细腻。我从来没有想过要去呵护这种亲情，但它却如水一样静静流淌在我的生活中。

自从那重重一摔，外公的身体不再硬朗，每天晚上，在客厅里都会有一个身影，带着老花镜，将要服的药一一配好，有时，我路过客厅，看到外公的手掌中十几颗五颜六色待服的药丸，常常觉得鼻子酸酸的。我会假装轻松地问：外公，吃这么多药呀？此时的外公格外感伤："离开的日子不远了。""不会的，真的不会……"我霎时什么也说不出口，只能拼命摇头。"哭什么，即使有一天，外公不在了，你也要坚强地生活。"我努力不让泪水流下，可它还是嘀嗒嘀嗒地洒落。

"知道吗？邻居的爷爷去世了。"外公在接我放学的路途中说。我偷偷看了眼外公，他的眼红红的。我知道外公是怕，怕自己也有一天离开他身边的亲人。

很多天过去，酷暑来临。中午上学之前，外公慈祥地对我说："外公买草莓冰淇淋等着你回家。"没想到，这是外公对我说的最后一句话。外公所担心的那一天还是来了……

灯火。人群。木床。

外公静静躺在那里，看着这个即将离别的世界，可是外公，你不能离开我，你没有信守你的承诺，你没有等我回家就已经倒下……外公流下最后一滴眼泪，安静地化为天使，飞翔天国。

哭声。哀乐。爆竹。

我静静站在月夜，携着银色忧伤，我不再哭泣，因为我相信，外公一定在角落中看着我，因为我曾答应，没有外公也要好好活。我颤抖的手中拿着成绩单，可是已经来不及了。

外公，总是用胸怀容纳我的过失，用微笑分享我的“果实”。在这纷繁的尘世间，不管距离的远近，无论是喧嚣还是寂寞，有了这份亲情，岚烟盈动，草木溢香。

在这个天空失去碧蓝的夜里，月光照着我的影子，将思绪拉长……

【拓展训练】

“牵挂”话题可以拓展到一个巨大的话题因子——情感。

人是具有情感的高级动物，与父母的情感是亲情，与朋友的情感是友情，思念家乡是乡情，热爱祖国是爱国情等。写作内容还可以延伸到爱、温暖、忧愁等；可以联想到情感的体验感受，如牵挂给人温暖、快乐、美好、惆怅等感觉以及不同的成长时期有着不同的情感体验。重要的是要写出情感变化过程和体验过程的细节。

【激活思维】

1.喜怒哀乐都是情。“慈母手中线，游子身上衣”说的是亲情；“人生得一知己足矣，斯世当以同怀视之”说的是友情；“曾经沧海难为水，除却巫山不是云”说的是爱情；“苟利国家生死以，岂因祸福避趋之”说的是爱国情。

请以“那份难舍之情”为题，写一篇不少于600字的文章。

思维路径：“难舍之情”与“牵挂”话题一致。不过要突出情感的“难舍”所在。要回答这情感“为什么难舍”的问题。本题可以推广到“真诚”“关爱”“感激”“真情故事”“你在我心里”“友谊”“难忘情结”“父亲的目光”“思念”等话题。

2.以“漫步在家乡的_____前”为题，将题目补充完整，写一篇不少于600字的文章。

思维路径：补出的词可以是家乡的人、物、场景、名胜等，不过补出的词语或有典型性或有代表性，或有意思的，或有趣有味的，或触动过你心灵的，要注意切入点要小，是你熟悉的，易于触动你情感和再现你独特经历的小人小事小景。本题可推广到“家乡的符号”“家”“民俗文化”“乡情”“变化”“根”等话题。

3. 请以“将______铭记在心”为题，将题目补充完整，写一篇不少于600字的文章。

思维路径：填出的词语是你写作的重点内容，要选在你看来有意义的值得铭记的人、事、景、物、情。这得注意的是无论写什么内容都要突出“情感”，因为铭记在心里的，自然是珍贵的，有厚重的情感含量的。本题还可推广到“记忆”“难忘”“感恩”“惦记”“心中的情”“痕迹”等话题。

4. 生活中有了回味就多了一份美妙和精彩，多了一份浪漫和温馨，多了一份执著和期待。有人说，回味是五味瓶；有人说，回味是七彩桥；有人说，回味是粉色的水蜜桃；有人说，回味是青绿的橄榄……

请以“回味往事”为话题，自选角度，自定文体，自拟题目，写一篇不少于600字的文章。

思维路径：此话题是回想过去的经历和体验情感。我们所经历的、值得回忆的事情很多，我们不妨选取那些细小的有生活味的，有意思、有趣的来写。如：你与同伴或独自游玩而自得其乐情景、有意思的恶作剧、一处美景的流连、一次邂逅的感觉……以第一人称来写为好，有真实感。要注意写作此题必须有具体的细节刻画。本题可推广到“品味”“心灵深处的记忆”“情趣”“铭记”“回顾”“畅想”等话题。

话题四　回　报

【文题展示】

“受人滴水之恩，当涌泉相报”，“人敬我一尺，我敬人一丈”。感恩是我们中华民族的传统美德。感恩增强了人与人之间的友谊，能促进社会的和谐。我们应该拥有一颗感恩的心，去发现生活中的真诚和美丽，去体验成长中的活力与快乐。

阅读上述材料，任选一题作文，不少于600字：

①那一刻，我懂得了感恩

②感恩，应该从点滴做起

【范文示例】

感恩，应该从点滴做起◇蔡凌寒

在世上，不只是习惯，好的品质要点滴做起，另外，感恩，是一种道德

上的回报，也是一种心灵上的安慰。拥有了感恩的心，世界将充满和平与爱，一个不会感恩不会答谢他人的人，那他也只是一个不完整的人，他也只能拥有一个不完整，没有意义，没有欢笑与乐趣的人生。

要学会感恩，也并非是件容易事，因为，我们不能无缘无故地给予别人“黄金万两”，我们也不能逞强地来帮助别人，所以感恩，应该从点点滴滴做起！

感恩，在学校里，家中，我们都可以感恩，学校里我们感恩老师在我们的心田里播下了知识的种子；在家中，我们感恩父母在这十几年中，为培养我们所洒下的辛勤汗水……总之，感恩无处不在。有人说我感恩父母，为父母做饭，洗脚，然后再要点小费，这样，我既感了恩，也得到了我自己应有的回报，多好呀！如果真的这么做，那么你就错了，感恩是怀着一颗爱心，单单只想着要报恩，也便是最简单的做法，如果，还想着他人的钱财，这不就是向别人索要吗？高尔基说过，给予比索取更快乐！

我小时候，听过这样一则故事，一只小老鼠打扰了一只正在休息的狮子，狮子勃然大怒，老鼠哀求狮子放过它，它一定会报答狮子的恩情，狮子不禁觉得好笑，一只小老鼠还能报恩？但是，最终狮子还是放了老鼠，第二天，狮子被猎人的捕兽网捕住，狮子拼命挣扎，但最终还是不能摆脱大网，这时，一只小老鼠钻了出来，咬断了捕获狮子的大网，狮子获得了自由，它发现，救它的，正是那天被它放了的老鼠，老鼠这时说了一句话：“我说过我一定会报答狮大王的恩情的。”

这虽然只是一个故事，但是，不也正告诉我们要学会感恩，要从小做起吗？

受人滴水之恩，当涌泉相报，要学会感恩，从点点滴滴做起！

【拓展训练】

“感恩”话题可以拓展到一个巨大的话题因子——美德。

“感恩”是什么?感恩是一种心态，是一种生活态度，是一种精神境界，更是一个人的世界观。感恩，体现了人与人之间交往的准则，也是人与人之间一种凝聚力的内核。在生活中，我们要感恩父母，感恩亲人，感恩老师，感恩朋友，感恩他人，感恩社会，感恩自然，感恩地球。怀揣感恩之心是一种高尚的品德，无论感恩哪一方面，感恩谁，都要回答“为什么感恩?”“感恩的具体表现有哪些?”这两个问题。没有具体表现的感恩体验是无法打动人的。

【激活思维】

1.以“心存感恩”为题，写一篇不少于600字的文章。

思维路径：这个题目与“感恩”话题一致。“心存感恩”是指人要有一颗怀揣感恩的心，这就确定了写作的范围和方向。因此，可以写自己对心存感恩之心的理解感悟，如“心存感恩是……”“心存感恩会……”“心存感恩就……”；也可以书写一个心存感恩的故事来引起读者的共鸣；还可以写没有感恩之心的人会怎么样，让人们从中受到启示：要心存感恩。本题可以推广到“学会做人”“感激”“知恩图报”“善良”“气度”“宽容”等话题。

2.我们的父母帮我们付出很多，然而我们却熟视无睹，体会不到，认为是天经地义的事，不知道父母无私的爱，不懂得回报……

请以“我为爸爸（妈妈）_____（洗碗、拖地、捶背、洗脚……）”为题，将题目补充完整，写一篇不少于600字的文章。

思维路径：这个题目与“感恩父母”话题一致，要抒发的感情是亲情。选定的词语要能体现你感受最深的生活情景。最合适的文体是记叙文，要通过具体的个性细节刻画来写你对妈妈或爸爸的孝行，表达你的感恩、尊敬、爱戴和亲情的可贵。也就是说要写出你回报父母的具体细节表现。本题可推广到“长大”“亲情”“感悟母爱（父爱）”“报答”“付出”“温馨”等话题。

3.请以“馈赠”或“礼物”为话题，写一篇不少于600字的文章。

思维路径：这两个话题与“回报”话题一致。是感恩他人，报答他人的具体表现。可以写感恩他人馈赠礼物的具体过程；可以写“馈赠”或“礼物”引起的误会，设置悬念，写出情节波澜；可以写自己和同学朋友间因礼物造成的不愉快到和解的过程；可以写因“馈赠”或“礼物”引起的情感变化；可以写友谊的加深，情感的珍贵；可以写“馈赠”或“礼物”引起的思考。本题可推广到“深情厚谊”“礼仪”“纪念”“印记”“见证”“风尚”等话题。

4.《史记》中载有一个关于吴起的故事：他爱兵如子，深得士兵们的爱戴。有一次，一个刚刚入伍的小兵在战争中负了伤，因战场上缺医少药，等到打完仗回到后方时，那位小兵的伤口已经化脓生疽。吴起在巡营的时候发现了，他二话没说，立刻蹲下来，用嘴为那位士兵吸吮伤口、消炎疗伤。那位小士兵见大将军竟然如此对待自己，感动得热泪盈眶，说不出一句话。其他士兵们看了，也深受感动。正因为吴起如此善待士兵，所以士兵们个个英勇善战。

读了这则故事，你有哪些启发？请联系生活实际和自身经历，自选角度，写一篇不少于600字的文章。

思维路径：这个材料作文可以从故事中人物和事件不同的角度来确定内涵，分割成几个话题。如从吴起角度，礼贤下属是他做将军的本色。可以分割“善待他人”“善待他人就是善待自己”“体恤他人之心”“关怀”等话题；从士兵角度，要知恩图报是做人的本分。可以分割话题“回报”“感动”等话题；从整个故事看，是告诉人们善待爱护他人终会获得回报。可以分割话题“爱”“善待的效应”等话题。本题可推广到“感激”“平易近人”“大爱”“胸襟”“魅力”等话题。

话题五　追　求

【文题展示】

人的一生，曲折而漫长，面临的事很多，但我们不能把一切都背负在身上。在获得的同时，懂得有所放弃，只有这样，在生活之路上才会获得轻松、愉快的心情。

请以“得与弃”为话题，写一篇不少于600字的文章。

【范文示例】

板栗的故事◇夏弘毅

我认识一个板栗，在板栗家族中也是很有名的一个人物，算起来也就是个成名人物。他的子女数不胜数。上次我去看他，他给我讲了一个故事，一个板栗的故事。

“算起来已有30年了，”老板栗说道。

接下来便是这个板栗的故事。

板栗们要迁移，因为这个地方太冷了，于是一天晚上，所有的板栗都从树上滚下来，朝着南方滚。当时已是深秋，板栗们滚得很慢，因为每个板栗身上都包着一层带刺的皮。

“我说，我们必须脱掉皮才能走得更快，”一个名叫赫板栗说道。

“放屁，我们的祖先都靠着皮才活到如今，再说现在天气这么冷，脱了皮不冻死了？”老板栗不许。

赫板栗脱掉皮，靠着坚强的内皮离开了。很冷，但它滚得很快。几个年轻板栗也脱了皮像风一样滚动着。老板栗没走，包着皮，慢慢滚。后来老板栗们全死了，寒风来得太快太猛，皮也保护不了他们。

年轻的板栗们以及赫板栗滚到一条河边。每个板栗都做了一个小舟，渡过了河。过河后，赫板栗风一样滚走了。年轻的板栗们却把小舟背在身上。以后一定用得上，他们想。

几天后他们来到另一条河边。他们放下了小舟。看到一堆木屑，赫板栗已经走了，他又做一条船，那船还停在对岸。过河后，所有年轻板栗都丢下了船，风一样向前。

然后就来到一块新地方，赫板栗站在边缘，可年轻的板栗们冲了进去，因为那里很暖和，板栗们看到油，但无所谓。赫板样离开了，他觉得那里很奇怪，很危险。年轻板栗不愿离开，尽管他们看到了人。赫板栗找了一块土地，钻了进去。年轻板栗们被烧熟吃了。

春天到了，赫板栗成了一棵板栗树。

故事就这样结束了。老朋友就是赫板栗，他全名赫尔（hero）。

我想，一个懂得放弃与舍得的人是值得被称为英雄的。

【拓展训练】

“取舍”话题可以拓展到一个巨大的话题因子——追求。

“取舍”是在人的一生中常常遇到的问题，因为人在一生的追求中，常常面临着各种各样的选择，体现着我们的价值观，体现着我们是否进行着真善美的追求。古人就有“舍鱼而取熊掌”“舍生取义”之说，正确的选择能让我们从困惑中走出来，同时，懂得取舍能让我们始终保持良好的心态，保持乐观向上的精神。可以从我们身边的生活或者自身经历中选取舍而有所得，因祸得福的小事例，古今中外有关取舍的故事，名著中的人物取舍的正反事例，把这些与个人感想联系起来。也可以写一个舍弃的故事让人读后有所启迪。要注意的是，“取”与“舍”或“得”与“弃”两方面都要写到，明确二者的关系以及写出个人的体验感触。无论写什么内容，都要回答“为什么取舍?”“怎样取舍?”“取舍的结果怎样?”这三个问题。

【激活思维】

1.一直以来，自信的音符奏响在五洲四海，发出了一阵阵悦耳悠扬的回音，它让人们的精神世界得以充盈，它们展现了人生最骄傲饱满的姿态。而处于青春年少的我们，虽然我们的成功还是个未知数，但我们同样可以说出属于我们自己的自信之音。

请以“自信之音”为题，写一篇不少于600字的文章。

思维路径：这个题目和“信念”话题一致。自信是我们取得成功必备的心理素质，无论生活中遇到怎样的困难，无论是顺境还是逆境，人心中的信仰不能变，它是我们生存和生活的精神支柱，也是值得我们用生命来坚守和捍卫的。古今中外有关自信走向成功的故事很多，但要突出“之音”，可将命题和古今中外充满自信走向成功的名人事例联系起来，如李小龙、贝克汉姆、菲尔普斯等。充满自信是青春充满活力的又一体现。以此来行文。本题可拓展到“信心”“战胜脆弱”“旺盛斗志”“勇气”“永不言弃”“不屈不挠”“坚韧”等话题。

2.史铁生失去双腿，用坚强的双手推着轮椅走向了一条春暖花开的希望道路；贝多芬被放逐到无声的世界中，仍毅然竖起另外两只激情的耳朵，倾听生命音乐的壮烈。无论是人生的春季还是冬季，我们精心收藏这些感动，享受人生的酸甜苦辣，也就是享受生命。

请以“享受______”为题，将题目补充完整，写一篇不少于600字的文章。

思维路径：不管补什么词语，都要写出你自己的生活，你对着生活的理解感悟，还原生活，写出自己的心理真实感受体验，表达自己对生活，对生命的热爱，对人生的理想追求的积极心态。这个题目范围宽泛，将命题与人，与自然中的动植物、河流山川、自然景观、书籍、疾病等联系起来。以此为题材行文写出曲折和情味来。本题可拓展到“满足”“境界”“逆境”“人生情趣”“学会品味”“善待自我”等话题。

3.90后学生理想是否缺失已成为当今人们关注的热点。

一种观点认为，在物质更加丰富的时代，90后孩子们越来越趋向于物质化的理想，而忽略了高尚的人生追求，他们犹如被剪断翅膀的肉鸡，已经缺失了应有的人生理想。

另一种观点认为，90后学生的理想少了成为“这个家那个家”的所谓“远大志向”，但更表现了务实、扎根现实、追求平静生活的特点。他们不唱高调，将理想变为更贴近生活的一种态度，并非只有物质追求。因此，理想并没有消失在这代人身上，而是他们拥有了更加务实的人生理想。

阅读上述文字，请以“理想的翅膀”为话题，写一篇不少于600字的文章。

思维路径：这个话题与“理想”话题一致。“理想的翅膀”就是指大胆地放飞梦想，可写心中充满梦想，它是我们前进的动力，是希望；可写作为青少年的我们期盼梦想，在梦想中长大；可写自己对理想的理解、看法等。本题可拓展到“目标”“志向”“我相信”“抱负”“简简单单”“高尚境界”等话题。

4.休闲是指在非劳动及非工作时间内以各种“玩”的方式求得身心的调节与放松，达到生命保健、体能恢复、身心愉悦的目的的一种业余生活。科学文明的休闲方式，可以有效地促进能量的储蓄和释放，它包括对体能的调节和对生理的锻炼。

休闲之事古已有之。一般意义上的休闲是指两个方面：一是解除体力上的疲劳，恢复生理的平衡；二是获得精神上的慰藉，成为心灵的驿站。它是完成社会必要劳动之后的时间，是人的生命状态的一种形式。而对于人之生命的意义来说，它是一种精神的态度，并在人类社会进步的历史进程中终扮演着重要的角色。

请以“休闲”为话题，写一篇不少于600字的文章。

思维路径：这个话题反映的是当今文明社会人们的精神追求和崇高境界。思维可以联想到随着物质文化的发展，人们在不断提升着精神追求；可以通过人们休闲方式的改变反映社会进步这一大的主题；可以写身边人物的休闲品位折射时代生活质量；也可以写休闲方式带来的生活乐趣、生活情味。本题可拓展到“诗意追求”“放松”“业余生活”“个性生活”“爱好”“心灵驿站”等话题。

话题六　责　任

【文题展示】

请以“值日”为话题或为文题，写一篇不少于600字的文章。

【范文示例】

做自己该做的◇何丽娜

星期一又轮到我来值日，要知道在我们班值日可是个苦差事，因为大家都懒得动手，只是有几个平常比较勤的同学偶尔扫扫，大家都只是拿了个扫把在一旁闲聊而已。

说真的，看着那些少得不能再少的同学辛苦地包下了整个教室，虽很想去帮一下忙，但，没帮多久，我便被教室另一头的说笑声吸引了，忍不住加入了他们。

天色渐暗，扫地的仍然在扫地，说笑的依然说笑。

可没过多久，远处的一阵争吵声引起了我的兴趣，这么晚了，到底是谁在那，又在干什么呢？

待我们赶到，才知道事情的缘由。

是初一的小学弟们正在争论扫地的事，因为在他们两班的分界线上出现了——一口痰。

也不知是哪位过路神仙顺口留下的，说是痰，其实也不像是痰，似是黏液状，微泛红，且恶臭无比，让人心头直犯恶心。

两个班都不愿清理，口口声声说是应是对方处理，争吵声越来越激烈。

嘿嘿，我们嘛，就在一旁看热闹。

没多久，一个长相清秀的小女孩站了出来，对着双方批评了几句，但见双方势力不减，便向远方跑去，没人知道她这是要干什么，也许，是回家了。

“没看到吗，这痰大部分在你们班的区域内，就应你们清理。”

“凭什么，明明你们那边多一点。”

…………

争吵声不断。

本班的几位男生看不下去了，正准备上前劝阻，却不料刚才那位跑开的女生气喘吁吁地跑了回来，只是手里多拿了一块煤球。

她弯下身了，轻轻地用脚碾碎煤球，用扫把来回不停地扫着，一声不响地清理完那堆垃圾。

如此举动，令我心头油然而生敬意，仅仅一个小女孩，为了各班的友谊，为了自己本职的工作，竟能把自己的责任心发挥得如此淋漓尽致，而作为学姐的我连一份清洁工作都做不好，真是自感惭愧，往后，我要把自己该做的，应尽的责任，用心去体会，用心去对待。

远处，我怔怔地看着她，很久，很久……

【拓展训练】

“值日”这个话题可以拓展到一个巨大的话题因子——责任。

“值日”是每个学生都经历过，也是必须做的事。有的同学值日认真，把值日当成自己的事；有的同学值日马虎，当作糊任务；有的同学为值日斤斤计较，同学间闹矛盾；有的同学甚至忘记自己值日的事。对值日不同的态度，反映人不同的责任心。当好值日生是对他人、对集体也是对自己负责。“值日”，有同学值日，如打扫卫生；有班干值日，如管理班级纪律等。可以写自己或他人值日的故事，也可以写对值日的看法，还可以写对值日的追求。但都要归结到对值日的态度如何，反映责任精神这一主题上来。

【激活思维】

1.以“奉献”为题，写一篇不少于600字的文章。

思维路径：“奉献”就是“付出”。如父母为我们付出爱和辛劳，我们为学习付出的努力，付出代价，付出生命等等都是“奉献”。“奉献”是一种精神，是高尚的精神状态，它与“索取”是对立的。因此可以写奉献的故事，也可以写对奉献的独特理解。但奉献是无私的，是一种高尚的行为品德，不能和有偿的行为联系起来。本题可推广到“感悟生命”“付出与收获”“支柱”“脊梁”“美德”“情操”“灵魂”等话题。

2.以“面对______”为题，将题目补充完整，写一篇不少于600字的文章。

思维路径：“面对”就是“不逃避”。补充的词语应该是生活中遇到的令人惊奇的或是意料之外的那人、那事、那景、那物、那情。写作这个题目必须回答“怎样面对?”“面对的结果如何?”这两个问题。本题可推广到“敢于”“胆量”“较量”“选择”“掂量”“矛盾”等话题。

3.请以“生活需要帮扶”为话题，写一篇不少于600字的文章。

思维路径：“帮扶”就是“相互扶持、互相帮助”。人是社会群体，离不开群体环境，“生活需要帮扶”这是一个观点。因此写作本话题必须回答“生活为什么需要帮扶?”这一问题。本题可推广到“合作”“与你同行”“一起走过”“相伴”“相互扶持”“拧”等话题。

4. 小溪用它坚持不懈的奔腾支撑起了漫长的旅程；李白用他的青春激情走访天下而支撑起了他的不朽之作；司马迁在受了生不如死的宫刑后竟然熬过14年光阴写成被后人誉为“史家之绝唱，无韵之《离骚》”的“一代信史”《史记》，不正是他用血汗支撑起来的吗？细细想来，古往今来哪一个卓越的人物不是靠着某种东西的支撑而使之永存于历史长河的？成长中的我们，应该学会用勤奋努力支撑起一片自己的天空……

请以“学会支撑”为话题，写一篇不少于600字的文章，题目自拟。

思维路径：“学会支撑”就是“敢于担当”的意思。“学会支撑”是应对生活或成长中面临的“困难”“挫折”而采取的积极态度。它体现了一个人不屈不挠的顽强精神，是责任感和意志力的高度体现。要告诉读者“为何支撑”“怎样支撑”“支撑的结果如何”。本题可推广到“力量”“坚持”“困难”“无畏”“求索”“靠自己”等话题。

话题七 欣 赏

【文题展示】

台湾作家林清玄青年时代做记者时，曾报道过一个小偷作案手法非常细腻，犯案上千，文章的最后，情不自禁感叹："像心思如此细密、手法那么灵巧，风格有这样独特的小偷，做任何一行都会有成就的吧！"林清玄不曾想到，他20年前无心写下的这几句话，竟影响到了一个青年的一生。如今，当年的小偷已经是台湾几家羊肉炉的大老板了！在一次邂逅中，这位老板诚挚地对林清玄说："林先生写的那篇特稿，打破了我生活的盲点，使我想，为什么除了做小偷，我没有想到做正当的事呢?"从此，他脱胎换骨，重新做人。

读了这个故事，你有何感触？请以"学会欣赏"为话题，写一篇不少于600字的文章。

【范文示例】

我的右手◇欧阳昳兰

欣赏，发自内心的喜欢，是的。我的右手。

一

"男左，女右"这种根深蒂固的观念对我也产生了不小的影响。因而，说"把手伸出来"，我会情不自禁地伸出右手。光从字形本身而言，"左"字下面是"工"。而"右"字下面是个"口"，象征着女生们说个不停的特点。时间让我选择了右手，习惯让我喜欢了右手。

二

以前学弹琴时，许多老师，还有亲戚总告诉我手指修长，特别适合弹琴。也许因为自己左脑发达，平时用惯了右手。说实话，那时的自己就对右手产生了好感。就说弹琴吧，一不协调，多半是左手出了错。时间一久，我对自己的右手越来越偏爱。

三

伸手，手掌朝上，繁密的纹路在右手手掌上显得太过出众。真正出众的是右手手掌正中心的那一点刺青，因为上小学与别人讲话，一不小心，尖尖的钢笔头直插手掌中心。那时还很小，总以为很白的手上有那么点拔地而起的意思。经历伤痛后的右手很快恢复了坚强，只是那一点刺青似的钢笔墨迹永远留在了手心里。

四

手指并拢，发现无名指有那么点调皮，总是不能和其他弟兄们紧密地团结在一起。多年作业的压力终于使它下弯了，仔细观察，中指左侧关节处长成了大头娃娃，微鼓的小包正是对中指最大的勋章奖赏，暑假报名前一天晚上，我的右手翻课本，找答案，赶作业。胜利完成了我交给它的学业任务。每天三次，它还要拿筷子给我提供能量。

五

每当与别人走在一起，习惯性用右手牵起对方的手。那是情感联络，我的右手牵起好朋友的左手，瞬间缩短了心与心之间的距离。

情感填补了真实距离。我的右手成了传递情感的介质。

六

那就是我的右手，从小变大，由白变黑，从过去到现在，右手的坚强，右手的努力，右手的勤奋，手心的墨点，无名指的微长，中指的小包，都让曾经完美过的右手变得有些缺憾，但那正是自然哲理与人生真谛，有得必有失，拥有缺憾的美才更美，劳动的手使人具有了智慧。

我欣赏右手的勤奋，右手的努力，受伤的右手给我太多的启迪。我相信愈后的右手更美。

我看好你哦！

【拓展训练】

“欣赏”是一个巨大的话题因子，可以拓展许许多多的子话题。生活中，充满了欣赏，也离不开欣赏，可以欣赏人，也可欣赏物。以“欣赏”为思维基点进行因果联想打开思路，如因为欣赏音乐，所以放松自己，灵魂张扬；因为欣赏文学，所以提升了修养和境界；因为欣赏大自然，所以觉得世间万物都美好等等。还可以通过设疑来联想，如：为什么欣赏自己的右手？是因为它带给我诸多思索。为什么欣赏缺失？是因为它是完美的组成。为什么欣赏一个纽扣？是因为这纽扣有着曲折动人的故事。

【激活思维】

1.请以“被赏识的滋味”为题，写一篇不少于600字的文章。

思维路径：这道题和“滋味”话题一致，但有限制，是在“被赏识”的情况下的心理感受。写作重点是“被赏识后的感受”，可以写具体的心理感受过程，可以写感受赏识滋味的种种表现，可以写感受后的种种心理满足或不满足或某种复杂的情味。本题可推广到“陶醉”“感受美好”“美丽”“尝到了”“表扬”“鼓励”等话题。

2.以“我喜爱的_____”为题，将题目补充完整，写一篇不少于600字的文章。

思维路径：“喜爱的”就是“心里的愿望”。补出的词语是写作的主要内容。但要突出人称是“我”不是别人。本题可推广到“自我”“个性”“最想要的”“愿望”“爱好”“执著”等话题。

3.“争一争，行不通；让一让，六尺巷。”安徽桐城至今保持着清乾隆年间的“六尺巷”，当时身为宰相的张英，“以和为贵”化解矛盾，显示长者的风范。他的大度待人一直被人们传为佳话。

以“大度待人”为话题，写一篇不少于600字的文章。

思维路径：“大度待人”就是“为人处世要有气度、气量”。这是一种美德，利于和他人和谐相处。可以写大度待人的经历；可以编故事；可以写你对大度待人的独特理解，如大度待人是一种气量，是心胸开阔的表现，是善待人，也是善待自己，是博爱，是善良，是一种难得的修行，大度让我心中充满快乐美好，大度让我赢得了尊敬，获得做人的尊严，丰满了我的人格，大度出和谐，大度出境界，等等。本题可推广到“善待他人”“宽容”“美德”“和谐”“平和心态”“修养”等话题。

4.有位花匠，他家院子里的一株葡萄藤今年结了不少葡萄，花匠很高兴，便摘了一些送给了一个商人，商人一边吃一边说：“好吃，好吃！多少钱一斤？”花匠说不要钱，但商人不愿意，坚持把钱付给了他。花匠又把葡萄送给了一个当干部的，他接过葡萄后沉吟了良久，问：“你有什么事要我帮忙吗？”花匠再三表示没有什么事，只是想让他尝尝而已。花匠又把葡萄送给了一位少妇，她有点意外，而她的丈夫则在一旁一脸警惕。看样子，他极不欢迎花匠的到来。花匠又把葡萄给了一个过路的老人，老人吃了一颗后，摸了摸白胡子，说了声“不错”，就头也不回地走了。那花匠很高兴，他终于找到了一个真正能和他一起分享快乐心情的人。

分享快乐，是尊重他人的感受，也是提升自己的生活质量，善于享受人生的一种境界。阅读上述材料，请以“分享快乐”为话题，写一篇文章。

思维路径：“分享快乐”就是“欣赏和尊重他人的感受”。分享快乐和分享物品不同，它是一种理解，是情感的善于沟通，是对他人的尊重，是品位，是境界。快乐的东西很多，并不是每个人都能分享他人的快乐，人们往往只会享受自己的快乐，不体会他人的感受。要让读者知道“为何分享快乐”“如何分享快乐”。本题可推广到“多为他人着想”“尊重”“享受”“善待他人和自我”“和睦”“善良心”“感受”等话题。

话题八　批　评

【文题展示】

在我们强调尊重学生、维护学生权利的今天，一些地方和学校出现了教师特别是班主任教师不敢管学生、不敢批评教育学生、放任学生的现象。教育部2009年8月出台的《中小学班主任工作规定》中明确：“班主任在日常教育教学管理中，有采取适当方式对学生进行批评教育的权利。”

请以“批评”为话题或文题，写一篇文章，不少于600字。

【范文示例】

噢！原来是这样◇邢子涵

岁月的风尘里蕴含了不和谐的音符，源于那次批评，我深深理解了父爱。

在成长的岁月里，我和爸爸的感情一直都很好，爸爸从来没有批评过我，所有关于父爱的印记都是美好的。在我心中爸爸不仅是个高大帅气的军人，还是个开明的父亲，我佩服爸爸那种坦率潇洒的男子气概。

可是不久前，我激怒了爸爸，还发生了口角。

爸爸要带我回乡下看望奶奶，征求我的意见。我以“作业多”为理由拒绝了爸爸。现在回想起来也不知当时怎么了，竟和爸爸吵了起来。我坐在妈妈的房间里，心里又气又闷，哭着喊了句：“我跟她又不亲！”

正是这句“我跟她又不亲”彻底激怒了爸爸，当我顺嘴说出这句话时，爸爸听了声音竟变得奇怪而哽咽，他嘴里嘟囔了几句脏话，火大地狠狠地掐了一下我的鼻子。这时我又注意到有眼泪从他的眼睛里流下来，说话变得断断续续，只能听见“不亲”两个字。

妈妈在我身边温和地批评道：“你怎么可以这样讲话？”“那时我和你爸爸因忙工作，没法带你，把你寄宿到奶奶家，从小就是奶奶把你带大的，说和奶奶不亲……”妈妈也说不下去了。

说话时泪水悄然而至，这下我心里似乎明白了，十分懊悔。

回到城里，每逢过年才回去看看奶奶，奶奶却天天想念着自己的孙女儿。天气转寒，奶奶突然病倒，十分想念孙女儿，却不让爸爸带我回去看望她。奶奶最后叮嘱爸爸说："孩子学习紧，作业多，压力大，回去别告诉孩子说我病了，我没事，人上了年纪哪能不生病呀？你别给孩子添堵。"

每每回忆起这件事，我就难受得要哭出来。爸妈批评得对，我太感情用事了，我是奶奶一手带大的，哪能不亲呀。

在亲情的天平上，爱的砝码永远都倾向了子女一边，也许，只有当我们也为人父母时，才能了解当初父母的爱，才会慨叹地说："噢，原来是这样……"

原来长辈爱孩子胜过自己，原来因为担心才会"嘱咐"，原来希望孩子成才才狠下心"批评"，原来最难忍痛苦的是听到孩子冷漠的声音。

这许许多多的"原来"里，便是恍然大悟之后的爱了。

【拓展训练】

"批评"和"欣赏"相对，也是一个巨大的话题因子，可以分解出许许多多的子话题。我们的成长中离不开"批评"。作为学生，应该有自强的精神，在受到批评的时候想想自己如何促使自己向好的方向发展。批评只是一种手段，它不是一种结果。适当的批评可以促进人们向良好的方向发展，但不是所有的批评都能够起到良好的作用，同学之间相互批评相互攻击，很难成为精英，若他们相互肯定相互欣赏，肯定会进步得快。我们可以缩小范围来写作，如"妈妈的批评""老师的批评""批评后""难熬的批评"等，但写作本题要回答"批评的原因是什么"。

【激活思维】

1.请以"在挨训的日子里"为题，写一篇文章，不少于600字。

思维路径："在挨训的日子里"就是"在受到批评的日子里"。"在……的日子里"，这是特定的时间限制，关键是写出"挨训"后你的种种表现和心理变化，写出不理解到理解，不能承受到承受的曲折变化过程。这样才显得真实、有意思。要注意的是，这个题目以第一人称写最好，写出自己的经历才会真实、动人。本题可推广到"磨难""挫折""战胜自我""挑战""历练""谅解""我懂得了""反省"等话题。

2.请以"那次______（遭遇、失败、批评、淘汰……）是刻骨铭心的"为题，将题目补充完整，写一篇不少于600字的文章。

思维路径：填词时要选取自己相关的经历。根据括号内所给的词语，补出的词句要尽量是与失败、挫折的经历相关的。这次失败、挫折的经历，留在你心底的情感体验是深刻的。题目就让我们决定了选材的范围。写自己的经历要具体，描写要细致，要写出一波三折，切入点要小，从身边小事写起，要写出这次经历给你带来的心灵震撼。要注意扣住题目中的“那次”，是一次，不是许多次，突出“刻骨铭心”。本题可推广到“牢记”“长大”“印记”“美景”“生活的滋味”“体验”等话题。

3. 以“闲话______”为题，任选一词语将题目补充完整，写一篇不少于600字的文章。要求联系自身实际，写出生活情趣或反映现实意义。

思维路径：“闲话”就是“聊聊自己的不同看法”，对人们定性的认识，我们常常有自己的独到见解，可以闲话洗澡，闲话书包，通过洗澡设备、书包样式变化感受生活的变化，可以闲话某一历史人物，闲话休闲，闲话收费，闲话人们争议的问题，如热点问题等。但要注意“闲话”并非“闲”，是有意思的，有情趣的，有令人耳目一新的独到见解。本题可推广到“我看”“品茶”“民俗”“小人小事”“演变”“乐事”“趣事”等话题。

4. 快乐是一种感觉，一种心情，你是欢欣鼓舞，轻松快乐，还是孤独苦闷，疲劳不堪，主要由心态来支配。做到内心平衡安宁，才能感受到生活的轻松快乐和人生的幸福美好。

请以“平常心”为话题，写一篇不少于600字的文章，题目自拟。

思维路径：“平常心”是“一种平和宁静的心态”，是一种修行。正如古人的“不以物喜，不以己悲”的境界。思维可联想到拥有一颗平常心会怎么样？怎样才能做到拥有一颗平常的心？拥有一颗平常心有何意义？本题可推广到“用心”“平和心态”“释然”“超越”“修身”“尺度”等话题。

话题九　角　度

【文题展示】

换位思考，就是设身处地为他人着想，即想人所想，理解至上。人与人之间少不了谅解，谅解是理解的一个方面，也是一种宽容。我们都有被“冒犯”或“误解”的时候，如果对此耿耿于怀，心中就会有解不开的“疙瘩”，如果我们能深入体察对方的内心世界，或许能达成谅解，一般说来，只要不涉及原则性问题，都是可以谅解的。谅解是一种爱护，一种体贴，一种宽容，一种理解。

请以“换位思考”为话题，写一篇文章，不少于600字。

【范文示例】

学会和妈妈换位思考◇宁童

夜深了，10点的钟声响起。

“童童，今晚牛奶没喝吧?”妈妈的声音在隔壁的房间响起。我随口应了一声，好不容易理出一点头绪的思路被老妈打断，不禁有些心烦气躁。而妈妈的声音再次钻进我的耳朵：“那快自己去冲一杯喝吧!”那份被打断思路的心烦已在我的心中转化为怒火，不由地提高了声音：“作业这么多，哪有时间啊！你不能帮我泡一杯呀?!”显然，我不耐烦的声音激怒了老妈，妈妈一下子提高了嗓音：“这么冷的天，妈妈已经睡觉了，你就不能自己冲吗?!”我一下被激恼了，却没有喊出心中的“不冲就算了，今晚不喝了!”，呼地站起身，重重地带上了房间的门。随之而来的便是老妈重重地放下遥控器的清脆声音。就这样，我们母女二人在只隔着一面墙的两个房间里，各自生起了闷气。……

躺在床上，望着黑漆漆的天花板，心中的气仍没消：老妈怎么这么不理解我呀，就不能为我节省点时间嘛，又不是不知道作业多！难道这就是青春期与更年期不可避免的“战争”吗?

想一想妈妈还不是为了我好吗？妈妈每天多累呀！早上和我一起起来，然后做早饭，还要去上班，晚上回家又要忙着做晚饭，吃过饭还要洗衣服、做家务……好不容易上床休息了，我怎么还能让妈妈在这么冷的天气里，起来为我冲牛奶？这点力所能及的小事还要麻烦妈妈，我真是太不应该了！妈妈关心我又怎么能嫌烦呢?

我越想越后悔，后悔自己不应和妈妈争吵，让妈妈生气，现在，我多想对妈妈说对不起呀！对了，明天早上就向妈妈道歉!

第二天早上起床后，妈妈已经在吃早饭了，没有什么话和表情。我端起碗吃了两口，正想向妈妈道歉，没想到妈妈却先开口了：“童童，对不起了，妈妈昨晚仔细想了想，不应该在你做作业时打扰你，可是妈妈只是想关心你，你能原谅妈妈吗?”我怔住了，半天才说出一句：“妈妈，是我不对。我不该让您生气的，我知道您是为了我好。妈妈，对不起!”妈妈欣慰地笑了，摸了摸我的头说：“以后我们有事就多沟通，不再争吵，互相理解，好吗?”“好!”我和妈妈又和好了，此时的妈妈仿佛像天使般美丽。

现在，我和妈妈再不争吵了，因为我们都学会了“换位思考”。试着“换位思考”吧，让我们一同跨越那条所谓“青春期”与“更年期”的代沟！

【拓展训练】

“换位思考”这个话题可以拓展到一个巨大的话题因子——角度。

“换位思考”就是换个角度看问题。这是辩证看问题的思维方式，要求我们全面地看问题，认清事物的本质。生活中，我们从不同视角观察同一现象会得出不同结论，如青少年追星现象，网络语言的运用，家用电脑的普及，学生学习上的压力，师生对立现象，生活中的宽容谦让，刘翔奥运会退赛，经典作品和历史人物新解等，孰是孰非，孰优孰劣，就看看我们从何种角度去解读了。我们换位思考一定要就我们熟悉的话题或贴近我们生活的话题来换位解读，如教育问题、环保问题、情感沟通、美德等。善于从问题的反面或对立面去思考，寻找新的解读方案。思维上可运用对比构思，如纵向对比、横向对比、自我对比。

【激活思维】

1.以“来自心灵的抉择”为题，写一篇不少于600字的文章。

思维路径：“选择”话题是我们生活中常遇到的问题。可以从身边的小事入手，如误会、吵架、欺骗等，写出情节的波澜。可运用自己平时积累的有关取舍的名言警句，来谈自己对抉择的看法，也可以运用拟人的手法，从动植物的视角来写人类情感的变化但要注意突出这“抉择”是“来自心灵的”，要写出心理斗争较量的激烈过程。本题可推广到“心理较量”“十字路口”“把握准则”“心中有盏红绿灯”“紧要关头”“下一步”等话题。

2.作家刘心武说，错过也往往构成一种得，我们要品味它。人生如奔驰的列车，错过观览窗外的美景、奇景并不是多么了不得的事，关键是我们不能错过预定的到站。

你是如何看待“错过”的？请以“品味错过”为话题，写一篇文章，不少于600字。

思维路径：这个话题侧重写“经历体验”，就是指由自己的亲身经历体验，得出的一种反映个性特征的人生体悟，发人深省。这种体悟应充满辩证思想，也就是一分为二地看待问题。如错过了残月，可以选择欣赏圆月；错过了花开，还可以欣赏花落；错过了昨天，你还可以把握今天……但写作本文要告诉读者“错过是什么？”“错过会怎样？”。本题可推广到“心中的美景”“机遇”“得与失”“风景线”“体验”“不同角度看问题”“另类”等话题。

3.请以“我懂得了_____”为题，将题目补充完整，写一篇不少于600字的文章。

思维路径："懂得"就是"知道了，明白了"的意思。通过经历体验或者多方面多视角的解读，我们懂得的内容很多。如自我、他人、亲情、友情、理想、自然、社会、人生等等。写作时要扣住"我"。本题可推广到"告别""成熟""理解""感受""触动""收获"等话题。

4. 在人类物质生活和精神生活发展的过程中，色彩始终焕发着神奇的魅力。人们不仅发现、观察、创造、欣赏着绚丽缤纷的色彩世界，还通过日久天长的时代变迁不断深化着对色彩的认识和运用。我们的生活本身也充满了色彩。

请以"我的多彩生活"为题，写一篇不少于600字的文章。

思维路径：这个题目就是要我们写出生活的多面性，丰富性。以不同的视角看待我们身边的世界，会有不同的收获。如生活中有酸甜苦辣，有喜怒哀惧等。同样也要扣住"我"，不是别人的生活。本题推广到"生活的滋味""走向成熟""乐在其中""青春风采""我的个性生活""我的另一世界"等话题。

5. 从不同视角看问题，我们会看到事物的不同侧面，会有很多新的发现，会有很多的感悟认识。多视角看问题，是思维创新的表现，能让我们全面地认识事物的本质特征。

请以"多视角"为话题，写一篇不少于600字的文章。

思维路径："多视角"话题和"换位思考"是一致的。就是不能从某一个角度看待问题，要立体地看待问题。本题可推广到"对与错""苦与乐""放大优点""善意的谎言""表扬的背后""别和自己过不去""为他人着想"等话题。

话题十　偶　像

【文题展示】

最近，有学校以"我最崇拜的人"为题，在中学生中开展随机调查，结果出人意料，答案最多的不是父母，不是老师，也不是科学家，更不是英模，而是歌星影星。对"明星"偶像的崇拜，已成为青少年的时尚追求。

请以"心中的明星"或"心中的偶像"为话题，写一篇不少于600字的文章。

【范文示例】

时光机◇金娜

“叮——”

“欢迎乘坐时光机，接下来你可以穿越时空……”

第一站

唐朝。

你袭一身白衣，站在黄河边上，吟诵着“君不见黄河之水天上来，奔流到海不复回；君不见，高堂明镜悲白发……”

喜欢你“天生我材必有用”的自信，喜欢你“长风破浪会有时，直挂云帆济沧海”的乐观，喜欢你“长风万里送秋雁，对此可以酣高楼”的豪迈，喜欢你“安能摧眉折腰事权贵，使我不得开心颜”的不卑不亢……

你的豪迈，你的巍然正气，你的自信，你的乐观，你的……无一不拨动着我的心弦。

哦，你是我心中的明星。

第二站

你坐在鲁豫旁边，开心地交谈着。

从一个名不见经传的小伙子到今天的“小天王”，所有人都见证着你的付出，你的成长。

你很爱自己的父母、外婆，会为他们写自己的歌，《听妈妈的话》《外婆》等就是见证。

你喜欢给外婆变魔术，让外婆做她喜欢的事；你喜欢在逛街时给母亲、外婆买礼物，你说这是应该的。从你的言语、举止中，我们感受到了你的孝心。

成名的路很坎坷，你却一直坚持着你的梦想。你说做音乐是一件很快乐的事，因为你喜欢。这么多年来，你做音乐，做导演，拍电影，你的成绩终于被大家认可。

你——Jay，真的，真的很棒，你的执著，你的不放弃……

哦，你是我心中的明星。

第三站

第一次看见你是在《快乐大本营》，也是从那时开始喜欢你。

你是SJ的队长，唯一的中国成员。

你很努力，很努力地发展自己的事业，很难想象一个不懂韩语的中国小伙子该如何和其他队员沟通，领导这个团队，很多人认为这是不可能的，但，你做到了，我们从你身上看到了坚强，真诚和善良。

你的舞跳得很棒，也很会照顾队员。每次上《快乐大本营》，若是主持人故意刁难你们，你会站出来说：“娜姐，我来！”我们从你的话语、眼神中感到了你们之间深厚的友谊。

你们在一点点进步，一点点地向梦想靠近，就像你们所唱的歌：

“梦想在远方，想触摸就靠力量……要身体力行，不能空等……”

【拓展训练】

“明星”或“偶像”话题可以拓展到一个巨大的话题因子——时尚。

“明星”或“偶像”是当代青少年热衷的话题，也是普遍的社会现象，这个话题十分贴近我们的现实生活，同学们写起来有话可说。可以谈自己的偶像，讲你崇拜的原因、过程以及对自己的影响；也可以写偶像给你带来前进的动力，还可以写偶像让人失去自我。关键是崇拜什么样的偶像以及崇拜偶像的方式。要告诉读者：什么才是真正的明星？它所蕴涵的内涵是什么？经过思考、分析，不难认清现实生活中的“伪明星”现象的本质特征。通过正反对比，明星所具备的魅力便会彰显无疑。

【激活思维】

1.请以“网游的诱惑”为题，写一篇不少于600字的文章。

思维路径：“网游”是不少青少年热衷的，“网瘾少年”沉迷游戏而给社会带来危害的事件也不在少数。拒绝网游的诱惑，是一个人审美观和意志力的体现。写作本题要突出“诱惑”的过程，刻画好心理活动的细节。本题可拓展到“个性生活”“我的业余爱好”“拒绝”“追逐”“耍酷”“游戏”等话题。

2.青少年偏爱流行文化，有较强的自我表现意识和追逐时髦的心态，在时尚方面是一支不可忽视的力量，往往成为追逐时尚的主体。

他们追逐的时尚主要集中在阅读时尚、音乐时尚、服饰时尚和运动时尚等几个方面。时尚已成为青少年生活中不可或缺的组成部分，它渗透到青少年生活的方方面面，在青少年群体中掀起了一阵阵的时尚热潮。时尚对青少年的生活观念、价值取向产生了多方面的影响。你是如何看待时尚的？请以“我的时尚观”为题，写一篇不少于600字的文章。

思维路径：可以谈自己对时尚的感触，提出应有什么样的时尚观。我们可以谈自己的时尚观形成的原因、过程以及对自己的影响。也可以写这种时尚观给自己带来前进的动力，还可以写有的时尚观让人失去自我。关键是确立什么样的时尚观以及追逐时尚的方式。本题可拓展到“我的个性追求”“我喜欢的球星”“我心中的偶像”“我最喜欢的一首乐曲”“我看京剧走进课堂”“我看网络语言”等话题。

3.请以“经典作品与流行作品”为话题，写一篇不少于600字的文章。

思维路径：这个话题和“阅读”话题一致。可以写自己喜爱其中的一个，可以谈自己对二者的看法，可以结合自己的阅读经历谈你对这二者的不同体验，但必须说清楚这二者关系。本题可拓展到“我看武侠小说”“阅读”“读书需要选择”“我喜爱的一本书”等话题。

4.网络语言已成为网民在网上交流必不可少的“通行证”，然而在日常生活的应用中，由于一些词汇沟通障碍，网络语言在带给人们新奇感觉的同时，给人们的交流造成不便。这个问题引起各方面的关注。你是如何看待网络语言的？请结合身边的实际，谈一谈该不该在作文和书面语中使用网络语言。题目自拟，不少于600字。

思维路径：如何看待网络语言？观点一定要鲜明。可以从交流困难、语言障碍带来误会、不尊重、不文明来谈其不利，也可以谈这是个性语言的展示，是创新，是特色。可以从热爱祖国的语言文字来谈不能使用，也可以从文字应该不断进化来谈祖国语言文字要顺应科技发展的需要。本题可拓展“时尚文化”“校园文学伴我成长”“自办手抄报”“校园文化”“我喜爱的主题活动课”“在文学社团活动中成长”等话题。

第八节　“我的个人空间”导写

有人说，个人空间是情感的栖息地；有人说，个人空间是休闲的天地；有人说，个人空间是放飞的梦想；有人说，个人空间是秘密的珍藏；有人说，个人空间是自由的天堂……

请以“我的个人空间”为题，写一篇不少于600字的文章。

这道全命题作文，选材范围自由广阔，易于表达学生自己的心声。个人空间可以是物质上的，如自己的小天地，卧室等；也可以是精神上的，如业余爱好志趣，鲜为人知的个人情感世界，轻松愉悦的休闲世界，珍藏在内心的某个秘密，心灵的渴望等；还可以是自己的QQ空间，非主流空间，个性空间等。这个题目适合各种文体的书写。但是，这个题目也是要审题的，既然是“个人空间”，那就有它的秘密性，不是公开透明的，至少是不能被别人干涉打扰的，而且题目中有个限制范围“我”，那就不能是别人的“空间”。这道全命题作文，旨在引导学生书写个性生活，书写自身成长和审美情趣，这是近年来中考作文命题的热点，也是今后中考作文命题的重点内容之一。

我的个人空间◇蔡凌寒

浪漫的紫色背景下，有星星在唱歌；唯美蓝色的天空中，有回忆在闪动……

那是我紫色的梦，梦中，有我，有你也有他；梦中，有酸，有甜也有辣；梦中，有清清的小溪，有孤单的摩天轮，也有流星雨……

一切犹如粒粒细沙，穿过沙漏，穿过指缝间，留下“黄鹤一去不复返，白云千载空悠悠”的遗憾，唯独不留遗憾的是那个小小的空间。

×年×月×日。我与如“结拜”为姐妹，缘由是，在如与懿打架，只见懿打得如是不能还手之时，我出现了，如胜利了。我和如就这么铁起来了。

×年×月×日。我终究没有躲过一劫，数学考试又翻了船。但是，我让我座位旁边的那位数学考试从未得过50分的仁兄琦复制了93分（满分150分），按照我们的协定，他要请我喝一杯奶茶。

×年×月×日。哭了，没有人骂她，没有人打她，但是这件事严重污辱了她的人格。活泼好动的琦将可乐泼在她的脸上，可乐与泪珠混在一起，顺着脸颊，滚了下来，吧唧吧唧打在桌上，谁看着都有点心疼。于是，一帮女生去找某人复仇罢了，我想他可能会有一场惨不忍睹的结局。

…………

它是一本紫色的日记本，里边描绘的是我们的传奇。

没有人知道，里边有什么，除了我们。

那些事，谁也没有去告诉老师，让这些的快乐与不快，难忘与不难忘，成为一段忘却而忘却不了的历史，就像，在太平洋的另一边，谁也无法预测，到底会有多少鲜为人知的事发生。

它是一根五彩斑斓神秘的线，串联了我们的“流连戏碟时时舞，自在娇莺恰恰啼”的美好与难忘，装点了我的空间，我的梦。

这是一个神奇的梦，梦中，有我们；梦中，有大海；梦中，有山盟海誓的约定……这些，都是属于我们的异次元空间一点一滴的美好。

都是秘密。

点评：

内容：贴近生活，感情真挚。以一本紫色的日记本为切入角度，书写自己的个人空间，实际上写的是同学之间的点滴情趣，也是写一个紫色的梦，装潢了一个女孩的秘密，一点一滴，种种美好……

结构：描写、叙述、抒情、议论融为一体。开篇的描写为下文个人空间日记内容铺垫，在列举三则有代表性的日记内容后，进行抒情、议论。

语言：生动传神，富有底蕴。小作者善于引用诗句，为文章营造出浪漫、柔和的气息。排比等修辞富有气势。用词准确、新颖。

创新：虚实相间，构思新颖。以一本日记本来构思，书写穿越时空隧道的生活秘密，寄托梦想，虚实结合，相得益彰，凸显个人空间的浪漫色彩。

第九节　“有一天，我会______”导写

有一天，你会跃入一片冰凉的湖水。

有一天，你会独自走进一座茂密的森林。

有一天，你的眼眸会被深刻的喜悦充满而闪闪发光。

有一天，你会飞快地奔跑，感受新的悦动如同火焰。

有一天，你会荡起秋千，越来越高，前所未有。

有一天，你会因为那些忧伤的事而被痛苦包围。

有一天，你会在风中大声歌唱，让歌声随风而逝。

有一天，我会站在门廊，眺望着你想我挥动着手臂，渐行渐远。

有一天，你会望着我们的家，诧异记忆中它的巨大，和此刻看起来的渺小。

有一天，你会感受到坚强的脊背上所担负着的小小重量。

有一天，我会看到你给你的孩子梳头。

有一天，很久很久以后，你的头发也会在阳光下闪烁银光。

…………

读了艾莉森·麦基的这首诗，你想到了什么？请以“有一天，我会______”为题，将题目补充完整，写一篇不少于600字的文章。

这道半命题的核心词是补题内容，它是写作的重点。题目的材料是一首小诗，这首小诗的每一句都是选材的方向。可以依据诗句提炼一个关键词语

补题，也可以依据自己的联想和感受来补题，从而确定选材取向。可以是情感上的，可以是奋斗目标，可以是瞬间的动作，也可以是静止的状态……无论选取什么内容，但都要明确：会“怎么样”，也就是结果如何。题目显示结果，但我们写作本题要注重过程。要写清楚我会如此的原因，也就是成文后要让读者明确：为什么会有这样的结果？

有一天，我会学会爱你◇左学君

一阵欢闹中，你悄然落地成为家庭的一员。仿佛是上帝的一个玩笑，让心神浮躁的我第一次遇到了生命中偌大的难题。你的眼泪，你的笑脸，让我不知所措，无法面对你那比翻书还快的心情。

我认为你是一个强盗，盗走了父母给我满盈的爱，让那原来满满的“小篮”出现有史以来一个大的缺口；我认为你是一个破坏者，在我稍不留意的时候，摔碎我最心爱的小陶瓷，摔碎了朋友给予我最后的回忆；我认为你是一个爱说谎的坏人，骗走了父母曾只买给我的礼物。让我往昔如此美好的生活一点点地消失。你快乐的同时，一滴泪轻轻地从我的脸颊滑落。

我忍无可忍，你的出现打破我美丽的梦境。我开始在父母不注意时打你，骂你，当你委屈地流下泪水，很娇气地喊着“姐姐，姐姐”时，我甩下房门，把你拒之于千里之外，你不会就如此罢休的，你哭着闹着喊来妈妈，一点点向母亲诉说我虐待你的经过，还添油加醋大肆“宣扬”了一番，将所有的罪责推到了我的身上。母亲一声声的安慰招来了你愈加委屈地哭诉，似乎你越是哭，母亲就会不顾一切地逗你开心，还会狠狠地警告了我一番。

有时，我真的恨你。你剥夺曾经只为我所有的特权。从前从未说过我的母亲也因为你警告了我，还说你将来会保护我的。我不屑，瞧你的调皮，只要日后不为我惹下过多的麻烦就谢天谢地喽。

从你出生的那一刻起，我们就一直保持着这种“龙虎斗”的状态。

那一天，细雨霏霏，我落寞地走回家，不知是因为那张不堪入目的试卷还是感叹在我眼中沧海桑田的变化，眼睛一酸，泪已流了下来。我冲进房间，靠在椅子上，感到生活都是灰暗的，一切一切表面上的开心只为掩住那彻骨的痛苦。父母都不在家，看着你，我有一种说不出的滋味。

你似乎听到了那阵抽泣，推开半掩的房门，看到了我那张花了的脸庞。

我赶紧抹干泪，生气地说：“你来干什么，看电视去。”你伫立在门口，不知道该做些什么。良久，你我无语。最终你还是跑了进来，轻轻地问道：

“姐姐，你怎么哭了?”你爬上椅子，用手抹去残留在我脸上的泪痕。顿时，我的心灵似乎有了什么依靠，抱住了你，你很听话地依偎着，并安慰道“别哭了”。我与你的距离就在这瞬间消失不见。

也许你真的是我的保护者，在我最无助时送来你炽热的心。我爱你，我的弟弟。

有一天，我会学会如何去爱你，也许现在我会止不住与你怄气，吵架，但我相信将来的某一天，我会用我的心呵护你——我可爱的小小保护者。

点评：

本文最大的亮点是选材真实、新颖。写亲情的内容很多，小作者选取“二胎”为写作内容，新颖。将姐弟之间的“龙虎斗”的细节一一列举出来，逼真地再现了自己和弟弟之间的矛盾。如弟弟的出现，剥夺了只属于姐姐的所有特权，“盗走了父母给我充盈的爱”，“摔碎我最心爱的小陶瓷”，“骗走父母只曾买给我的小礼物”，向母亲添盐加醋地诉说我对他的“虐待”让我受到母亲的“警告”等。矛盾是在姐姐一次考试失败哭泣无助时，弟弟的一句轻声“别哭了”的温暖的安慰中得到解决的。这种爱让姐弟俩的矛盾在瞬间消失，符合少年心理特征，很真实。矛盾主要是通过小作者这个“姐姐”的心理描写和对“弟弟”的行为描写来呈现。

第十节　“错过的______”导写

阅读下面材料，按要求作文。

当代作家刘心武说：错过，即“有所失”，我们要习惯它。人生如奔驰的列车，车窗外不断闪动着变幻不定的景色，错过观览窗外的美景、奇景并不是多么不得了的事，关键是我们不能错过预定的到站。

其实，一切错失的背后，应该都有一段刻骨铭心的情感故事。读了这些文字，你联想到了什么？请以“错过的______”为题，将题目补充完整，写一篇作文。立意自定，文体自选（诗歌、戏剧除外），不少于600字。

这道半命题的核心词是“错过”，这是写作的重点。题目的材料是作家刘心武的一段话，这只是写作的引子，关键是这段话后的提示语“一切错失的背后，应该都有一段刻骨铭心的情感故事”，这才是写作时应该重视的。这是写作的一个重要的要求，是要我们写出错过后的情感故事。由刘心武的话我们联想到了什么？写作本题，要按照这样的要求来确定选材取向。要写出情感上的真实体验，无论选取什么样的错过来写，都要明确：错过后“怎么样”，也就是结果如何。要写清楚错过的原因，成文后要让读者明确：错过后为什么会有这样的情感体验？

错过的友谊◇乔安娜

有的时候，人总会因为自己的一些疏忽或是有意而错过许多的美好。当我们回望过去，会发现那些错过的东西是多么美好，多么珍贵。我曾经有过一段美好，可惜我没有抓住。

那还是在上小学的时候……

那时，班上转来一个特别漂亮的女生，大大亮亮的眼睛，嘴角特有的弧度是那么好看，听说是从大城市转来的。老师把她安排和我同桌，本就不漂亮的我显得更难看了。但作为班级干部，自然要有“风度”，不好表现出生气，只好忍着。她偏过头，朝我笑了笑，为表示友好，我硬是挤出个笑容。现在想起，那笑容估计看起来特别牵强。

本以为这娇滴滴的女生成绩差得很，没想到第一次月考，我得第一，她却得第二，相差只有两分。也许是因为那时太小，嫉妒心“泛滥”，导致我四处传她坏话，她倒也不介意，还是对我很友好。

但是，就算她对我再友好，我还觉得她的友好是装出来的，心里无数次骂她的虚伪。现在看来，那时实在太幼稚！可那时的我不这么认为，继而对她的态度更加“恶劣”。

因为是同桌，她有时会给我一些巧克力啊，话梅啊，我一开始不要，她硬是塞在我的抽屉里。有时会送个精美的小本子之类的，我保持的态度就是“不拒绝，不主动”。但我对她的态度好了许多，至少不传她坏话了，但还是不和她玩。有一次，她主动找我上学，因为我俩家很近。因为年少的冲动，我一口回绝了，也许是伤着她了，她黯然离开。

后来呢……我转学了。现在想来，好遗憾。

因为羡慕，所以嫉妒。继而将一个向自己示好的漂亮的女生排斥在外，而失去了一场本该欢愉美好的友情。这段刻骨铭心的经历使我明白如何去珍惜，去享受每一段美好，去珍惜每一段随时会错过的友谊……

点评：

放大亲身经历的小事。一个从外地转来的漂亮的同桌，本该友好相处，可就是因为我看不惯她出生于大城市，嫉妒她的出身、嘴角漂亮弧度和优秀的成绩，因而无论她对我是如何友好，如对我微笑，送我巧克力、笔记本、主动邀我一道上学等，我都“不拒绝，不主动”。两家距离很近，却不和她玩，直到她黯然离去，直到我转学了，直到现在，我想起来才觉得是那么遗憾，因为我的小小妒忌心理，让我失去了一段美好的友情。

抓住心理变化的特征。莫名其妙地妒忌，莫名其妙地生气，莫名其妙地不爱搭理她，固执地以为她的笑容和善意举动都是虚伪的，甚至我还私下散布她的坏话等，这些心理和细节描写都彰显了一个虚荣心强却不乏妒忌心理的儿童的真实特点。随着时间的推移，意识到自己的错过，心理产生了变化，这种变化符合儿童心理发展的轨迹，真实可信。

主要参考文献

［1］叶圣陶.叶圣陶语文教育论集[M].北京：教育科学出版社，1980.

［2］刘国正.叶圣陶教育文集.第3卷[M].北京:人民教育出版社，1994.

［3］李海林.言语教学论[M].2版.上海：上海教育出版社.2006.

［4］帕尔默帕 J.教学勇气：漫步教师心灵[M].吴国珍，余巍，译.上海：华东师范大学出版社，2005.

［5］谭衡君，王洪.文化底蕴[M].重庆：重庆出版社，2008.

［6］潘新和.语文：表现与存在[M].福州：福建人民出版社，2004.

［7］陶行知.陶行知文集（修订本）[M].南京：江苏教育出版社，2008.

［8］方智范.语文教育与文学素养[M].广州：广东教育出版社，2005.

［9］黄厚江.语文的原点：本色语文的主张与实践[M].南京：江苏教育出版社，2011.

［10］梁启超.中学以上作文教学法[M].北京：首都经济贸易大学出版社，2012.

［11］教育部师范教育司.钱梦龙与导读艺术[M].北京：北京师范大学出版社，2006.

［12］陈日亮.如是我读：语文教学文本解读个案[M].上海：华东师范大学出版社，2010.

［13］魏书生.语文教学[M].沈阳：沈阳出版社，2000.

［14］霍益萍.研究性学习：实施与探索[M].南宁：广西教育出版社，2001.

［15］于漪.于漪老师教作文[M].上海：华东师范大学出版社，2009.

［16］于漪.语文教学谈艺录（修订本）[M].上海：上海教育出版社，2012.

［17］叶圣陶，夏丏尊.叶圣陶教你学作文[M].长春：北方妇女儿童出版

社，2012.

［18］叶圣陶，夏丏尊.大师的72堂作文课[M].长沙：湖南教育出版社，2008.

［19］黄建成.写作学教程[M].合肥：安徽大学出版社，2002.

［20］《语文学习》编辑部.课文作者谈课文[M].上海：上海教育出版社，2014.

［21］叶圣陶.作文论[M].北京：北京教育出版社，2014.